Stephen Wolinsky · Das Tao des Chaos

W0077832

Stephen Wolinsky

Das Tao des Chaos

Quantenbewußtsein und das Enneagramm

Verlag Alf Lüchow

Titel der amerikanischen Ausgabe:
The Tao of Chaos. Essence and the Enneagramm
by Stephen Wolinsky, Ph. D. © 1994 Stephen Wolinsky

Amerikanische Originalausgabe 1994 durch Bramble Books, USA

**Aus dem Amerikanischen übersetzt von
Tatjana Kruse, Stuttgart**

Die Deutsche Bibliothek – CIP-Einheitsaufnahme

Wolinsky, Stephen:
Das Tao des Chaos : Quantenbewusstsein und das Enneagramm
/ Stephen Wolinsky. [Aus dem Amerikan. übers. von Tatjana
Kruse]. – 1. Aufl. – Freiburg i. Br. : Lüchow, 1996
   Einheitssacht.: The tao of chaos <dt.>
   ISBN 3-925898-43-3

2. Auflage 1998
© Copyright der deutschen Ausgabe 1996
by Verlag Alf Lüchow, Freiburg i. Br.
Alle Rechte vorbehalten

Umschlaggestaltung: Atelier Wolfgang Traub, Sulzburg
Lektorat: Martina Klose, Freiburg i. Br.
Satz: Fotosetzerei G. Scheydecker, Freiburg i. Br.
Druck und Bindung: Freiburger Graphische Betriebe
Gedruckt in Deutschland
ISBN 3-925898-43-3

Widmung

Zur Erinnerung an Nisargadatta Maharaj,
den endgültigen Ent-Programmierer.
Zur Erinnerung an David Bohm,
den Vater von Energie, Raum, Masse und Zeit.

Danksagungen

Carl Ginsburg
Jan Sultan
Kristi Kennen, M.S.W.
David Katzin
Claudio Naranjo
Idries Shah
Don Richard Riso
Helen Palmer
Susan Briley (Texterfassung)
Jessie Page (Korrektur)
Debra Ashton
Jerald H. Grimson (Illustrationen)

Mein besonderer Dank gilt Oscar Ichazo. Bei Fertigstellung dieses Buches kannte ich die Arica-Unterlagen noch nicht. Es kann jedoch kein Zweifel daran bestehen, daß der Arica-Meister Oscar Ichazo die wahre Quelle und der Vater des heutigen Enneagramms ist, das er Enneagon nennt.

Ich danke all meinen Workshopteilnehmern und -teilnehmerinnen, die bereit waren, ihr äußeres und ihr inneres Chaos zu erforschen.

Inhalt

Prolog

In den letzten 25 Jahren meines Lebens habe ich die Psychologie, die indischen Yoga-Traditionen, den Ansatz der Selbsterkenntnis im Buddhismus und die Sufi-Psychologie ebenso wie die Quantenpsychologie intensiv erforscht. Ein Teil meines Studiums war der Suche nach einer *einheitlichen Theorie* der Psychologie gewidmet.

Seit vielen Jahren schreibt der Physiker Stephen Hawking über die Suche nach einer einheitlichen Theorie in der Physik. Wenn er von einer einheitlichen Theorie spricht, meint er die *vollständige einheitliche Theorie*. Stephen Hawking glaubt, daß höchstwahrscheinlich noch vor dem Ende des Jahrhunderts eine einheitliche Theorie in der Physik gefunden wird, die die *Hintergründe aller Dinge* erklärt.

Das brachte mich dazu, nach einer möglichen einheitlichen Theorie in der Psychologie zu suchen oder – besser gesagt – nach einer Theorie des menschlichen Verhaltens, die die Erschaffung der Persönlichkeit erklärt. Noch einfacher gesagt, ich suchte ein *Organisationsprinzip*, das erklären kann, wie Persönlichkeit geschaffen, entwickelt und aufrechterhalten wird – und als Kontext wollte ich nicht nur das Individuum heranziehen, sondern das gesamte Universum. Im Hinblick darauf zeigt die Quantenphysik, daß alles mit allem anderen in Verbindung steht. Hinter allen scheinbaren Unterschieden existiert eine mit allem verbundene Einheitlichkeit. Die Quantenpsychologie bezieht sich auf diese Tatsache bzw. auf diese Einheitlichkeit. Die Persönlichkeit sieht nur einen Raum mit Grenzen. Aus diesem Grund und mit dieser Absicht biete ich ein Organisationsprinzip der Persönlichkeit, dessen Hintergrund eine zugrunde liegende Einheit bzw. die Einheitlichkeit ist.

Die meisten psychologischen Schulen bieten dies in unterschiedlichem Ausmaß für das Individuum an, aber keine zieht die Wissenschaft der Physik als Eckstein heran und schließt die Einheitlichkeit als Kontext mit ein. Die Psychologie hat, basierend auf dem Studium des Individuums, ein System menschlichen Verhaltens aufgebaut und weiterentwickelt. Die Familientherapie machte einen Sprung, denn sie erweiterte den Kontext menschlichen Verhaltens auf die Einheit der Familie. Sozialwissenschaftler und Politiktheoretiker von den alten Griechen bis zu Karl Marx haben den Kontext menschlichen Verhaltens erweitert und die Welt sowie deren wirtschaftliche und gesellschaftliche Ordnung integriert. Die Quantenpsychologie fordert uns jedoch auf, noch einen weiteren Sprung zu wagen: eine *Psychologie von allen Dingen* zu entwickeln, in der der Kontext des Individuums erweitert und das gesamte Universum eingeschlossen ist.

Dafür müssen wir uns auf die Schultern der Quantenphysik und der neuen Wissenschaft vom Chaos stellen. In meinem zweiten Buch *Quantenbewußtsein. Das experimentelle Handbuch der Quantenpsychologie* wurden parallele Universen und die Chaos-Theorie zwar erwähnt, aber nicht ausführlich besprochen. Dieses Buch soll unter anderem beide Theorien intensiv ergründen und mittels der traditionellen Wissenschaft als Sprungbrett eine einheitliche Theorie der Psychologie, eine Psychologie von allen Dingen, erschaffen. Mit einer solchen Theorie könnte man den Aufbau der Persönlichkeit erklären und die Erschaffung von Systemen, mit deren Hilfe die Persönlichkeit sich selbst organisiert und den begrenzten und veralteten psychischen Apparat des individuellen Geistes aufrechterhält.

Das Tao des Chaos für Anfänger

Wir wollen uns einmal ein Kind vorstellen, das der Unsicherheit und dem Chaos eines Vaters ausgesetzt ist, der es mißbraucht. Um diesen Vater in den Griff zu bekommen, entwickelt das Kind eine falsche Identität – den gehorsamen Sohn. Jahre später braucht der Erwachsene dieses artige, falsche Selbst bzw. diese Identität nicht länger. Doch diese Identität entwickelt ein Eigenleben und lenkt noch Jahre später automatisch das Leben des Erwachsenen. Einfacher gesagt, nicht das Individuum der Gegenwart lenkt die gehorsame Identität, sondern der Erwachsene wird von seiner früher erschaffenen Identität (dem gehorsamen Sohn, um den gewalttätigen Vater zu kontrollieren) gelenkt.

Daraus ergeben sich zwei wichtige Ideen. Zum einen sucht das Chaos die Ordnung, indem es eine gehorsame Identität schafft, und zweitens wird die gehorsame Identität auf Automatik geschaltet, um das Chaos auch in Zukunft zu vermeiden. Anders ausgedrückt, das Chaos führt zur Erschaffung einer inneren Identität, die aufrechterhalten wird, um einem imaginären zukünftigen Chaos zu entgehen. Das erschafft und erhält die zukünftige subjektive Wirklichkeit des Erwachsenen in der Gegenwart.

Ich habe mich für den Titel *Das Tao des Chaos* entschieden, weil das Verständnis des Chaos im physikalischen Universum und seine Reflektion in der individuellen Psyche uns hilft, den Widerstand gegen das Chaos in uns selbst zu überwinden. Ich werde an späterer Stelle zeigen, wie wir uns so durch andere und »höhere« Ebenen der Ordnung bewegen können, anstatt zu versuchen, das Chaos einzufrieren, um es auf diese Weise in den Griff zu bekommen. Ich habe herausgefunden, daß in unserer Gesellschaft, wenn nicht gar in allen Gesellschaftsformen, der *Widerstand gegen das Chaos* außergewöhnlich häufig anzutreffen ist. Die Menschen scheinen sich vehement gegen das Chaos in ihrem Leben, gegen das emotionale Chaos und gegen das Chaos in ihren Gedankenprozessen zur Wehr zu setzen. Es existiert ein weit verbreiteter und sehr starker Widerstand gegen die Erfahrung, keine Kontrolle zu haben oder ein chaotisches Leben zu führen.

Die meisten Religionen – einschließlich Buddhismus, Hinduismus, Christentum, Sufismus, Neosufismus, den esoterischen Traditionen und der *Religion* der Psychologie – versuchen, Glaubensstrukturen zu schaffen, die dieses Chaos ordnen können, und ihnen Sinn zu verleihen; dieses Chaos ist die scheinbare Zufälligkeit, die wir alle so unerträglich finden und gegen die wir uns wehren. Um frei sein zu können, muß man jedoch bereit sein, auf den Stromschnellen des Chaos zu reiten. Dadurch kann der größere

Kontext bzw. die Einheitlichkeit eingeschlossen werden, und das verbindet uns mit dem Universum. Mit anderen Worten, wenn wir uns nicht gegen das Chaos wehren, tritt eine subtilere Form der Ordnung ein. Der Ausweg aus dem Chaos führt mitten durch das Chaos. Das ist der Kontext einer Psychologie, die das Chaos als Organisationsprinzip* wählt und als ein Mittel, einen universelleren, integrierten Zustand oder den zustandslosen Zustand, wie ich es nenne, zu erreichen. Dieser zustandslose Zustand ist eine subtilere Form der Ordnung. Anders gesagt, es ist das Chaos, gegen das wir uns wehren, das uns zu einer tieferen Ordnung führen kann.

In *Quantenbewußtsein* sprachen wir von David Bohms impliziter Ordnung, die das Quantenfeld bzw. die Leere ausmacht. Wenn die Partikel, die Wellen und das Feld als gemeinsame Bewegung und als dieselbe Substanz gesehen werden, nennt Bohm diese Vision die zweite implizite Ordnung.

> *»Die erste implizite Ordnung trifft auf das ursprüngliche Feld zu … Die zweite, die superimplizite Ordnung, trifft auf das ›Superfeld‹ oder die Information zu, die das ursprüngliche Feld organisiert.«* (Bohm/Peat, 1)

Daraus läßt sich schließen, daß die zweite implizite Ordnung, bei der Partikel und Raum als dieselbe Substanz gesehen werden, die Information enthält, die das ganze System organisiert. Einfacher gesagt, durch das Chaos, das das Individuum erfährt, wenn man den Kontext erweitert, wird die Leere des vereinheitlichten Quantenfeldes oder der impliziten Ordnung verfügbar. Wenn es keinen Unterschied mehr zwischen dem Impliziten (dem Feld) und dem Expliziten (dem Chaos) gibt, dann wird das zweite Implizite verfügbar, und die Ordnung wird offenbar. Wir können alle spüren, wie wir uns gegen das Chaos wehren; wir versuchen, das Chaos zu ordnen, damit unser Leben, unsere Welt und das Universum einen Sinn ergeben. Aber wenn wir versuchen, mit dem Chaos oder mit

---

* Siehe auch Kapitel 20 »Das Organisationsprinzip« in *Die alltägliche Trance. Heilungsansätze in der Quantenpsychologie* im Verlag Alf Lüchow, Freiburg 1993.

den scheinbaren Zufälligkeiten der Welt umzugehen, so erschaffen wir getrennte subjektive Strukturen und innere Universen, die all das erklären sollen. Leider führt die Erschaffung von Strukturen, die das Chaos in den Griff bekommen oder es zumindest erklären sollen, gerade dazu, daß das Chaos aufrechterhalten wird. Nur wenn wir das Chaos zulassen, kann sich die höhere Ordnung zeigen. (Dieser Punkt wird in Abschnitt II ausführlich behandelt.)

Bells Theorem

John Stuart Bell, den ich am Ende meines Buches *Quantenbewußtsein* erwähne, schuf eines der stärksten Theoreme in der Quantenphysik. Der Physiker Henry Stapp nennt Bells Theorem »die wichtigste Entdeckung auf dem Gebiet der Wissenschaft«.[*] Bells Theorem besagt, daß es im physikalischen Universum keine lokalen Ursachen und keine Lokationen gibt.

Diese Einsicht erfordert eine äußerst subtile innere Vision. Sollte nämlich Bells Behauptung zutreffen und es im Universum tatsächlich keine Lokationen geben, dann kann man auf nichts mit dem Finger zeigen und sagen, da bestünde ein kausaler Zusammenhang; *dies verursache das*. Das Universum und seine Aktionen sind grundlos, und der höchste Grund – oder besser gesagt, der grundlose Grund – besitzt eine Ordnung. Diese Ordnung ist auf der Ebene des Individuums jedoch nicht zu erkennen, nur auf der Ebene des zweiten Impliziten. Auf der Ebene des Expliziten hat es den Anschein extremer Zufälligkeit. Das fördert ein Gefühl von Chaos. Nur sehr wenige Menschen würden leugnen, daß sie sich ständig selbst fragen: »*Warum* ist Herr Soundso bloß befördert worden und nicht ich? Schließlich verdiene ich es, ich habe härter gearbeitet.« Fragen wie diese tauchen ständig in unseren Köpfen auf, weil die Welt so chaotisch scheint.

Einige spirituelle Systeme sprechen von der Theorie des Karma, um die Diskrepanz zwischen Aktion (was man tut) und Reaktion

---

[*] David F. Peat: *Einstein's Moon. Bell's Theorem and the Curious Quest for Quantum Reality*. Contemporary Books, Chicago 1990.

(was einem geschieht) zu erklären. Im Christentum heißt es: »Was der Mensch sät, das wird er ernten.« In Asien erklärt die Reinkarnation die Diskrepanz zwischen säen und ernten. Wenn ich beispielsweise in einem vergangenen Leben einem Menschen etwas angetan habe, kommt mein Karma zu mir zurück. Es besteht ein Zusammenhang von Ursache und Wirkung. Das ist ein möglicher Versuch, *das Chaos durch eine Erklärung zu ordnen*. Damit wehren wir uns gegen das Chaos, und das hält uns im Chaos fest. In diesem Buch kommt es darauf an, unseren Widerstand gegen das Chaos unter die Lupe zu nehmen. David Peat sagt in *Der Stein des Weisen*:

> *»Möglicherweise ist das Chaos die natürliche Ordnung, und in diesem Chaos existieren Inseln der Ordnung. Aber das Chaos ist die Ordnung.«*   (Peat, 2)

Der *Widerstand* gegen das Chaos erhält das Chaos aufrecht, macht das Leben ungemütlich, und beraubt uns vor allem einer höheren Ordnung, bei der wechselseitige Verbindungen und Einheit offengelegt werden.

> *»In Wirklichkeit wird die Ordnung aus dem Chaos geboren; nicht das Chaos aus der Ordnung.«*   (Peat, 3)

Stellen Sie sich beispielsweise vor, Sie seien ein Fluß mit sehr starker Strömung. Wenn Sie versuchen, sich gegen die Strömung zu wehren, erleben Sie mehr oder weniger Chaos. Sie werden merken, wie das Wasser gegen Ihre Brust und Ihren Magen donnert; Ihr ganzes Selbst wird herumgewirbelt. Aber wenn Sie zum Wasser werden und mit dem Wasser fließen, dann entsteht ganz plötzlich eine neue Ordnung aus dem Chaos. Es gab einmal einen Zen-Lehrer, der sagte, er habe Erleuchtung erlangt, indem er zur Autobahn ging und sah, daß alle Autos in eine Richtung fuhren. Er kam zu dem Schluß, alles, was er zu tun habe, sei, in diese Richtung zu gehen, in die Richtung, in die die Autos bereits fuhren.

Wir werden also die Vorstellung erforschen, daß dem Chaos eine natürliche Ordnung zu eigen ist. Das Chaos – die Sache, gegen die wir uns so sehr wehren – trägt in Wirklichkeit Schönheit und Ordnung in sich. Wenn wir das Chaos als einen Energiefluß erforschen und entdecken, läßt das Chaos, wie David Bohm es ausdrücken würde, »eine tiefere wechselseitige Verbundenheit zwischen uns und dem Universum« zu.

Chronische Problemzustände und das Chaos

Die Entwicklung einer Diagnose und einer Behandlung für die Erkenntnis der Ordnung des Chaos erfordert eine Wiederaufnahme der eingefrorenen, feststeckenden Identitäten oder des falschen Selbst, das wir geschaffen haben und dessen Zweck es war, sich gegen das Chaos zu wehren. Im zweiten Drittel dieses Buches werden wir uns der Essenz als zweite implizite Ordnung widmen und dem Umstand, wie die Persönlichkeit wiederaufgenommen werden kann, wenn sie in Berührung mit der Essenz kommt. Anders ausgedrückt, die Persönlichkeit ist die explizite Ordnung, die Essenz die zweite implizite, und das Implizite ist das Quantenfeld. Das wird in Abschnitt III mit Übungen und Fallstudien behandelt.

Psychologie

Die Psychologie hat eine kurze Geschichte. Obwohl die frühen griechischen Philosophen versuchten, menschliche Verhaltensweisen zu korrigieren, wurde die Welt der Psychologie dominiert von in Handlung umgesetzten Philosophien. Damit meine ich, daß jeder Zweig bzw. jede Schule der Psychologie einen Wegweiser oder einen bestimmten Weg aufzeigt, um das Leiden an den menschlichen Verhaltensweisen zu erleichtern. Zum größten Teil ist die Psychologie eine Geisteswissenschaft.

Obwohl die Psychologie in vielen Bereichen menschlichen Verhaltens – von sexuellen Dysfunktionen bis zur Familientherapie, von der Befreiung von Phobien bis zu chronischen Depressionen – viele Erfolge zu verzeichnen hatte, hat die Kunst der Psychotherapie viele Fragen offen gelassen und vielen Klienten ihre Unzufriedenheit nicht nehmen können.

Das Warum hängt von der Art von Therapie ab, die Ihnen Ihr Therapeut anbietet, denn diese begrenzt seine Fähigkeit, in die unerforschten Tiefen der Problemlösung vorzudringen. Nur wenige Therapien helfen beispielsweise bei allen Problemen, obwohl viele das behaupten, und jede Form der Therapie ist von dem Modell, das sie darstellt, begrenzt.

Das wurde am verständlichsten von dem Philosophen Alfred Korsybski formuliert: »Die Landkarte ist nicht das Land.« Das bedeutet, daß der Therapeut eine Landkarte der Wirklichkeit anbietet, durch die der Patient, wenn er sie wie eine Brille aufsetzt, sehen kann und infolgedessen das Leben anders wahrnimmt.

Wir müssen an dieser Stelle keine Zeit damit verbringen, all die verschiedenen Schulen der Psychotherapie zu erforschen, ihre Glaubenssysteme, wie sie funktionieren, ihre Entwicklung, Anwendung oder Position. Das wäre einzig eine Wiederholung dessen, was in den letzten 100 Jahren darüber geschrieben wurde, und würde meiner Meinung nach die Leser mit nur noch mehr Landkarten und Modellen davon, wie die Wirklichkeit konstruiert ist, belasten.

Eine vereinheitlichte Theorie menschlichen Verhaltens

In den Naturwissenschaften würde eine *Theorie, die alles beinhaltet,* einen großen Durchbruch darstellen. Fraglos wird auch in den Geisteswissenschaften von der Psychologie und der menschlichen Verhaltenslehre eine *vereinheitlichte Theorie* benötigt, eine Theorie, die das Warum und Wohin menschlichen Verhaltens erklären kann – warum Veränderungen auftreten oder nicht auftreten – und die eine Sicht der Wirklichkeit liefert, die eine wissenschaftliche Erklärung menschlicher Interaktionen und Verhaltensweisen bietet. Durch eine solche Theorie würde erklärt, warum Veränderungen auftreten oder nicht auftreten und welchen »Sinn« das Leid und der Schmerz haben, die wir alle durchleben – wenn sie überhaupt einen Sinn haben.

Um ein solch riesiges Projekt anzugehen ist es absolut notwendig, sich der Wissenschaft der Quantenphysik zu bedienen und, was noch wichtiger ist, der neuesten Entwicklungen auf dem Gebiet der Chaos-Theorie.

Mittels dieser beiden Ansätze können wir hoffen, eine vereinheitlichte Theorie auf dem Gebiet des menschlichen Verhaltens, das derzeit Psychologie genannt wird, aufzustellen. Mit dieser Hoffnung und in dieser Absicht können wir uns auf ein Verständnis der Natur der Wirklichkeit im allgemeinen und der Natur menschlichen Verhaltens im besonderen zubewegen.

Dafür muß der Leser in das Verständnis, wie es ein Laie (nämlich ich) von einfacher Physik und der Chaos-Theorie hat, eintauchen. Ich bitte den Leser, sich nicht vor Physik und Wissenschaft zu fürchten – ich selbst bin im College durch den Einführungskurs in Physik gefallen, erhielt die schlechteste Note in Biologie und habe in Geologie das Klassenziel ebenfalls nicht erreicht. Glauben Sie mir, wenn ich sage: Der Erklärung liegt ein einfaches Verständnis zugrunde, wie die Wirklichkeit geschieht. Lassen Sie sich daher bitte nicht von dem wissenschaftlichen Ton der ersten 50 Seiten abschrecken.

Ich werde versuchen, auf den Schultern der bewiesenen Welt der Physik zu stehen und diese Welt sowie ihre Prinzipien anzuwenden, um eine Abhandlung über menschliches Verhalten zu erstellen, die auf der Energiebewegung in der Welt basiert.

Dieser Schritt kann helfen, die Frage zu beantworten, was Gott oder die höchste Intelligenz ist und wer letztendlich Sie sind.

Hierfür müssen wir die fundamentalen Prinzipien der Chaos-Theorie einer näheren Betrachtung unterziehen und sie auf die Psychologie anwenden, um so die menschlichen Interaktionen erklären zu können.

Dazu müssen wir uns das CHAOS ansehen. Wie ich schon früher erwähnte, verbringen wir einen großen Teil unseres Lebens mit dem Versuch, das Chaos zu ordnen. Wenn ich mich beispielsweise im Geschäft überfordert fühle, habe ich einen Geschäftsführer, der die »außer Kontrolle geratene Situation« wieder in den Griff bekommt. Wenn in meiner Beziehung zu meinem Ehepartner Verwirrung herrscht, gehe ich zu einem Therapeuten, der mir hilft, die Dinge auszusortieren. Wenn ich mich unsicher fühle, wenn ich nicht weiß, wer ich bin und was der Sinn meines Lebens ist, dann suche ich Antworten auf diese Fragen im spirituellen und philosophischen Bereich. Keiner dieser Schritte ist falsch, aber wir wehren uns damit gegen das Chaos und das drängt uns dazu, jemanden anzuheuern oder eine Antwort zu finden. Diese Erfahrung des Chaos, gegen die die meisten von uns sich wehren, ist so schwer zu handhaben, daß wir uns Fachleute auf allen Gebieten suchen, von der Medizin über die Religion bis hin zur Wirtschaft, damit sie diese Gefühle für uns handhaben.

Das Tao des Chaos

Tatsache ist, daß das Leben und das Universum dem einzelnen chaotisch anmuten – ein unerklärliches und außer Kontrolle geratenes Dilemma. Die Weltanschauungen, die wir suchen, um dieses Chaos zu erklären oder um »uns zu beruhigen«, sind in Wirklichkeit Versuche, uns gegen den Umstand zu wehren, daß *das Chaos die Regel, nicht die Ausnahme ist. Systeme versuchen, das Chaos zu ordnen*, wo wir doch eigentlich ein TAO DES CHAOS benötigen oder einen Weg, uns nicht gegen das Chaos zu wehren, sondern zuzulassen, daß es sich selbst ordnet und sein wahres Wesen offenbart.

Dieses Buch ist in vier Abschnitte unterteilt. Abschnitt I widmet sich dem grundlegenden Verständnis von Chaos-Theorie und Quantenphysik, und wenn Ihnen das *zuviel* sein sollte, können Sie diesen Teil auslassen und gleich zu den mehr *empirischen* Abschnitten übergehen. Abschnitt II macht dieses grundlegende Verständnis von Chaos-Theorie und Quantenpsychologie mittels Übungen praktisch erfahrbar. Abschnitt III geht in die Diagnostik über sowie in die *Therapie des Enneagramms*. Dieser Abschnitt ist keineswegs ein Versuch, das Enneagramm *neu zu schreiben*. Vielmehr geht es hier zum erstenmal um eine Therapie, mit der Sie in sich selbst die Trance-Fixationen des Enneagramms und ihr diagnostisches Gegenstück – die Charakteranalyse – beenden und so in die Essenz Ihres wirklichen Selbst eintreten können. Sie können diese Therapie auch bei anderen anwenden. Dieser Abschnitt schließt mit einer Zusammenfassung unter der Bezeichnung »Fortgeschrittenes Aufmerksamkeitstraining« – einer umwälzenden neuen Sichtweise, die den Leser jenseits des Beobachters und dessen Aufmerksamkeitsfixierung führt. Schließlich Abschnitt IV: »Bewußtseinsströme«. Zu diesem Abschnitt gehören drei Artikel; der erste ist von mir und handelt von Mitgefühl. Der zweite ist von Carl Ginsburg, einem internationalen Feldenkrais-Trainer. Der dritte Artikel stammt aus der Feder von Jan H. Sultan, einem leitenden Mitglied des »Rolf Institute of Structural Integration«. Die letzten beiden Artikel über Feldenkrais bzw. Rolfing wurden in das Buch aufgenommen, um den Leser, der mit diesen Methoden möglicherweise nicht vertraut ist, mit einem integralen Bestandteil meiner eigenen Selbstentdeckung bekanntzumachen. Ich trenne Geist und Körper nicht, sondern sehe sie als eine Einheit. Die Arbeit der Quantenpsychologie hat daher ihre Grenzen – Feldenkrais und Rolfing füllen diese Lücken, und in jedem Workshop, den ich in Amerika halte, betone ich stets die Bedeutung dieser beiden Formen praktischer somatischer Arbeit, um die Arbeit der Quantenpsychologie fortzuführen und zu vertiefen.

Dieses Buch will uns einen Weg aufzeigen, wie wir das Chaos als Regel, nicht als Ausnahme zulassen können. Ein Prozeß, bei dem das Chaos unser Freund, eine vertraute Erfahrung, eine willkommene Zuflucht oder gar eine Antriebskraft wird, die uns zu unserer universellen Natur zurückführt. All unsere Anstrengungen, das Chaos zu *ordnen*, indem wir uns dagegen wehren und immer mehr Systeme zu seiner Kontrolle schaffen, haben versagt. Es scheint offensichtlich, daß ein Mensch, der aus Chaos und Widerstand gegen Chaos geboren wurde, nur noch mehr Chaos und Widerstand hervorbringen kann.* In *Das Tao des Chaos* geht es darum, uns die Erfahrung, gegen die wir uns am meisten wehren, von mehreren Blickwinkeln aus anzuschauen, damit das Chaos nicht länger ein Feind ist, sondern zum Freund wird. Dafür muß der Leser an Übungen teilnehmen,

---

* Dieser Punkt wird ausführlich in meinem dritten Buch *Die dunkle Seite des inneren Kindes. Der nächste Schritt* behandelt.

die von ihm verlangen, sein persönliches Chaos zu erfahren. Wie anders kann man diese Erfahrung und sich selbst »kennenlernen«, außer man ist bereit, sie »kennenzulernen«?

Erinnern Sie sich an das alte Lied?

> *» Man lernt sich kennen,*
> *erfährt alles voneinander.*
> *Sind wir beisammen,*
> *sagt jeder, was er denkt.*
>
> *Plötzlich sind wir frei und fröhlich,*
> *weil man vieles*
> *voneinander lernt,*
>
> *Tag für Tag.«**

Wenn Sie die Arbeit mit den Übungen in diesem Buch hinter sich haben, werden Sie hoffentlich so frei sein, das Chaos willkommen zu heißen und sich nicht dagegen zu wehren. Nutzen Sie das Chaos als Weg zu Ihrem tiefsten Wesenskern.

In Liebe,
Ihr Bruder
Stephen

---

* Aus dem Musical *Der König und ich* von Rogers und Hammerstein mit Deborah Kerr und Yul Brynner. (Anm. d. Ü.)

I

Der Anfang

KAPITEL 1

Wie für mich alles begann

1987 erwarb ich mein erstes Buch zum Thema Chaos. Es trug den angemessenen Titel *Chaos – die Ordnung des Universums* und war von James Gleick. Mich faszinierte die Suche nach einer Theorie in der Naturwissenschaft der Physik zur Erklärung menschlichen Verhaltens. Menschliches Verhalten im Individuum mußte ebenso wie soziale, politische, wirtschaftliche und religiöse Systeme eine Art Organisationsprinzip besitzen. Ich suchte etwas, eine Theorie, eine Erkenntnis, die das Auftauchen von psychologischen und religiösen Systemen als Landkarten der Wirklichkeit erklären könnte. Warum tauchte beispielsweise die Psychologie auf, welche Zusammenhänge verursachten die Bildung von spirituellen Überzeugungen, die zu Weltanschauungen und Systemen führten? Wir stehen hier an der Pforte zum 21. Jahrhundert, und es schien mir überaus wichtig, den Grund für die Erschaffung von Systemen zu ermitteln. Im Sommer 1989 fand ich meine Antwort: die **Chaos-Theorie**.

Wir wollen zu Anfang das Wort Chaos definieren.

»Chaos ['ka-] s 1. Völlige Verwirrung oder Unordnung ohne irgendeine Struktur oder Ordnung. 2. Die Unendlichkeit des Raumes oder der formlosen Materie, die angeblich der Existenz des geordneten Universums vorausging. 3. Ein Abgrund oder eine Untiefe.« (The American College Dictionary, 4)

Die ersten Abschnitte dieses Buches werden sich mit der ersten Definition – die »völlige Verwirrung oder Unordnung ohne irgendeine Struktur oder Ordnung« – befassen. Allerdings bin ich darauf schon ausführlich in meinem dritten Buch *Die dunkle Seite des inneren Kindes. Der nächste Schritt* eingegangen. Der dritte

Abschnitt dieses Buches wird sich mit dem wahrgenommenen inneren Chaos befassen oder dem, was wir normalerweise als eine nagende innere Leere erfahren.

Wir fangen mit dem Grundprinzip des *Tao des Chaos* an.

• PRINZIP: Alle psychologischen Systeme werden aus dem Widerstand gegen das Chaos geboren oder aus dem Versuch, das Chaos zu ordnen.

Was bedeutet das? Um uns gegen die außer Kontrolle geratenen, verwirrenden, erdrückenden Gefühle des Lebens, die für uns unerträglich sind, zu wehren, erschaffen wir ausgeklügelte psychologische und spirituelle Systeme in dem Versuch, *dem Ganzen einen Sinn zu geben*. Mit anderen Worten, wir erschaffen innere Erklärungen einer äußeren Wirklichkeit, weil wir alles verabscheuen, was keinen Sinn macht. Die bloße Erwähnung der Worte Chaos oder Verrücktheit ruft Abwehrreaktionen in uns hervor und läßt uns schaudern; wir wollen weder mit unserem eigenen Chaos noch mit dem eines anderen etwas zu tun haben.

Um zu sehen, wie psychologische Systeme geschaffen werden, um das Chaos in den Griff zu bekommen und zu verstehen, wollen wir einen Blick auf zwei Theoretiker der Gegenwart werfen. Zuerst auf *Wilhelm Reich, den Vater der körperzentrierten Psychotherapie*. Die Psychotherapie von Wilhelm Reich basiert auf dem biologischen Prozeß der Energie, die in den Körper aufgenommen wird und die sich aus dem Körper entlädt. Dieser natürliche, vegetative, biologische Prozeß ist in Reichs klassischem Werk *Die Funktion des Orgasmus* dargestellt. Reich zeigt, daß der Orgasmus die regulierende Funktion des Entladens überschüssiger Energie hat. Reich glaubte, wenn die überschüssige sexuelle Energie (Libido) beim Orgasmus entladen würde, wäre der Mensch gesund. Er glaubte, wenn der Orgasmus »unvollständig« sei, würde die überschüssige Energie im Körper in den Kopf steigen und Gedanken, Phantasien und selbstzerstörerische, intraphysische Strukturen erschaffen. Nach Reichs Meinung gründet die psychische Gesundheit auf der Fähigkeit, orgastische Potenz zu erreichen und überschüssige Energie zu entladen. Ganz einfach

25

und plump gesagt: Wenn Sie einen guten Orgasmus haben können, sind Sie gesund. Wenn Sie keinen guten Orgasmus haben können, sind Sie nicht gesund. Die Therapie drehte sich um die Kraft des Orgasmus, und auf sehr systematische Weise half Reich den Patienten, chronische »Blockaden« aufzulösen, die er »Körperpanzer« nannte und die die natürliche Auf- und Entladung der biologischen Energie hemmten. Wie sah das Chaos in Reich aus, das er zu verstehen suchte?

Aus Reichs Autobiographie ist klar ersichtlich, daß Reich als kleiner Junge von ungefähr vier Jahren mehrere sexuelle Begegnungen hatte. Wir würden das heute mit Sicherheit »sexuellen Mißbrauch« nennen. Reich stammte aus einer wohlhabenden Familie, und sein Vater war oft monatelang geschäftlich unterwegs. Um den kleinen Wilhelm privat unterrichten zu lassen, stellten seine Eltern einen etwa 20jährigen Jungen ein, der bei der Familie lebte.

Als sein Vater wieder einmal abwesend war, sah Reich, wie seine Mutter mit dem Privatlehrer schlief. Reich beobachtete das während vieler Nächte und fühlte sich erregt. Bei seiner Rückkehr spürte Wilhelms Vater, daß etwas vorgefallen war. Er stellte Wilhelms Mutter zur Rede, doch sie leugnete, daß etwas geschehen war. Daraufhin wandte sich der Vater an den kleinen Wilhelm. Wilhelm erzählte seinem Vater von der Liebesaffäre, die seine Mutter mit dem Lehrer hatte. Der Vater hielt das Wilhelms Mutter vor, und sie beging Selbstmord. Innerhalb von zwei Jahren starb Wilhelms Vater aufgrund dieser schmerzlichen Erfahrung.

Es läßt sich leicht nachvollziehen, warum Reich eine Therapie gründete, deren Schwerpunkt auf der Kraft des Orgasmus lag. Er versuchte zu verstehen, »was geschehen war«.

Milton H. Erickson

Milton H. Erickson leistete zweifelsohne die wichtigsten Beiträge zur klinischen Anwendung der Hypnose – mit Sicherheit in den letzten Jahren, wenn nicht sogar in diesem Jahrhundert.

Milton Erickson hatte als Teenager sehr unter Kinderlähmung zu leiden. Später war er bettlägerig und konnte sich nicht bewegen. Erickson litt ständig unter Schmerzen und hat auch mehrere Schlaganfälle gehabt.

In dem Buch *Life Reframing in Hypnosis* erzählt Erickson, wie er sich bettlägrig dem Chaos dieser Situation stellen mußte. Er stellte sich vor, wie er als Junge in Wisconsin eine Mistgabel ergriff. Er konzentrierte seine Aufmerksamkeit auf dieses Bild und war mit der Zeit in der Lage, seine Hände zu bewegen. Schließlich konnte Erickson auf Krücken gehen. Erickson stand außerdem dem Chaos großer körperlicher Schmerzen gegenüber.

Welche Therapieform und Weltanschauung wählte Milton Erickson? Zuerst wurde er ein Meister der Schmerzkontrolle, half anderen und sich selbst, ungeheure Fortschritte auf dem Gebiet der hypnotischen Schmerzkontrolle zu erzielen. Es heißt, daß Erickson sich zur Schmerzkontrolle bis zu drei Stunden pro Tag selbst hypnotisierte, so daß er daraufhin in der Lage war, anderen bei ihren körperlichen und seelischen Schmerzen zu helfen. Zweitens entwickelte Erickson einen Ansatz, der noch nie zuvor in der Hypnose eingesetzt worden war, nämlich die Erkenntnis: »Die Ressourcen, die ein Patient braucht, liegen in seiner persönlichen Geschichte.«

Erickson führte den Bereich der Hypnose und der Psychotherapie zu einer ganz neuen Ebene. Er bediente sich als erster der Hypnose, um Zugang zu Ressourcen zu bekommen, die in der unbewußten Erinnerung lagen und nicht eingesetzt wurden, wie z. B. ein Junge seine Hand (die Ressource) gebraucht, um nach der Mistgabel zu greifen. Erickson befähigte seine Patienten mittels Hypnose, ungenutzte Ressourcen aus ihrer Vergangenheit in gegenwärtige Situationen einzubringen.

Wer sonst hätte Meister der Schmerzkontrolle werden und die Fähigkeit entwickeln können, das Chaos der Menschen durch Ressourcenwahrnehmung in den Griff zu bekommen, als jemand, der es tun mußte, um sein eigenes Chaos in den Griff zu bekommen?

Bei dem Gedanken oder dem Gefühl, sich in einem Chaos zu befinden bzw. die Kontrolle verloren zu haben, erfolgt die unmittelbare Reaktion, einzuschreiten, zu klammern, die Muskeln anzuspannen oder der Sache einen Sinn zu geben. »Diese verrückten

Gedanken müssen wir uns aus dem Kopf schlagen.« – In diesem schwachen Versuch, unsere eigene Verrücktheit und die anderer (Chaos) zu kontrollieren oder wenigstens zu verstehen und sie so verschwinden zu lassen, lag der Ursprung der Psychologie und der Philosophie. Mit Sicherheit erfahren die meisten Menschen die Verrücktheit eines anderen als etwas, *vor dem sie weglaufen wollen*, und ihre eigene Verrücktheit als etwas, *was sie loswerden wollen*. Es stellt sich die Frage, warum es eine so »rigide« automatische Reaktion – der Verrücktheit aus dem Weg zu gehen oder vor ihr davonzulaufen – zu geben scheint? Vielleicht handelt es sich um eine Programmierung, ein soziales Stigma, vielleicht um die Überzeugung, daß dieses Unbehagen nicht in Ordnung ist.

Was ist denn falsch an Verrücktheit oder Chaos? Was ist falsch daran, Energiewogen zu verspüren und Empfindungen, die durch unseren Körper strömen? Und was ist deren Sinn, wenn sie überhaupt einen haben?

Was ist falsch an Verrücktheit (Chaos)? Wenn ich »verrückt« sage, haben die Menschen offensichtlich die Assoziation eines Verrückten, dessen Haare in alle Richtungen abstehen, der Obszönitäten brüllt und dessen Kleidung zerlumpt an ihm herunterhängt, wenn er nicht gar in einer Zwangsjacke steckt. Unsere Gesellschaft scheint das Chaos nicht zu mögen, und jeder einzelne von uns bemüht sich, »ruhig« zu bleiben, »die Kontrolle darüber zu erlangen« und das Chaos um jeden Preis zu vermeiden.

Die Chaos-Theorie, eine neue Entdeckung der Physik (in den letzten 20 Jahren), hat in letzter Zeit aufgrund der Unvorhersehbarkeit des Wetters großes Interesse hervorgerufen. Diese Verrücktheit hat eine neue Wissenschaft geschaffen, die herauszufinden versucht, ob es im Chaos Ordnung gibt. Die Antwort lautet: *Ja*.

Warum wehren sich die Menschen gegen Energiewogen und gegen das Gefühl, die Kontrolle verloren zu haben? Wieder einmal wurden wir alle darauf konditioniert, unsere Gefühle (Wut) zu kontrollieren, diese Energie zu kontrollieren.

Der freie Fluß der Energie geschieht ständig, sei es als Gedanke, als Gefühl oder als Blick (Energie) von einem Menschen zum anderen. Dennoch wird soviel Zeit damit verbracht, sich zu beherrschen und es dem Energiefluß nicht zu gestatten, von Selbst zu Selbst oder vom Selbst zum anderen zu strömen.

Es gibt Tabus; wir lassen den Fluß der Energie nicht einfach zu. Wenn ich zu jemandem »Ich liebe dich« sage (das ist ein Energiefluß), könnte sich dieser Mensch durch diese Erfahrung (die aus Energie besteht) unbehaglich fühlen. Er könnte beispielsweise denken (auch Gedanken bestehen aus Energie): »Was soll das bedeuten?«, »Mag er mich? Will er mit mir schlafen?« usw. In der Mehrzahl der Fälle wird die Energie vom Selbst zum anderen vom Selbst blockiert oder die Energie wird, sobald sie empfangen wird, zerstreut oder hintertrieben. Im ersten Fall wird die Energie des »Ich liebe dich« blockiert und verfestigt, und die Energie wird zu einem Gedanken wie »Ich bin mir nicht sicher, soll ich es sagen oder nicht?« Das ruft in dem Menschen das Gefühl hervor, ein bißchen verrückt zu sein. Der Angesprochene kann die Energie auflösen, wenn er zu sich sagt: »Das meint er nicht wirklich so« oder »Warum ich, ich bin nicht attraktiv?« usw. All dies sind Versuche, den Fluß der Energie von einem individuellen System in ein anderes zu organisieren. Wenn die Energie auf der individuellen Ebene in Form eines anderen Menschen daherkommt und in Ihr System eintritt, fühlt sich Ihr System vorübergehend chaotisch. Um sich gegen dieses Chaos zu wehren, versucht das System, das Chaos zu strukturieren oder zu ordnen, indem es abblockt, die Muskeln anspannt und die Energie auflöst. Kurz gesagt, das System (nämlich Sie) wehrt sich gegen die zusätzliche Energie eines anderen Menschen, indem es sein Verhalten deutet oder den natürlichen Energiefluß von diesem Menschen, der zusätzliche Energie in Ihr System geleitet hätte, erstarren läßt. In dem Fluß der Energie erfahren wir das Chaos, und unser Widerstand gegen diese zusätzliche Energie verwehrt uns eine tiefere Ordnung, die unter Umständen verfügbar gewesen wäre.

Warum wir das tun, wird an anderer Stelle beschrieben. Im Moment genügt folgendes: Wenn sich die Energie von Selbst zu Selbst oder vom Selbst zum anderen bewegt, stört sie das stabile System und ruft in dem Menschen ein unbehagliches, verrücktes, außer Kontrolle geratenes, chaotisches Gefühl hervor. Anstatt das Chaos, das uns zu einer höheren Ordnung führen würde, zuzulassen, wehren wir uns dagegen, und das bringt uns zu einem getrennten, sich selbst organisierenden, individuellen Universum, das die meisten von uns als schmerzvoll, einsam, isoliert, entfremdet usw. empfinden.

Die dritte Frage lautet: »Warum?« – Das kann man am besten wie folgt zusammenfassen: Vor kurzem hielt ich einen Workshop zum Thema Quantenpsychologie. In dem Workshop ging es vor allem darum, das *Quantenbewußtsein* zu erfahren.

Als ich über die Chaos-Theorie sprach, warf Carl Ginsburg – einer der Teilnehmer, ein Feldenkrais-Trainer und ehemaliger Präsident der »Feldenkrais Guild« – ein, daß er vor einigen Jahren direkt mit Moshé Feldenkrais zusammengearbeitet habe. Feldenkrais fragte eine Gruppe seiner Schüler: »Was ist die Funktion des Nervensystems?« Nachdem ein paar Antworten vorgebracht worden waren, sagte Feldenkrais: »Die Funktion des Nervensystems ist es, das Chaos zu organisieren.«

Genau darum geht es bei der Chaos-Theorie: Die Energie (das Gefühl) tritt von »einem anderen System« in Ihr System ein, Sie bekommen dadurch ein chaotisches Gefühl und versuchen, das Chaos zu ordnen, damit Sie sich wieder behaglich, heimisch fühlen. Das Problem entsteht dadurch, daß wir die Energie ständig *auf dieselbe Weise* ordnen wollen. Man könnte auch sagen, wir organisieren die eintretende Energie (die Gefühle) so, daß sie immer zum selben Ergebnis führen. Vor kurzem führten Carl Ginsburg und ich einen Workshop an der amerikanischen Westküste durch. Ein Teilnehmer erinnerte sich, als Kind ein Ekzem gehabt zu haben; seine Eltern banden ihn fest, damit er sich nicht kratzen konnte. Zwei Dinge müssen erwähnt werden, um zu verstehen, wie er und sein Nervensystem das Chaos ordneten. Zum einen machte er es sich angesichts der Situation so bequem wie möglich. Natürlich war das nicht sehr bequem. Zum anderen, ein ganz wesentlicher Punkt, wurde die Position, die er einnahm und die, gemessen an den meistens Ansprüchen, immer noch unbequem war, sein *Bezugspunkt* für Bequemlichkeit. Mit anderen Worten, er organisierte das Chaos derart, daß er es so bequem wie möglich hatte, woraufhin diese *Position* sein *Bezugspunkt bzw. sein Bequemlichkeitsstandard* wurde. Diese rigide Einschränkung, welche

Energie hereingelassen und welche Energie herausgelassen wird, ist ein schematisches oder gewohnheitsmäßiges Verhalten. Diese Gewohnheit ist ein Versuch, das Chaos zu organisieren. Chaos wird daher häufig als Unterbrechung des psychologischen Systems wahrgenommen. In dem oben erwähnten Fall setzte der Mann diese *Unbequemlichkeit als neuen Bequemlichkeitsstandard* ein, obwohl sie unbequem war.

Anders gesagt, wenn ich mich selbst für unattraktiv halte und jemand sagt zu mir: »Ich fühle mich von dir angezogen«, stört diese Energie mein System. Ich fühle mich nervös und ängstlich und werde vielleicht sogar jeglichen Kontakt zu diesem Menschen abbrechen. Die Energie, die von der Feststellung dieses Menschen, der sagt: »Ich fühle mich von dir angezogen«, ausgeht, fühlt sich für den Betroffenen chaotisch an, denn er hat ein eingefrorenes inneres Bild von sich selbst als unattraktiven Menschen. Wenn das Ergebnis schmerzhaft genug ist, sucht man einen Therapeuten oder eine Familienberatung auf. Der bekannte Lehrer des »vierten Weges«, G. I. Gurdjieff, sagte oft, daß die Menschen eine begrenzte Anzahl von Positionen haben, sowohl körperlich als auch seelisch. Das bedeutet, daß es eine Rigidität im System gibt, die nur wenige subjektive Erfahrungen zuläßt. Kaum ein Mensch würde leugnen, daß er Wut oder Angst nicht zuläßt und sich körperlich dagegen wehrt. Wilhelm Reich sagte, daß der Körper ein Energiesystem ist, das als selbstorganisierendes biologisches System aufgeladen (Energie aufnehmen) und entladen (Energie freisetzen) werden muß. Laut Reich treten psychologische Probleme auf, wenn der Körper einen chronischen Körperpanzer aufbaut, um sich gegen Erfahrungen zu wehren. Das bedeutet, daß man sich auf jeder Ebene (seelisch, emotional, körperlich und geistig) gegen die Energie in Form von Emotionen, innerlich als Chaos empfunden, wehrt und auf diese Weise die individuelle Erfahrung begrenzt. Der Vater der Bioenergetik, Alexander Lowen, bezeichnete diese Energie als »Bioenergie«. Daher arbeitet seine Therapieform mit der Bioenergie und den chronischen Unterbrechungen im Fluß der Energie oder der Emotionen.

Nach der Chaos-Theorie findet man jedoch Ordnung im Chaos, wenn man den Kontext nur umfassend genug erweitert.

Die Quantenpsychologie sagt, wenn man die Energie nicht strömen lassen kann, wird sie zu Chaos führen; wenn man sie jedoch strömen läßt, wird sie sich auf einer höheren, tieferen und stärker verbundenen universellen Ebene neu ordnen bzw. neu organisieren. Stellen Sie sich zur Verdeutlichung einen See vor. Wenn ein großer Steinbrocken in den See geworfen wird, verursacht er viele Wellen. Wenn wir uns gegen die Wellen wehren, indem wir eine runde Mauer um die Welle bauen, um sie festzuhalten, wird die chaotische Welle an Stärke zunehmen. Wenn wir den Kontext der Welle erweitern und den ganzen See einschließen, wird die Welle eine tiefere Verbindung mit dem Rest des Sees erreichen. Auf dieselbe Weise wird das Auftreten von Chaos in einem individuellen System, wenn man es zuläßt, letztendlich zum ganzen See führen (der impliziten Ordnung). *Das Tao des Chaos* sagt, daß durch das – wenn nötig unendliche – *Einschließen, Zulassen und Erweitern* des Kontexts eines individuellen Chaos eine neue Ordnung offengelegt wird. Das bedeutet, daß die Emotionen erfahren und »als Energie« zugelassen werden müssen – das Chaos muß als Energie zugelassen werden. Dieser Nicht-Widerstand gegen das Chaos hilft dem Menschen, sich selbst auf einer neuen Ebene neu zu organisieren.* Anders gesagt, wenn Sie das Chaos zulassen, wird die zugrunde liegende Einheit oder das einheitliche Feld, das uns alle miteinander verbindet, offengelegt.

Das ist das *Tao des Chaos*: die Bereitschaft, Chaos zuzulassen, damit die Erfahrung des Quantenbewußtseins noch leichter verfügbar wird. Einfacher gesagt: Erlauben Sie dem Chaos, sich selbst zu organisieren.

Noch anders formuliert: Lassen Sie das Chaos sein, und es wird Sie SEIN lassen!

---

* Siehe mein Buch *Quantenbewußtsein. Das experimentelle Handbuch der Quantenpsychologie* (Kapitel 4: »Die Welt besteht aus Energie«).

KAPITEL 2

Quantenpsychologie und Chaos-Theorie

Die Quantenpsychologie erwuchs aus meinem Wunsch, mich selbst zu erkennen. Mein indischer Lehrer Nisargadatta Maharaj pflegte zu sagen:

> *»Du kannst nur aufgeben, was du kennst,*
> *und um zu entdecken, wer du bist,*
> *mußt du zuerst entdecken, wer du nicht bist.«*

Bevor wir ein Verhaltensmuster, das eigentlich ein Energiemuster ist, aufgeben bzw. loslassen können, müssen wir erkennen, was es ist. Dieses Buch weiß den Versuch der Psychologie zu schätzen, genau erfahren zu wollen, was da ist. Die moderne Psychologie hat den *ersten Schritt* getan: die Entdeckung dessen, was dem Individuum innewohnt, und ihm dann ein neues Verhaltensmuster in Form neuer Überzeugungen anzubieten; aber sie hat die nachfolgenden drei Schritte, die äußerst wichtig sind, außer acht gelassen.

Der *zweite Schritt* ist das Ordnen oder die Organisation des Chaos. Eine umfassende energetische Erklärung der Bewegung der Energie oder des Bewußtseins. Der *dritte Schritt* ist die Technik, die man dem Individuum anbietet, damit es die Fähigkeit entwickeln kann, seine eigene Ordnung im Chaos zu erkennen, und der *vierte Schritt* ist die Entdeckung, *wer man ist*.

Der erste Schritt, den die Psychologie auch anbietet, besteht darin, etwas über sich selbst zu lernen. Die Schritte zwei bis vier wurden jedoch vernachlässigt, und auf unserer Suche nach den Antworten auf die Schritte zwei bis vier reisen wir in Richtung einer einheitlichen Theorie des menschlichen Verhaltens.

Das Ordnen des Chaos

Wie schon in Kapitel 1 erwähnt, müssen die persönliche Erfahrung des Chaos und das Erkennen seiner Ordnung *zugelassen* werden, um die Anziehung von einem Energiemuster zum anderen zu verlagern.

In der Chaos-Theorie wird der Begriff *Attraktor* verwendet, um die Bewegung der Energie innerhalb des Systems zu bestimmten Zuständen im System zu bezeichnen.

> *»Ein Attraktor ist ein Gebiet im Phasenraum, das eine ›magnetische‹ Anziehungskraft auf ein System ausübt ... Natürliche Systeme werden von Energietälern angezogen und von Energiebergen abgestoßen.«* (Peat/Briggs, 5)

Psychologisch ausgedrückt sucht die Energie die Ordnung und wird eher von Tälern als von Bergen angezogen. Ein Kind kann beispielsweise lernen, die Energie seiner Wut zu kontrollieren und sie in ein Lächeln zu verwandeln (Tal), um das Chaos eines mißbrauchenden Elternteils zu ordnen, anstatt die Mutter anzuschreien (Berg). Diese Anziehungskraft der Ordnung verursacht repetitive Muster, die sich im späteren Leben immer weiter von uns fort bewegen, anstatt näher an uns heran. Mit anderen Worten, wenn wir unsere Gefühle gewohnheitsmäßig hinter einem Lächeln verstecken, entfernen wir uns immer weiter von unserem Wahren Selbst, anstatt näher an unser Wahres Selbst heranzukommen.

In dem obigen Beispiel organisiert und ordnet das Kind die Energie seiner Wut in ein Lächeln, um sich der Mutter zu nähern. In Zukunft wird dieser Versuch zur Gewohnheit werden, und anstatt das Chaos der Wut einzusetzen, um uns stärker miteinander zu verbinden, fühlen wir uns gewohnheitsmäßig entfremdet, weil wir unsere wahren Gefühle hinter einem Lächeln verstecken müssen.

Darum ist es die Aufgabe des Energiepakets namens Therapeut, dem Patienten Wege und Möglichkeiten aufzuzeigen, sein eigenes Energiemuster zu erkennen bzw. dem Energiepaket Patient beizubringen, seine eigene Ordnung im Chaos wahrzunehmen, damit er besser begreifen kann, wer er ist. Das erlaubt es dem Patienten (einem verdichteten Energiepaket), für sich selbst zu entdecken, wer er ist und worum es bei ihm geht.

Beobachtung und Bewußtsein
als Mittel des Erkennens

Was wird zum Agens oder zum Mittler und bringt die Ordnung im Chaos zum Vorschein? Wir wollen uns zu Anfang genau ansehen, was wir unter »Energie« verstehen.

Dafür müssen wir uns auf einen der grundlegenden Lehrsätze, die Albert Einstein in der Quantenphysik entwickelt hat, besinnen. Einstein sagte: »Alles besteht aus Leere, und Form ist verdichtete Leere.« Aus dieser Leere verdichtet sich die Leere des undifferenzierten Bewußtseins und formt etwas, was wir differenziertes Bewußtsein nennen könnten. Wenn wir von »undifferenziert« sprechen, meinen wir genau das: Es gibt kein Subjekt oder Objekt, keinen Beobachter und kein beobachtetes Objekt. Daher auch keine Erfahrung und keinen, der eine Erfahrung macht.

Dieses undifferenzierte Bewußtsein zieht sich stärker zusammen und formt differenziertes Bewußtsein, d. h. einen Beobachter und eine Beobachtung. Wenn sich das Bewußtsein noch stärker zusammenzieht, erschafft es eine Vorstellung von Raum, eine Vorstellung von Zeit, eine Vorstellung von Masse oder Festigkeit und eine Vorstellung von Energie.

Der Beobachter besteht zwar aus demselben Material wie das, was er beobachtet, aber nun erschafft er verschiedene Denkmodelle. Zuerst differenziert der Beobachter, daß der Raum verschiedene Positionen und Phasen oder Teile hat (darum spricht man in der Chaos-Theorie von einem *Phasenraum*). Danach unterscheidet der Beobachter die Zeit in Vergangenheit, Gegenwart und Zukunft (Phasenzeit). Daraufhin differenziert der Beobachter Masse oder Festigkeit in Phasen, fest und weniger fest (Phasenmasse), und schließlich differenziert er Energie in verschiedene Intensitätsstufen, von sehr intensiv bis energielos (Phasenenergie).

Es ist faszinierend, daß es für den Beobachter den Anschein von Unterschieden gibt, wo doch keine Unterschiede existieren, denn alles besteht aus Bewußtsein, der verdichteten Leere. Sobald es einen Beobachter gibt, gibt es auch Unterschiede. Der Beobachter und das Beobachtete sind Bewußtsein, dennoch scheinen sie für den Beobachter voneinander getrennt zu sein. Dieses Konzept der Trennung verursacht Leiden. In der ostindischen Philosophie würde man sagen: Obwohl das Bewußtsein ein Objekt oder ein Beobachter zu sein scheint, kann das Bewußtsein niemals seine wahre Natur verlieren, nämlich Bewußtsein zu sein. Das Bewußtsein kann jedoch *vorgeben*, getrennt von sich selbst zu sein, und kann auf diese Weise Trennung erfahren. Im Sanskrit nennt man das *chitshaki vilas*: Das Spiel des Bewußtseins. Im *Tao des Chaos* sind wir aufgefordert, dieses Spiel des Bewußtseins aufzudecken, indem wir uns in das Chaos hineinbegeben. Einfacher gesagt, das zufällige Auftauchen und Abtauchen, Verlagern und Umkehren des Bewußtseins mag zwar chaotisch erscheinen, wenn jedoch der einzelne bereit ist, die Erfahrung des Außer-Kontrolle-Seins und des Chaos zuzulassen und auf dieser Erfahrung zu reiten, kann er sich in den Zustand der Essenz begeben, der vor dem Bewußtsein liegt, und somit in die zweite implizite Ordnung (dieser Punkt wird im zweiten Abschnitt behandelt).

Als ich mich einmal in der Gesellschaft von Nisargadatta Maharaj befand, meinte er nachdrücklich: »*Verharre genau an dem Punkt*, bevor dein letzter Gedanke auftaucht.« Damit wollte er sagen, daß der Gedanke Bewußtsein ist und daher chaotisch erscheint. Vor seinem Auftauchen existiert Leere und das zweite Implizite. Die Menschen wollen diesen zufälligen Bewegungen des Denkens oft entfliehen, aber wenn man eine Minute mit geschlossenen Augen still sitzt wird man bemerken, daß viele Gedanken auftauchen, die nicht miteinander in Verbindung stehen und rein zufällig sind. Auf den ersten Blick scheint das chaotisch – aber wenn wir tiefer schauen, können wir die zugrundeliegende Ordnung entdecken.

Im *Tao des Chaos* finden sich ebenso wie in meinem Buch *Quantenbewußtsein* viele Übungen, die helfen, diese Erkenntnis auf eine experimentellere und weniger intellektuelle Weise zu erlangen. Daher wollen wir uns nun einer Erfahrung im Tao des Chaos zuwenden.

Übung 1

Die Zufälligkeit der Gedanken
(mit geschlossenen Augen)

1. Schritt: Beobachten Sie Ihre Gedanken, wie sie kommen und gehen.
2. Schritt: Konzentrieren Sie Ihre Aufmerksamkeit auf die *mangelnde* Verbindung zwischen den Gedanken.

Manche Menschen sind überrascht, wenn sie entdecken, daß ihre Gedanken in keinerlei Zusammenhang stehen. Sie können sich beispielsweise an eine Begebenheit aus der Vergangenheit erinnern, das Bild einer Romanze vor sich sehen oder eine Pizza; sie haben eine Idee, wie sie Geld verdienen oder wo sie ihren Urlaub verbringen könnten – alles in nur wenigen Minuten.

Dabei scheint es sich um ein zufälliges Chaos zu handeln. So reitet man auf den Wellen des Chaos, und das ist das *Tao des Chaos*. Wenn wir jedoch tiefer schauen, entdecken wir den Raum zwischen den Gedanken. Das ist die Ordnung im Chaos.*

Der Beobachter und das Beobachtete

Wie schon in meinem Buch *Quantenbewußtsein* ausgeführt, sind der Beobachter und das Beobachtete, wie beispielsweise der Beobachter einer Emotion und die Emotion selbst, miteinander *verbunden*, scheinen jedoch getrennt von anderen Beobachtern und Emotionen.

Dadurch kann sich das Bewußtsein in scheinbar getrennte Universen, jedes mit einem Beobachter, aufsplitten und so zu beobachtende Dinge schaffen. Darum geht es bei der Theorie der parallelen Universen in der Quantenpsychologie.

Alle Beobachter und alle beobachteten Objekte scheinen in ihren eigenen individuellen Universen zu leben. Jedes individuelle bzw. parallele Universum (die Seite an Seite existieren) fährt fort,

---

* Siehe auch Kapitel 3 in *Quantenbewußtsein* (Quantenübung 1).

eigene Wirklichkeiten zu erschaffen, die sich selbst organisieren. Wir wollen beispielsweise annehmen, wir wären der Überzeugung, daß »alle Männer schlecht sind«. Der Beobachter – wir nennen ihn Beobachter A – strukturiert daraufhin alle Verhaltensweisen um dieses Energiemuster herum.

Stellen wir uns das Sonnensystem vor: Der Beobachter ist die Sonne, und die Planeten, die sie umgeben, sind die Glaubenssysteme. Der Beobachter ist unveränderlich und wird von einer Quantenkraft zusammengehalten (darüber sprechen wir später).

Oder stellen wir uns ein Atom vor, in dem ein Elektron um einen Nukleus herumwirbelt. Der Nukleus ist der Beobachter, und das Elektron das Glaubenssystem.

Dieses Energiepaket bzw. System scheint unveränderlich. Aber wie wir wissen, können andere Energien jeden Moment in Ihr System eindringen und Ihre Überzeugungen (Elektronen) beschleunigen, so daß sich bei Ihnen (dem Nukleus) das Gefühl einstellt, die Kontrolle verloren zu haben und sich in einem Chaos zu befinden.

In einem psychotherapeutischen Umfeld tritt die Energie des Therapeuten in das Energiesystem eines Paares ein. Der Therapeut beabsichtigt zum Beispiel, die beiden Nuklei (Ehemann und Ehefrau) zu organisieren oder zu ordnen, damit ihr Chaos nicht zu groß wird und die Elektronen keinen Quantensprung aus der Beziehung heraus und in ein anderes Energiesystem hinein unternehmen.

Das erklärt, warum sich Ihr System – sobald es das Energiesystem eines Therapeuten (Energiesystem) sieht – beschleunigt, wenn die Energie des Therapeuten Ihrer Energie hinzugefügt wird. Dieses Verständnis erklärt, warum man in der Anwesenheit eines Therapeuten, Gurus, Lehrers oder Führers so oft andere Erfahrungen macht. Sobald Sie jedoch nach Hause, an Ihren Arbeitsplatz oder in Ihre Beziehung zurückkehren, nimmt Ihr Energiesystem wieder seine alte Form an. Warum? – Die Veränderung geschah, weil die Energie des Therapeuten Ihrer eigenen hinzugefügt wurde; der Lernprozeß war der *notwendige Kontext*. Im Grunde ist es nicht Ihre Energie. Darum verändern wir uns in der Gegenwart eines anderen oder einer Gruppe und treffen neue

Entscheidungen – wenn wir jedoch die Gruppe oder den Therapeuten verlassen, stabilisieren sich diese Veränderungen nicht.
Das *Tao des Chaos* fordert uns alle auf, auf der Ebene der Essenz
zu unseren eigenen *energetischen Generatoren* zu werden. Die
Essenz kommt vor der Persönlichkeit und ist das, um das herum
sich die Persönlichkeit organisiert, die Quelle unseres Wesens, das
zweite Implizite (dieser Punkt wird ausführlich in Abschnitt III
behandelt).

Wie das vor sich geht, wurde von vielen verschiedenen Schulen
erklärt, aber nur wenige würden abstreiten, daß jede therapeutische oder spirituelle Schule nur eine Glaubensstruktur ist, die versucht, das Chaos zu ordnen oder zu organisieren.

Die Ordnung im Chaos erkennen

Die Energie ordnen

Um die Ordnung im Chaos zu entdecken bietet die Quantenpsychologie eine neue Sichtweise. Sie fordert den Beobachter zu der
Erkenntnis auf, daß die Beobachtung aus Energie besteht.*

Diese Ent-Etikettierung läßt eine Offenlegung der Ordnung im
Chaos zu. Wie weiß man, wann man die Ordnung im Chaos er-
kennt? Das Problem tritt zurück in das Quantenfeld bzw. die
Leere vor dem Auftauchen des Problems.

Lassen Sie uns an dieser Stelle die Spirale oder Hierarchie betrachten, die das Bewußtsein in seinem Versuch, sich selbst zu
ordnen, durchläuft.

Das Ich, das sich »du« nennt

Lassen Sie uns zuerst einen Blick auf jede Identität bzw. auf Paare
gegensätzlicher Identitäten werfen: Identität Nr. 1 »Das Leben ist
hart« und Identität Nr. 2 »Laßt uns versuchen, uns das Leben
leicht zu machen«. Wenn wir einen Schritt zurücktreten, können
wir erkennen, daß »Das Leben ist hart« ein Energiemuster ist, das

---

* Dieser Punkt wird ausführlich in Kapitel 4 meines Buches *Quantenbewußtsein* behandelt.

eine oder alle der kognitiven Verzerrungen* und Trancezustände enthalten kann.

Jede kognitive Verzerrung und jeder Trancezustand kann als eine Möglichkeit gesehen werden, wie die Identität namens »Das Leben ist hart« sich selbst so organisiert, damit die Erfahrung »Das Leben ist hart« subjektiv wiederholt werden kann.

Möglichkeiten der Organisation

Wenn die Identität beschließt, fester und rigider zu sein, kann sie viele verschiedene psycho-spirituelle Strategien verfolgen, die es dem Energiemuster ermöglichen, sich zu festigen und eine strengere Charakterstruktur zu erschaffen. Als Magic Johnson** beispielsweise öffentlich bekanntgab, positiv auf den AIDS-Virus getestet worden zu sein, fielen ein Partner von mir und ich selbst in eine Verwirrung (Chaos). Anstatt mit der Verwirrung (dem Chaos) oder den chaotischen Gefühlen zu sein, nahm dieser Partner eine spirituelle bzw. metaphysische Reorganisationsstrategie an: »Ich frage mich, warum er gerade AIDS gewählt hat und welche Lektion er dadurch lernen möchte.« Magic Johnson und andere reorganisierten ihre Verwirrung (ihr Chaos), indem sie sagten: »Gott wählte Magic für eine spezielle Mission aus.« Dahinter steckt die Vorstellung, daß Gott zu Magic sagte. »Schlafe mit 2500 Frauen ohne Kondom, denn ich habe eine spezielle Mission für dich.« Diese Spiritualisierung ist eine subtile Form der Verleugnung – auch eine Möglichkeit, das Chaos zu organisieren.***

Obwohl er sich durch diese Reorganisation besser fühlte, half es ihm in Wirklichkeit, sich gegen die vorhandene Verwirrung und das Chaos zu wehren. Sein System *erschuf* – indem es diese Strategie verfolgte – *ein System*, das die Energie zu stabilisieren schien,

---

* *Kognitive Verzerrung* ist ein Begriff, der von Albert Ellis, dem Vater der Kognitiven Therapie, geprägt wurde.
** Amerikanischer Basketballstar. (Anm. d. Ü.)
*** Siehe auch Kapitel 14 in meinem Buch *Die dunkle Seite des inneren Kindes. Der nächste Schritt.*

aber in Wirklichkeit die Energie verfestigte und versteinerte, ihm das Chaos raubte und somit auch die Erfahrung der zweiten Impliziten oder ein tieferes Verständnis.

Vor kurzem habe ich mich mit einer Therapeutin unterhalten, die eine Expertin in der Behandlung von Inzest und posttraumatischen Streßstörungen ist: Kristi L. Kennen. Wir sprachen darüber, wie viele der neuen Therapieformen davon ausgehen, daß die Patienten, die an diesen Traumata leiden, nicht wissen müssen, was vorgefallen ist. Außerdem sind viele *neue* Therapiemodelle der Ansicht, daß es ein getrenntes Unterbewußtsein gibt, das entscheiden kann, was man wissen muß, um wieder gesund zu werden. Kristi Kennen meint:

>*Die Menschen werden auch weiterhin Weltanschauungsmodelle oder Therapieformen entwickeln, die es zulassen, den Schmerz (das Chaos) dieser Traumata nicht wahrzunehmen und nicht zu fühlen. Es ist interessant, wie auch diese Therapieformen darauf bestehen, daß es nicht gut sei, über die Vergewaltigung oder den Inzest ›zu sprechen‹.«*

Systemstörung

Um ein System zu reorganisieren, muß es zuerst zugelassen werden. Darum verändert es das System, wenn bei der psychologischen Anwendung der Chaos-Theorie das Chaos eine *Existenzberechtigung* erhält und *als Energie erfahren* werden darf. Dadurch wird die Ordnung im Chaos offengelegt. Hierfür muß der Eindruck entstehen, daß das System schwer geschädigt ist. Tatsächlich darf sich das System bewegen und dort in *Bewegung* sein, wo jegliche Bewegung eingefroren war, als man sich noch gegen das Chaos wehrte. Daher können Sie das Chaos für einen Boten halten, der Sie wissen läßt, daß eine Veränderung kurz bevorsteht. Besser gesagt, das innere Chaos läßt Sie wissen, daß eine Ihrer versteinerten Strukturen herausgefordert ist.

Aus diesem Grund ist das innere Chaos so bedeutsam als Indikator dafür, daß eine zugrundeliegende Annahme, Weltsicht oder

Selbsterkenntnis in Frage gestellt werden muß. Sobald die begrenzende Struktur erkannt und freigeben wurde, steht mehr Raum zur Verfügung. Auf diese Weise kann das Chaos als Treibstoff oder als Energie gesehen werden, das uns zurück zum Quantenbewußtsein führt.

KAPITEL 3

Das selbstorganisierende Universum und Attraktoren

Das selbstorganisierende Universum

Die meisten Menschen, die sich mit Psychologie beschäftigt haben, wissen, daß das subjektive Universum jedes Menschen sich selbst organisiert. Das heißt, daß unsere Überzeugungen bestimmen, wie wir unsere Erfahrungen interpretieren und somit erleben, und sie geben auch vor, was wir erleben. Die Biologen Varela und Maturana stellten die Biologie auf den Kopf, als sie erklärten, daß eine Amöbe auf ein Nahrungsteilchen nicht in einem Reiz-Reaktion-Mechanismus reagiert (um es zu umschließen und zu fressen). Sie behaupteten, die Amöbe sei vielmehr selbstorganisierend. Die Amöbe umschließe und fresse die Nahrung, um ihre eigenen inneren Bezugssysteme aufrechtzuerhalten. Psychologisch ausgedrückt: Sobald sich eine Überzeugung verfestigt, wird sich der einzelne *ausschließlich* auf die Erfahrungen begrenzen, die seine Überzeugungen bestätigen. Ein Mann kann beispielsweise der Überzeugung sein, alles, was er verdiene, sei es, von Frauen schlecht behandelt zu werden. Das innere Universum bzw. der zugrundeliegende Zustand kann Melancholie sein. Um diesen Zustand aufrechtzuerhalten, wird er sich selbst so organisieren, daß er nur mit jenen Frauen eine Beziehung beginnt, die ihn schlecht behandeln. Die zugrundeliegende Melancholie wird zum Standard, den es aufrechtzuerhalten gilt.

Wenn wir der Überzeugung sind, daß das Leben hart ist, werden wir diese Erfahrung auch machen. Wir werden auch etwas, das sehr einfach und leicht ist, subjektiv als extrem schwierig und schmerzhaft wahrnehmen. Ich bin zum Beispiel der Überzeugung, daß das Ausfüllen eines Versicherungsformblattes mühsam ist. Solange ich dieser Überzeugung bin, wehre ich mich gegen das Ausfüllen von Versicherungsformblättern. Das Ausfüllen von Versicherungsformblättern wird dadurch schwierig und schmerzvoll, ungeachtet der Tatsache, daß es nur wenige Minuten dauert. Tatsache ist, daß ein Versicherungsformblatt ein Versicherungsformblatt ist, aber ich erschaffe mittels meiner Glaubensstrukturen meine *subjektive* Erfahrung vom Ausfüllen eines Versicherungsformblattes und verstärke somit meine Überzeugungen und organisiere mein Universum selbst um den zugrundeliegenden Zustand herum.

Im Interaktionsbereich zwischen zwei Menschen ist es nicht anders: Wenn ich glaube, daß es schwierig ist, mit Ihnen essen zu gehen, dann werde ich es *subjektiv* auch so erleben – ob das nun zutrifft oder nicht. Ich hatte eine Freundin, die glaubte, sie würde zu Verabredungen grundsätzlich zu spät kommen. Selbst wenn sie versuchte, pünktlich zu sein, fand sie in letzter Minute etwas, das sie aufhielt, damit sie zu spät kommen konnte. Daher half ihre Überzeugung, wie ich in meinem Buch *Quantenbewußtsein* ausführte, sich selbst zu organisieren und ihre Erfahrung zu ordnen. Mit anderen Worte, die Energie wurde jedesmal auf dieselbe Weise organisiert. In der Chaos-Theorie nennt man das *infinite nesting*, ein natürliches Phänomen, bei dem die Strukturen dazu neigen, sich selbst zu krümmen.

Man könnte sagen, daß Überzeugungen als Kontrollparameter für das Ergebnis eines Verhaltensmusters agieren. Mit anderen Worten, die Begrenzungen, die einem Individuum durch seine Überzeugungen aufgesetzt sind, erschaffen bestimmte Grenzen oder Parameter der Erfahrung, die in seiner subjektiven Psyche auftreten. Diese Vorstellung der Chaos-Theorie bietet eine naturwissenschaftliche Erklärung dafür, »warum« Muster wiederholt werden. In der obigen Situation glaubte meine Freundin, sie würde immer zu spät kommen. Dahinter stand die Überzeugung »Die Menschen sind böse auf mich«, hinter der die Überzeugung stand »Niemand will mit mir zusammen sein«, und dahinter stand die Überzeugung »Ich bin zu nichts gut«. Diese Überzeugung hinter der Überzeugung ist ein Muster im Muster. Das nennt man in der Chaos-Theorie »selbst-ähnlich«.

»*Der Begriff Selbst-Ähnlichkeit klingt in unserem Kulturraum nicht unvertraut. Ein alter Strang im westlichen Denken würdigt diese Idee. … [Man] stellte sich vor, ein Wassertropfen enthalte ein ganzes wimmelndes Universum, das seinerseits Wassertropfen und darin weitere Universen enthalte. ›Die Welt in einem Sandkorn schaun‹, schrieb Blake. Wissenschaftler neigten nur allzugern dazu.*« (Gleick, 6)

Wir wollen das einmal mit Begriffen aus der Physik erklären. Lassen Sie uns annehmen, da sei ein Atom. Dieses Atom hat einen Nukleus (ein Selbst) und zwei Elektronen (Überzeugungen), die sich um den Nukleus drehen. Dieses einzelne Atom ist umgeben von einem leerem Raum.

Das Selbst (der Nukleus) ist selbstorganisierend, d.h. es läßt nur andere Elektronen (Überzeugungen) und Atome in das Selbst (den Nukleus) ein, die mit seiner eigenen Struktur übereinstimmen oder vereinbar sind. Wenn ein Atom mit andersartigen Elektronen seinen Weg kreuzt, entsteht ein Chaos, weil die beiden Systeme nicht zueinanderpassen und nicht miteinander vereinbar sind. Auf einer subatomaren Ebene tun sich die Atome zusammen und formen ein Molekül. So formen beispielsweise ein Sauerstoffatom und ein Wasserstoffatom, wenn sie sich begegnen, H_2O (Wasser).

Auf einer mehr auf Erfahrungen beruhenden Ebene gibt es das Beispiel des christlichen Fundamentalisten, der glaubt, Jesus zu folgen sei der einzige Weg zur Erlösung, und jeder andere Weg sei schlecht und des Teufels. Da kommt ein Buddhist daher, der glaubt, alles sei ganz anders. Wenn diese beiden interagieren, bricht über den rechtgläubigen Christen ein *Chaos* herein, und er fühlt sich völlig verwirrt. Die Energie bewegt sich durch seinen Körper, und die zentrale Überzeugung bzw. die subatomare Struktur gerät durcheinander. Jetzt könnte er zulassen, daß das Chaos in seine Struktur eindringt, was ihm vielleicht ein tieferes Verständnis der Welt einbrächte, aber statt dessen fühlt er sich *unwiderstehlich von dem Weg des Abblockens angezogen* und sagt zu sich selbst: »Dieser Mensch ist des Teufels und wird in die Hölle fahren.« Dann blockt er ab. Die Überzeugung und das interaktionale Energiemuster heißen »dynamisches System«. Mit anderen Worten, die Energie, die erfahren wird, wenn ein fundamentalistischer Christ auf einen Buddhisten trifft, erschafft eine Interaktion der Energien. Diese Interaktion, die auf den Kontrollparametern des Individuums oder darauf, *wie* die Überzeugungen des einzelnen seine Reaktionen organisieren, basiert, ist ein dynamisches System.

Der Christ organisiert sein Chaos, indem er sich vom Weg des Abblockens *angezogen* fühlt. Diese Selbstorganisation verleiht ihm das sichere Wissen: Buddhisten sind schlecht. Er entdeckt möglicherweise sogar ein teuflisches Funkeln in den Augen des Buddhisten und »liest seine Gedanken«*, imaginiert und projiziert böse Absichten auf den Buddhisten und reagiert dann auf das Ergebnis seines Gedankenlesens, als ob es sich um die Wahrheit handele.

Diese Selbstorganisation unseres inneren Universums zur Aufrechterhaltung des eigenen Gleichgewichts verursacht schwerwiegende psycho-emotionale Begrenzungen. Dies geschieht, weil wir psycho-emotional einen zugrundeliegenden Zustand haben, den wir unabsichtlich dadurch, wie wir uns selbst organisieren, aufrechterhalten. Allgemein gesagt werden wir alle Störungen dieses zugrundeliegenden Zustands und unserer Selbstorganisation zurückweisen und nur solche Informationen akzeptieren, die unsere Sicht von uns selbst und der Welt bestätigen. Wenn Ihr zugrundeliegender Zustand beispielsweise »Ich werde zurückgewiesen« ist, werden alle neuen Informationen innerlich als Zurückweisung erfahren. Ich will dies näher erklären: Wenn Sie »Ich werde zurückgewiesen« als Bezugspunkt aufrechterhalten und ich dann sage »Ich mag Sie«, können Sie diese Information innerlich nicht zulassen, denn sie *stört* Ihren selbstorganisierenden Bezugspunkt. Um diese chaotische Störung Ihres selbstorganisierenden Bezugspunktes zu bekämpfen, können Sie mich zuerst zurückweisen, damit ich mich Ihnen gegenüber ablehnend verhalte und so Ihren selbstorganisierenden Bezugspunkt »Ich werde zurück-

---

* *Gedankenlesen* ist eine kognitive Verzerrung, die von Dr. Albert Ellis in seiner Kognitiven Therapie entwickelt wurde.

gewiesen« bestätige und aufrechterhalte. Zur Fortführung unserer inneren Arbeit müssen wir daher die selbstorganisierenden Identitäten auseinandernehmen, um zu entdecken, wer wir sind. Wenn wir die Störungen als Informationen anerkennen, die zu uns kommen, um uns zu helfen, werden wir unsere inneren Strukturen erkennen.

In *Journey with A Sufi Master* fragt sich der Autor H. B. M. Dervish, wie er von dem Sufi-Meister Idries Shah lernen kann. Ein Schüler von Shah sagt zu ihm:

»Der beste Weg ist, sich daran zu erinnern, daß immer, wenn man denkt, ein Lehrer habe recht, man nicht weiter darüber nachsinnen sollte. Die meisten Menschen verweilen auf Dingen, die sie befürworten. Wenn dir jedoch im Sufismus etwas fremd oder gar unannehmbar vorkommt, solltest du ihm deine besondere Aufmerksamkeit widmen, denn fast immer bedeutet das, daß etwas wirklich Lehrreiches gegen deine Vorurteile geprallt ist, die nun versuchen, es von sich zu weisen und dich in Knechtschaft zu halten. Sufi-Lehrer rufen manchmal hochdramatische ›Zwischenfälle‹ hervor, um Menschen, die zutiefst konditioniert sind, zu psychologischen Einsichten zu verhelfen. Trotzdem werden die ganz Oberflächlichen die Botschaft auch dann nicht verstehen.« (Dervish, 7)

Hier noch ein anderes Beispiel. Einem Mann schießt ein Gedanke (der aus Energie besteht) durch den Kopf: »Ich muß aus dieser Ehe heraus.« Die Energie, die vom Ehemann zur Ehefrau und von der Ehefrau zum Ehemann übergeht, heißt »Trajektion«. Die Trajektion der Energie ist ein dynamisches System. Bei jeder Interaktion sind die Kontrollparameter (Überzeugungen) dieselben, daher werden beide vom selben unveränderlichen Resultat angezogen. Diese Gedankentrajektion ist wie ein Elektron, das um ein zentrales *Selbst*, das aus verdichteter Energie besteht und das wir *Nukleus* nennen, im Orbit kreist. Wenn die Ehefrau sagt: »Kannst du die Kinder abholen?« – eine Frage des Selbst (Nukleus) an einen anderen Nukleus – fügt es dem System Energie zu. Diese beiden Energien »Ich muß aus dieser Ehe heraus«

und »Kannst du die Kinder abholen« treffen aufeinander und formen ein *Chaos*.

Das zentrale Selbst oder die verdichtete Energie des Nukleus wird dann von der Energie der Wut angezogen, die aus der Kollision zwischen den beiden Energiekräften entsteht. Es kommt zum Streit. Das Paar beschließt daraufhin, die Kontrollparameter auszudehnen, indem es einen Psychotherapeuten aufsucht. Dies schafft einen Krisen- bzw. einen Bifurkationspunkt. In der Strukturellen Familientherapie *intensiviert* der Therapeut häufig das Problem und läßt es noch schlimmer erscheinen, als es in Wirklichkeit ist, damit ein Krisenpunkt geschaffen wird oder – wie es in der Chaos-Theorie heißt – ein Bifurkationspunkt, damit das Paar seine Überzeugungen und Interaktionen (Kontrollparameter) ausdehnen kann und somit auch seine eingefrorenen Attraktormuster auf eine andere Ebene wechseln.

Ich beobachtete einmal den Strukturellen Familientherapeuten Braulio Montalvo bei der Überwachung eines Falles. Das 15jährige Mädchen schwänzte die Schule; die Eltern befanden sich in demselben interaktionalen Attraktormuster, sie waren passiv und unternahmen nichts. Braulio Montalvo betrat den Raum und *intensivierte* die Situation, indem er einen Bifurkationpunkt schuf, damit sich die eingefrorenen *Attraktor*muster veränderten. Montalvo wußte aus Untersuchungen von der Korrelation zwischen Schuleschwänzen, Drogen und Schwangerschaft. Er begann, die Situation für die Eltern zu *intensivieren* und warf ein, daß das Mädchen in wenigen Jahren schwanger sein und Drogen nehmen würde. Das schuf einen Bifurkationspunkt, indem es die Energie intensivierte. Die Eltern veränderten daraufhin ihre Interaktionen untereinander und organisierten sich selbst; sie veränderten ihre eigenen Interaktionen sowie die Interaktionen mit ihrer Tochter.

Diese beiden Energien kamen zusammen, schufen ein Chaos und zwangen so ein Gefühl des Unbehagens herauf. Als die beiden Energien (Eltern) sich zusammenfügten wie zwei Atome, die eine neue Substanz bzw. ein Molekül formen, organisierte sich die Familieneinheit (das Molekül) neu.

Innere Bifurkation

Wenn die verdichtete Energie bzw. der Nukleus seine Aufmerksamkeit verlagert und sich seiner selbst als Energie bewußt wird,
verlagert sich auch die *Anziehung*, die das Molekül der Wut erschuf. Ich will das näher erklären. Wenn die Aufmerksamkeit sich
verändert, erschafft die verdichtete Energie des Nukleus bzw. das
Selbst eine neue Energie: den Beobachter. Diese neue Energie des
Beobachters erschafft zusätzliche neue Energie innerhalb des
Pakets aus der Energie von Ehemann und Ehefrau. Das Chaos
aufgrund der Kollision der Energien von Ehefrau und Ehemann
wird zu einem anderen System organisiert. Diese Neuorganisation
der Ordnung aus dem Chaos der Familie tritt ein, wenn die Energie der Bewußtheit hinzugefügt wird, die als Bifurkationspunkt
dient. Das läßt eine neue Ordnung aus dem Chaos zu. Der zusätzliche Bestandteil ist die Energie der Bewußtheit. Anders ausgedrückt, die Bewußtheit ist die erforderliche Energie, damit das
Chaos sich selbst ordnen kann. Das *Tao des Chaos* sieht daher die
wichtigste Funktion der Therapie darin, dem Individuum Bewußtheit beizubringen und sie im Individuum zu entwickeln, damit jeder einzelne zu seinem eigenen energetischen Generator
werden kann. Interessant an dieser Energiebewegung ist, daß die
Anziehungskraft zwischen zwei Energien dasselbe Muster stets
aufs neue formt, aber wenn man die Energie der Bewußtheit durch
Intensivierung hinzufügt oder wenn man den Patienten bittet,
seine Erfahrung wie bei der Gestalttherapie zu übertreiben, ordnet
sich das Muster neu. Ohne die zusätzliche Energie der Bewußtheit
durch den Beobachter könnte man diese Anziehung auch als
Eine verhängnisvolle Affäre (fatal attraction) bezeichnen, weil sie
immer dieselben begrenzten Ergebnisse erzielt.

*»Immer wenn durch kollektives Zusammenwirken unterschied-
licher Teilsysteme Stabilität oder repetitive Bewegung entsteht,
befindet sich irgendwo … ein Attraktor … In diesem Falle fällt
ein gestörtes System stets auf … den Grenzpunkt … zurück.«*

(Peat, 8)

Bei der Chaos-Theorie ist der Attraktor eine Kraft, die ein selbstorganisierendes System stabil und unveränderlich erhält. Daher spreche ich von einer »verhängnisvollen Anziehung« (*fatal attraction*).

Attraktoren

Anscheinend neigt alles irgendwie dazu, das Chaos zu ordnen, und das Chaos wird geordnet, indem es von bestimmten, selbstähnlichen Energiesystemen angezogen wird. Hier trifft das alte Sprichwort zu: »Gleich und gleich gesellt sich gern.« Das organisiert uns in unsere alten Muster und unsere alten Überzeugungen hinein. Die Anziehungskraft, die von ein, zwei oder vielleicht drei Optionen, wie wir das Chaos organisieren können, ausgeht, ist verantwortlich für unsere repetitiven Muster.

Wir scheinen reflexhaft von einer bestimmten Energie gefesselt und angezogen. In der Psychotherapie versuchen die Therapeuten irgendwie, den Patienten bewußtzumachen, wie sie von bestimmten Reaktionen (Energiemustern) angezogen werden. Sie versuchen, dieses Muster auf irgendeine Weise »zu vervollständigen« oder die Bedeutung dessen, was geschieht, zu verändern (Reframing) oder, wann immer möglich, das Positive zu akzentuieren und somit eine neue Gewohnheit zu schaffen. Der Zweck liegt darin, die Anziehung an ein Universum des Schmerzes zu verringern und die Anziehung an ein anderes Universum des Vergnügens zu verstärken. Dies ist eine Neuordnung des Präsentationsproblems (des Chaos im Leben des Betroffenen) im psychologischen Sinne, um die Energiestruktur zu verändern.

Das Problem dabei ist, daß die Therapeuten eine Vorliebe für »gute Energien« haben anstatt für »schlechte Energien« oder, anders gesagt, die Therapeuten fügen ihre Energien durch Fragen, Modelle oder Überzeugungen, durch Techniken und Ansätze, die existierende Energiestruktur neu zu ordnen oder zu verändern, hinzu. Das kann funktionieren.

Wie schon zuvor erwähnt, verblüfft es die Therapeuten stets aufs neue, wenn ein Patient seine Meinung (Energie) über seinen

Ehepartner, seine Phobie oder seinen Problempunkt im Büro »verändert« hat, in der Folgewoche jedoch wiederkommt und in etwa sagt: »Ich fühlte mich einen Tag lang oder so besser, aber dann sagte meine Ehefrau/mein Ehemann: ›..............‹, und wir fingen einen entsetzlichen Streit an.«

Das ist so, weil die Therapeuten ihre Energie einem im Chaos befindlichen System hinzufügen. In der therapeutischen Praxis reicht die Energie des Therapeuten aus, um den Patienten von »schlechten Mustern« zu »guten Mustern« zu verlagern. Wenn der Patient allerdings in seine eigene Energieeinheit (die Familie) zurückkehrt, wird er von derselben alten Energie (Streit) erneut seltsam angezogen. Hier handelt es sich um das Phänomen der seltsamen Attraktoren, bei dem die Interaktionen zufällig scheinen, sie werden seltsamerweise vom selben Endpunkt angezogen. Nur wenige Therapeuten würden abstreiten, daß es Zeit braucht, um in einem Energiemuster bedeutende und dauerhafte Veränderungen zu verankern. Man kann nur hoffen, daß sich die Patienten ihrer Muster mit der Zeit stärker bewußt werden, und indem sie *ihrem System ihre eigene Energie der Bewußtheit hinzufügen*, können sie schließlich die Beziehung verlassen, einen neuen Job finden oder sich von einer bestimmten Reaktionsweise lossagen.

Warum dauert es so lange, dieses Energiemuster zu verlagern? Warum dauert dieses Neuordnen so lange? – Das ist die Essenz daraus, daß die Quantenphysik und das Chaos zusammengeführt werden und so eine einheitliche Theorie menschlichen Verhaltens entwickelt wird. Es funktioniert bei einem selbst oder mit anderen, weckt den Beobachter und *installiert den Generator der Bewußtheit*, mit dessen Hilfe wir unseren Kontext, in dem ein Problem auftritt, erweitern können. Das bringt uns dazu, die dem Chaos zugrundeliegende Ordnung zu erkennen.

Wie wir später noch sehen werden, erscheint diese Ordnung oder Essenz der Identität bzw. dem falschen Selbst chaotisch, daher wehrt sich die Identität oder das falsche Selbst aus Angst vor dem Tod oder vor der Auflösung auch dagegen.

II

Das Tao von Energie, Raum, Masse und Zeit

KAPITEL 4

Parallele Universen

»Parallel: Auf derselben Ebene liegend, sich aber niemals schneidend, ungeachtet wie weit die Ausdehnung fortgeführt wird.«
(Webster, 9)

Die Vorstellung von parallelen Universen oder verschiedenen *Orten*, die gleichzeitig existieren, hat die Science-fiction-Autoren ebenso fasziniert wie Mystiker, Schamanen und Metaphysiker. Eine der merkwürdigsten und doch weithin akzeptierten Theorien in der Quantenphysik ist die Interpretation vieler Welten, die 1964 von DeWitt entwickelt wurde. Einfacher ausgedrückt, Universen existieren Seite an Seite und gleichzeitig mit anderen Universen.

Die dazugehörige Physik, ganz zu schweigen von der dazugehörigen Mathematik, erschreckt Menschen wie mich und führt dazu, das Buch mit pochenden Schläfen und einem Gefühl der Frustration schnell zuzuschlagen. Aber wenn die Interpretation der vielen Welten des Universums – häufiger die Theorie der parallelen Universen – mit ihren psychologischen Implikationen und Anwendungen erklärt wird, können Geisteswissenschaftler wie ich selbst ihre vielfältigen Anwendungsmöglichkeiten schätzen lernen, dazu gehört auch eine einheitliche Theorie der Psychologie.

Einfacher ausgedrückt, Universen existieren Seite an Seite, umgeben von Leere. Wenn wir in einer klaren Nacht in den Himmel schauen, sehen wir den Mond, die Sterne und sogar Planeten. Sie alle stellen eine jeweils andere Welt dar. Jeder Planet hat einen anderen Sauerstoffgehalt, andere Nahrungsmittelangebote und wahrscheinlich andere Werte. Wie die Planeten am Himmel hat jeder von uns eine von Raum umgebene Grenze mit verschiedenen Bedürfnissen, Wünschen, Werten und Wahrnehmungen. Dennoch existieren wir alle in parallelen Welten, mit einer von Raum umgebenen

Grenze aus Haut. Wenn wir unsere Wahrnehmung verlagern, können wir das auch in unserer physikalischen Welt erfahren.

»Daraus ließe sich schließen, daß die verschiedenen Welten einfach nur räumlich getrennt sind und man möglicherweise zwischen ihnen interagieren könnte, indem man beispielsweise Signale aussendet.

Die parallelen Universen sind jedoch aus Sicht der normalen physikalischen Interaktionen völlig getrennte Einheiten. Jedes Universum hat seine eigene Raum-Zeit, und der ›Raum‹ des einen Universums kann weder in den Raum eines anderen Universums ›fließen‹ noch sich mit ihm ›zusammenschieben‹. Es ist daher kein besonders gutes Bild, die verschiedenen Universen mit den verschiedenen Sternen am Himmel zu vergleichen – denn das würde auf Einheiten hindeuten, die auf irgendeine Weise etwas gemeinsam haben und einfach nur räumlich getrennt oder von einer räumlichen Grenze umgeben sind.

Jedoch können parallele Universen verschiedene Strukturen aufweisen. Die Formen innerhalb solcher Universen – diejenigen, die sich schon sehr früh trennten – unterscheiden sich voneinander. Aus Rücksicht auf uns könnte man sich ein anderes Universum wie einen Geist vorstellen, der sich mit Leichtigkeit durch unsere Türen und Wände bewegt – dennoch lebt dieser Geist in einem eigenen soliden Universum. Möglich ist auch das Bild einer Unendlichkeit von Räumen, die Ihren eigenen Raum überlagern – ein Raum, der einen Stephen Wolinsky enthält, und einer, der einen fremden Stepen enthält, einen Ssepthen, einen Szzuuuaaen, und einige, die überhaupt keinen Stephen enthalten. Alle existieren nebeneinander, und doch ohne irgendeine physische Möglichkeit der Kommunikation – so daß ihre Trennung in diesem Sinne subtiler ist als eine räumliche Trennung.« (Peat, 10)

Der bekannte Lehrer J. G. Bennett sagt:

»Die meisten Menschen sehen die Dinge einfach als eindimensionale Projektionen. Ich schlage vor, daß Sie sich im Laufe verschiedener Dinge, die Sie heute erledigen, selbst dazu auffor-

dern, alles genauer anzuschauen ... Sie haben die Kraft, die ganze
Tiefe Ihres visuellen Bildfeldes zu sehen.«   (Bennett, 11)

Hier will Bennett, daß wir uns auf die Tiefe eines Objektes konzentrieren. Wenn wir dieses Experiment ausprobieren, wird der
Raum, in dem sich die Objekte befinden, zum Vordergrund und
die Objekte selbst zum Hintergrund.

Bennett formuliert es so:

»Da gibt es eine Sache, von der Sie bei diesem Experiment einen
Blick erhaschen, und das ist die Leere. Sie werden sich allmäh-
lich bewußt, daß das, was sich leer anfühlt, nicht leer ist, denn
damit ist alles miteinander verbunden.«   (Bennett, 12)

Ich möchte das mit einer Übung verdeutlichen:

Übung 2

(mit offenen Augen)

1. Schritt: Sehen Sie sich die Gegenstände in Ihrem Zimmer an,
und achten Sie auf deren Tiefe.
2. Schritt: Achten Sie darauf, wie der leere Raum alle festen Gegenstände miteinander verbindet. Alle Gegenstände sind
durch den leeren Raum miteinander verbunden.
3. Schritt: Achten Sie darauf, wie alle Gegenstände im leeren Raum
schweben.
4. Schritt: Betrachten Sie die Gegenstände als verdichteten, leeren
Raum.

Übung 3

1. Schritt: Schließen Sie die Augen, und sehen Sie die Leere vor
Ihren Augen.
2. Schritt: Wenn ein Gedanke vorbeikommt, betrachten Sie ihn als
Bläschen.

3. Schritt: Öffnen Sie nun Ihre Augen, und sehen Sie sich die Möbel in Ihrem Haus an. Die »Ich begreife das nicht«-Welt mag nicht real scheinen, aber prüfen Sie, ob Sie immer noch die Energie des »Ich begreife das nicht«-Planeten in Ihrem Brustkorb, Ihrem Kiefer, Ihren Armen oder als Gefühl der Verzweiflung spüren.

Lassen Sie uns beispielsweise annehmen, es kommt ein Bläschen, ein Gedanke vorbei, der da lautet: »Ich begreife das nicht.« Spüren Sie diesen Gedanken, wie Sie einen Stern sehen würden, der an einem klaren und dunklen Abendhimmel auftaucht. Lassen Sie uns weiter annehmen, dieser Stern oder dieses Teilchen enthielte in sich ein Universum namens »Ich begreife das nicht«. Wenn wir uns diesem Bläschen langsam immer mehr nähern, können wir seine Überzeugungen hören, die Gefühle des Bläschens fühlen usw. – bis wir zum Bläschen werden.

Wenn wir uns dem »Ich begreife das nicht«-Bläschen nähern, hören Sie plötzlich die Stimme Ihrer Mutter: »Wie konntest du nur schon wieder deine Milch verschütten!« Das unterstellt Ihnen, Sie seien ein Trottel, weil Sie nicht wüßten, wie man seine Milch am Tisch ordentlich trinkt. Wenn wir uns dem »Ich begreife das nicht«-Bläschen nähern, »tauchen« Erinnerungen, Stimmen und Bilder auf, die alle aus Energie bestehen, bis sie schließlich immer kleiner werden und mit der »Ich begreife das nicht«-Welt regelrecht verschmelzen.

Jetzt können Sie sich in dieser Welt aufhalten und alle möglichen Ereignisse und Gefühle und Vorstellungen der »Ich begreife das nicht«-Welt erfahren.

Alle Teile dieses Bläschens bestehen aus verdichteter Leere, und das, was wir als Energiesystem innerhalb eines Energiesystems innerhalb eines Energiesystems beschrieben haben – oder psychologisch ausgedrückt als Überzeugung innerhalb einer Überzeugung –, wird durch Erfahrungen und Assoziationen der Vergangenheit zusammengehalten. In der Chaos-Terminologie nennen wir das *Selbst-Ähnlichkeit* oder *intensive nesting*. Aus einem anderen Blickwinkel könnten Sie sagen, es handle sich um eine Welt innerhalb einer Welt innerhalb einer Welt, und jede habe eine ähnliche Energie, die sie selbst ordnet bzw. die andere organisiert oder von einer anderen angezogen wird und ein Universum oder einen Ort formt, der anfangs, wie zu Beginn unserer Reise, nur ein Gedanke zu sein scheint, der durch die dunkle Leere hinter Ihren Augenlidern zieht.

Übung 4

1. Schritt: Schließen Sie wieder Ihre Augen, und achten Sie erneut auf die Leere. Diesmal lassen Sie den Gedanken an einen angenehmen Urlaub vorbeiziehen; sehen Sie ihn als Bläschen, und nähern Sie sich langsam. Achten Sie auf die Energie der Erinnerung an einen Strand oder an einen Berg innerhalb des Bläschens.

2. Schritt: Wenn Sie sich dem Strand nähern, achten Sie darauf, wie Sie immer fester werden.

Wenn wir in das »Urlaubs«-Bläschen eintreten, schieben sich die Erinnerungen an frühere Strände mit anderen Stränden (Universen) oder Bergen (Universen), möglicherweise mit einer Liebesbeziehung übereinander. Achten Sie darauf, wie Sie durch das Verschmelzen mit dem Planeten (Bläschen) erfahren, wie aufregend es ist, mit den Erinnerungen (Energiewelten) zu verschmelzen, die mit anderen Erinnerungen (Energiewelten) »zusammenfallen«. Achten Sie erneut darauf, wie die Kette von Ereignissen oder ähnlichen Energien in Ihrer Urlaubswelt von ähnlichen Urlaubswelten angezogen wird und mit ihnen überlappt. Wenn Sie Ihre Augen öffnen, spüren Sie wahrscheinlich sogar ein unmittelbares Gefühl der Entspannung oder der Aufregung in Ihrem Körper. Freud formulierte es so: »Traumata sind in Ketten ähnlicher Ereignisse aus der Vergangenheit miteinander verbunden.« Nicht nur Traumata, sondern alle ähnlichen Ereignisse ziehen einander an und formen ein assoziatives Netzwerk oder eine Kette ähnlicher Ereignisse.

Sie haben soeben parallele Welten erfahren: Der »Ich begreife das nicht«-Planet, der Energie innerhalb verdichteter Energie in

Form von Erinnerungen oder Empfindungen enthält, formt eine Welt – und direkt daneben, Seite an Seite, der Planet »Urlaub« und seine Welt.

Wir alle können darüber nachdenken, daß es in der Leere viele Welten gibt, die Seite an Seite im Raum schweben.

Wenn »Sie« in eine solche Welt eintreten, können Sie deren Auswirkungen erfahren sowie den Umstand, daß sie alle in parallelen Welten existieren. Wie man einen Stecker in eine Steckdose steckt, so erfahren Sie die Energie einer Welt, in die Sie sich »eingesteckt« haben.

Parallele Welten und die innere Wirklichkeit

Es ist uns bewußt, daß am Himmel Grenzen um die Planeten und die Sterne existieren, getrennt durch Raum. Ebenso besitzen auch die parallelen Welten in uns dieses Phänomen. Im Hinblick auf die Persönlichkeit kann man sagen, daß wir alle aus parallelen Welten zusammengesetzt sind oder – wie es im Psychologenjargon heißt – aus verschiedenen Teilen unseres Selbst. Manche Menschen nennen diese einzelnen Welten Rollen, Teile, Subpersönlichkeiten, Identitäten, falsche Selbstzustände, Egozustände oder Schemata. Verschiedene psychologische Schulen haben verschiedene Namen für diese parallelen Welten.

Wir fügen hier den vereinheitlichenden Aspekt der Leere hinzu. Jeder Teil unserer »Persönlichkeit« hat unterschiedliche Gefühle, Gedanken, Erinnerungen usw. Wenn Sie sich beispielsweise an Ihrer Arbeitsstelle befinden, ist es die Welt der Unabhängigkeit und Entscheidungsfindung, aus der heraus Sie vorgehen. Aus dieser Weltsicht haben Sie das Sagen und handeln und reagieren gemäß den geschäftlichen Entscheidungen, die getroffen werden müssen. In der Welt Ihres Ehepartners fühlen Sie sich verletzlich, abhängig und unentschlossen in Hinblick auf Ihre Beziehung. Diese parallelen Welten existieren beide in uns. An einem bestimmten Punkt werden wir zur Welt der Arbeit und zu einem anderen Zeitpunkt zur Welt der Beziehung. Jede hat ihre Grenzen und ist von Leere umgeben.

Fraktale und Chaos

Es stellt sich nun die Frage, wie wir zur zugrundeliegenden Ordnung oder zu Bohms zweiter impliziter Ordnung gelangen. Fraktale können ein möglicher Weg sein. Normalerweise denken die meisten von uns bei Erweiterung an Ausdehnung. Wenn Sie sich beispielsweise einen Gegenstand ansehen und Ihre Wahrnehmung erweitern, fallen Ihnen andere Gegenstände auf. Vielleicht sind ja aber die in unser Bewußtsein *ein*tretenden Fraktale der Weg zur infiniten Ordnung.

Was sind Fraktale? Fraktale kann man sich als Dimensionsbruchstücke denken. Stellen wir uns vor, wir würden mit Fraktalen etwas Spezielles messen, wie die Größe eines Raumes. Je spezifischer wir das Ganze herunterbrechen, beispielsweise drei Meter auf drei Meter 60, desto kleiner werden anscheinend die Maßeinheiten und desto größer die Parameter des Raumes. Der Raum wird nicht nur größer, sondern es gibt ein spezielles Muster bzw. eine zugrundeliegende Ordnung, die unendlich weitergeht, je kleiner die Bruchstücke werden.

Diesen Vorgang nennt man Iteration (Wiederholung). Mandelbrot entdeckte, daß Bruchstücke, die man mit sich selbst multipliziert, immer kleiner werden und das Universum immer größer.

Mit anderen Worten, wenn wir etwas immer weiter verkleinern, werden das gesamte Universum und seine einmalige Ordnung aufgedeckt.

Die Antwort scheint daher zu lauten: Um die zweite implizite Ordnung zu erreichen, gehen Sie in sich und werden Sie kleiner – finden Sie das Nichts, das, wenn es sich verdichtet, alles enthält.

Wenn wir beispielsweise mit einem Teil beginnen und es wiederholen, indem wir es mit sich selbst multiplizieren, erhalten wir eine *generative Ordnung*.

Das organisierende Selbst

Bei vielen Modellen der Selbsterkenntnis halten wir uns an einen Organisator, einen Beobachter, der sich von einer parallelen Welt in die andere bewegt, hoffentlich gemäß einer bestimmten Ordnung. Es ist interessant, daß wir die Leere definieren (sie begrenzen) und mehrmals täglich ohne Probleme zur einen oder anderen Welt werden. *Wer wir in einem bestimmten Augenblick sind, wird bestimmt durch diejenige parallele Welt, in der wir leben!!!* In Wirklichkeit gibt es kein organisierendes Ich oder Selbst, nur die Bewegung von einer Welt und Definition unseres Selbst zur anderen. Es gibt jedoch die Illusion der Zeit (siehe Kapitel 7: »Zeit«), die es so scheinen läßt, als ob wir stets gegenwärtig wären. Diese Illusion der Verbindung von einer Welt mit der anderen ohne einen dazwischenliegenden Raum ist ein *Trugbild*. Tatsache ist, wir erscheinen und verschwinden und definieren uns selbst aus ständig wechselnden Blickwinkeln. *Wir sind so, wie wir uns und unser Nicht-Selbst in einem bestimmten Augenblick definieren (begrenzen).* Es gibt nicht nur einen Beobachter, sondern eine unendliche Zahl von Beobachtern (darüber sprechen wir in Kapitel 23: »Die Trance des Beobachters beenden«).

Leere und parallele Welten

Man könnte sagen, daß jede parallele Welt aus einer Verdichtung der Leere besteht (siehe Kapitel 5: »Raum«). Das bedeutet: Wie wir uns selbst definieren, das ist eine parallele Welt, die aus verdichteter Leere besteht. Diese verdichtete Leere scheint immer gegenwärtig zu sein, obwohl sie sich doch in Wirklichkeit verdichtet und wieder ausdünnt. Das bedeutet, *wir sind die pulsierende Verdichtung und Verdünnung des Raumes.* In der taoistischen Philosophie Chinas heißt die Energie *ch'i*: verdichtete Leere, die eine parallele Welt formt und dann zur Leere zurückkehrt.

> *»Wenn das* ch'i *sich verdichtet, tritt seine Sichtbarkeit zutage, und die Form individueller Dinge entsteht. Wenn das* ch'i *sich auflöst, ist seine Sichtbarkeit nicht länger offenbar, und es gibt keine Formen mehr.«* (Fung Yu-lan, 13)

»Die große Leere kann nur aus ch'i *bestehen; dieses* ch'i *muß sich verdichten, um alle Dinge zu formen, und diese Dinge müssen sich auflösen, um erneut die Große Leere zu formen.«*

(Fung Yu-lan, 14)

Übung 5

1. Schritt: Schließen Sie Ihre Augen, und achten Sie auf die Leere.
2. Schritt: Wenn ein Gedanke vorbeizieht, betrachten Sie ihn als verdichtete Leere bzw. als dieselbe Substanz wie die Leere.
3. Schritt: Achten Sie darauf, wie die Leere pulsiert – sie verdichtet sich und wird zu einem Gedanken, zu einem Gefühl oder einer Empfindung, dünnt dann wieder aus und wird zur Leere.

Das bedeutet, daß die Person, die Sie zu sein glauben, auftaucht und verschwindet, dennoch bemerken wir es nicht. Warum? – Weil die Leere verschwindet. Das bedeutet, wenn die Leere sich zu einem Gedanken wie beispielsweise »Ich mag mich« verdichtet, wird sich die verdichtete Leere an einem bestimmten Punkt wieder ausdünnen und zur Leere werden. Dann tritt aus der Leere eine andere Verdichtung der Leere hervor und wird zu dem Gedanken »Ich mag mich nicht«. In dem Augenblick, in dem »Ich mag mich nicht« vorherrscht, ist »Ich mag mich« verschwunden. In Wirklichkeit existiert das »Ich mag mich« in diesem Augenblick nicht.

Wir wollen uns das einmal im Licht der Fraktale ansehen. Wir bemerken beispielsweise, daß Gedanken auftauchen und verschwinden. Wenn wir diesen Vorgang verlangsamen, kann in einem Gedanken, der chaotisch zu sein scheint, die zugrundeliegende Ordnung der Leere wahrgenommen werden.

Das Rätsel

»Alle Dinge müssen vergehen …
Alle Dinge müssen vorüber gehen …«
George Harrison

Die Lösung dieses Rätsels liegt in der Tatsache, daß das Pulsieren der Leere zu verdichteter Leere eigenständig fortfährt. Wie kann man dann leben?

• PRINZIP: Welche Erfahrung Sie auch immer machen, bewahren Sie sich die Einsicht: Ich frage mich, wie lange es dauern wird, bevor diese verdichtete Leere zur Leere wird.

Das Problem besteht darin, daß wir, sobald ein unbequemes Gefühl auftritt, der Ansicht sind, es würde ewig dauern. Indem wir die Einsicht bewahren, daß Form zu Leere wird und Leere zu Form, verlagert sich unser Bezug zu dieser Erfahrung.

Das *Spanda Karikas*, ein Sanskrit-Text, beschreibt diesen Vorgang wie folgt: *umesa* (das Auftauchen), das zu *nimesa* (das Untertauchen) wird. Wie es in der Physik heißt »Alles ist Leere, und Form ist verdichtete Leere«, so heißt es im tantrischen Yoga von Kashmir, in der chinesischen Philosophie des *ch'i* und dem *Herzsutra* des Buddhismus: »Form ist nichts anderes als Leere, Leere ist nichts anderes als Form.«

Chaos und parallele Welten

Da jeder von uns so viele Identitäten oder parallele Universen besitzt, anhand derer wir uns definieren, und da jeder Teil eine in sich geschlossene parallele Welt verkörpert, stellt sich die Frage: Woher kommt das Chaos? – Das können wir am besten verstehen, wenn wir einen Blick auf irgendeine begrenzte Welt werfen. Beispielsweise auf eine Welt namens: »Ich muß anderen zu Gefallen sein, wenn ich überleben will.« Der Schrecken ist das Verschwinden oder das Nicht-Überleben. Jede Welt hat einen *Überlebensinstinkt*, der uns mit einer Zähigkeit von epischen Proportionen anfleht, zu überleben. Das Verschwinden einer Welt (verdichtete Leere) wird von dieser Welt für die schlimmste Form von Chaos gehalten ... eine Reise ins Nichts. Der Schrecken, den jede parallele Welt erfährt, ist so stark, daß sogar dieser natürliche Prozeß der Veränderung – die Bewegung von verdichteter Leere zu Leere – von der Parallelwelt mit aller Kraft bekämpft wird, indem sie mit Myriaden von Weltanschauungen, Geschichten und Religionen versucht, diesen natürlichen pulsierenden Prozeß zu ersticken und zu erklären.

Dieser Prozeß des Pulsierens von verdichteter Leere zu Leere wird zur einzigen Möglichkeit, wie wir die Welt und uns selbst erkennen können. Wenn die verdichtete Leere ausdünnt, dünnt auch das, was wir unsere Welt und uns selbst nennen, aus. Wir nennen dieses natürliche Verschwinden *Chaos* oder TOD und bekämpfen es mit aller Macht. Das Universum befindet sich in einem ständigen Fluß, in ständiger Bewegung und Veränderung, und dennoch handeln wir so, als ob wir bei dieser grundlegendsten Veränderung in den Rachen des Todes blicken. Fließen zu lernen und diesem natürlichen Pulsieren zu folgen ist das *Tao des Chaos*. Veränderung nicht länger als Chaos zu sehen macht es zu einer Freude des Chaos. Sich zu wehren heißt, Weltanschauungen und Religionen zu erschaffen, um dieses natürliche Pulsieren zu leugnen.

Interessanterweise *wird die Veränderung auftreten*, ob Sie sich dagegen wehren oder nicht. Im *Tao des Chaos* geht es darum, das Chaos nicht länger als Störung zu sehen, sondern als *das Wesen der Dinge*. Diese Einsicht erlaubt es uns, die Ordnung im Chaos und das Chaos in der Ordnung zu erkennen. Sie ist auch der Eckpfeiler der umfassendsten Umerziehung, die wir durchlaufen müssen; das Verschwinden und das Chaos so zu sehen, *wie es ist,* und die Ordnung als eine Möglichkeit, die *noch im dunkeln liegt*. Paradoxer gesagt, das Chaos als Ordnung zu sehen und Ordnung als die kleine Lücke zwischen dem Chaos. Das erfordert ein »Ent-Lernen« und ein Infragestellen dessen, was uns so teuer war, *unserer Vorstellung vom Selbst*, das doch einfach nur ein Auf- und Abtauchen ist, eine Verdichtung und Ausdünnung, ein Erscheinen und Verschwinden der Leere – verschmolzen mit der Illusion der Dauer namens *Zeit*.

KAPITEL 5

Raum

David Bohm zeigte schon 1950 in seiner klassischen Abhandlung *Quantentheorie*, daß das Universum ein Entfalten und Einfalten von Energie, Raum, Masse und Zeit ist. In meinem Buch *Quantenbewußtsein* spreche ich darüber, daß das Universum gemäß Bohm Energie, Raum, Masse und Zeit enthält. Nichts kann im physikalischen Universum existieren … oder besser gesagt, damit im physikalischen Universum etwas existieren kann, muß es einen Raum einnehmen, es muß eine Masse bzw. eine feste Form haben, und es muß einen Anfang, eine Mitte und ein Ende, d. h. Zeit haben. Wenn wir uns beispielsweise in einem Problemzustand befinden – den Gedanken oder das Gefühl von Wut oder Traurigkeit haben –, so hat die Wut eine subtile Masse, sozusagen eine Form. Sie hat eine Dauer, einen Anfang, eine Mitte und ein Ende, und sie nimmt einen Raum ein.

Raum

In der Chaos-Theorie wird die Vorstellung des *Phasenraumes* ausführlich behandelt.

> *»Jeder Zustand des Systems zu einem fixen Augenblick wurde dargestellt als ein Punkt im Phasenraum. Alle Informationen zu seiner Position oder Geschwindigkeit waren in den Koordinaten dieses Punktes enthalten. Änderte sich das System auf irgendeine Weise, so bewegte dieser Punkt sich zu einer neuen Position im Phasenraum.«* (Gleick, 15)

Für unsere Zwecke hat der *Phasenraum* folgende Bedeutung: Wenn wir eine Rakete von der Erde zum Mond schießen, dann nimmt die Rakete einen bestimmten Raum ein. Mit anderen Worten, in den ersten Sekunden, nachdem die Rakete von der Erde abgehoben hat, nimmt sie auf dem Weg zum Mond einen *Phasenraum* von 30 Metern ein und in den darauffolgenden zehn Sekunden eine *Phase* bzw. einen Teil des Raumes, der 300 Meter beträgt. In den nächsten zehn Sekunden kann sie einen *Phasenraum* oder einen Teil des Raumes einnehmen, der 3000 Meter lang ist. Um diese Rakete zu messen, muß man den *Phasenraum* bzw. den Teil des Raumes, den sie in einem bestimmten Augenblick einnimmt, messen. Nehmen wir ein anderes Beispiel – den Gedanken: »Ich fühle mich schlecht«. Dieser Gedanke nimmt einen bestimmten *Phasenraum* ein. Könnte man den Gedanken beobachten, so würde er auftauchen, einen *Phasenraum* an verschiedenen Punkten des Raumes einnehmen und dann wieder abtauchen. In der Yoga-Tradition heißt es, ein Gedanke wie »Ich fühle mich schlecht« nimmt nach seiner Erschaffung einen *Phasenraum* namens Schöpfung ein – den Raum, aus dem er kam. Der Gedanke wird eine Zeitlang aufrechterhalten, nimmt einen anderen *Phasenraum* ein und löst sich dann auf bzw. wird zerstört und nimmt nicht länger diesen bestimmten *Phasenraum* ein. Das bedeutet, daß jeder Gedanke, jedes Gefühl, jede Assoziation usw., die Sie erfahren, nur in einem ganz bestimmten *Phasenraum* existieren kann.

F. David Peat formuliert es so:

> *»Der Phasenraum ist ein genau festgelegter Begriff und wird in vielen Zweigen der Physik, einschließlich der Chaos-Theorie, verwendet – wenn beispielsweise ein seltsamer Attraktor nicht im Raum, sondern im Phasenraum definiert wird.*
>
> *Der Phasenraum ist mehrdimensional und besteht nicht daraus, daß ›Phasen‹ oder normale Orte zusammengefügt werden. Am besten denkt man sich den Phasenraum als eine Form von ›Raumverhalten‹. Mit einem Phasenraum kann man die Temperatur, die Zeit, Zinssätze oder das Bruttosozialprodukt usw. abbilden. Das sind in etwa Phasenräume.*
>
> *Man kann jedes Objekt bestimmen, indem man seine Lokation im Raum angibt, aber das sagt einem nicht, wie schnell es ist und*

in welche Richtung es sich bewegt. In der Newtonschen Physik kann ein Teilchen erschöpfend bestimmt werden, indem es sechs Koordinaten erhält – drei räumliche Koordinaten und drei Bewegungskoordinaten (seine Bewegung in jede der drei Richtungen). Hat man zwei Teilchen, so braucht man 2 x 6 = 12 Koordinaten, um alle Bewegungen, Kollisionen, etc. der beiden Teilchen vorauszusagen.

Bei n Teilchen braucht man n x 6 Koordinaten. Wenn man diese 6 n Koordinaten kennt, kann man alles vorhersagen, was in diesem System jemals geschehen kann. Wenn Sie in Ihrem Koordinatenraum aber nur die Lokation eines Teilchens kennen, wird das niemals ausreichen, um zukünftige Ereignisse in diesem System vorauszusagen.

Nehmen Sie nun einmal an, Sie möchten das alles auf einem Schaubild darstellen. Für ein Teilchen benötigen Sie einen Phasenraum von sechs Dimensionen. Das System wird dann von einem Punkt in diesem sechs-dimensionalen PHASENRAUM *definiert. Auf dieselbe Weise werden zwei Teilchen durch* EINEN PUNKT *in einem zwölfdimensionalen Phasenraum definiert, d.h. wenn Sie die Lokation dieses Punktes kennen, können Sie die gesamte Zukunft beider Teilchen bestimmen.*

Bei n Teilchen benötigen Sie einen 6n-dimensionalen Phasenraum – das gesamte System wird von einem einzigen Punkt in einem 6n-dimensionalen Phasenraum definiert. Wenn Sie die Lokation dieses Ortes kennen, können Sie die gesamte Zukunft des Systems vorhersagen. Ebenso befindet sich ein seltsamer Attraktor nicht im Raum, sondern im Phasenraum – und wenn Sie den Attraktor kennen, hilft Ihnen das nicht nur in dem Wissen, wo sich ein System im Raum befindet, sondern auch dabei, wie sich ein chaotisches System bewegt, d.h. Sie kennen auch die Bewegung. Obwohl ein solches System chaotisch sein kann, wissen wir, daß sein Chaos innerhalb eines bestimmten Bereichs des Phasenraumes enthalten ist – d.h. es kann in seinen Einzelheiten unvorhersagbar sein, aber zumindest wissen wir, daß sein Chaos innerhalb einer bestimmten Bandbreite aller möglichen Verhal-

tensweisen fällt, d.h. es trifft nicht zu, wenn man sagt, die Rakete nimmt verschiedene ›Phasen‹ eines drei-dimensionalen Raumes ein. Vielmehr nimmt sie Punkte in einem sechs-dimensionalen Phasenraum ein.« (Peat, 16)

Wenn ich mit Patienten oder mit mir selbst arbeite, überlege ich mir, was geschehen würde, wenn ich bestimmte Gedanken oder Gefühle in einen anderen Phasenraum bewegen würde. Mit anderen Worten, da ein Gedanke nur so lange existieren kann, wie er sich in einem ganz bestimmten *speziellen* Raum befindet, verschwindet der Gedanke, wenn Sie den Raum verändern, den der Gedanke einnimmt. Dasselbe trifft auf Gefühle zu. Warum das so ist? – Weil der Gedanke *nur* einen bestimmten Raum einnehmen kann. Verändern Sie den Phasenraum, und der Gedanke wird verschwinden.

Der Sufi-Meister Idries Shah formuliert es so: In der Sufi-Tradition ist es sehr wichtig, darauf zu achten, daß es für alles einen Raum und eine Zeit gibt.

Hier stellt Shah fest, daß die Eigenschaften eines Systems, sowohl eines inneren wie eines äußeren Systems, ihre Macht verlieren, wenn Raum oder Zeit verändert werden. Darüber sprechen wir ausführlich im Kapitel über die Zeit. An dieser Stelle wollen wir uns damit befassen, was mit den Erfahrungen unseres inneren Zustands geschieht, wenn wir den Raum verändern, in dem Gedanken oder Gefühle existieren.

Übung 6

(mit geschlossenen Augen)

1. Schritt: Achten Sie auf Ihren inneren Raum.
2. Schritt: Achten Sie auf einen Gedanken oder auf ein Gefühl, das Sie haben.
3. Schritt: Achten Sie auf den Phasenraum, den der Gedanke oder das Gefühl einnimmt.
4. Schritt: Bewegen Sie den Gedanken oder das Gefühl zu einem anderen inneren Phasenraum.
5. Schritt: Achten Sie darauf, was geschieht.

Wenn Sie sich an die Stelle in meinem Buch *Quantenbewußtsein* erinnern, an der Einstein aufzeigte, daß »alles aus Leere besteht und Form verdichtete Leere ist«, dann wissen Sie, daß jeder Gedanke nur einen bestimmten Raum einnehmen kann. Warum? – Weil er aus diesem Raum besteht. Wenn Sie ihn zu einem anderen Raum hinbewegen, könnte ihn dieser Raum nicht halten. Daher würde der Gedanke oder das Gefühl verschwinden. Warum? – Weil der Gedanke oder das Gefühl verdichtete Leere sind und nur in einem ganz bestimmten Phasenraum existieren können. Da Raum und Gedanke bzw. Raum und Gefühl eins sind, wird der Gedanke bzw. das Gefühl zerstört, wenn eine Trennung von diesem Raum stattfindet. Der Gedanke bzw. das Gefühl verfügt dann nicht länger über einen Raum, in dem eine Existenz möglich ist.

»Raum: Der unbegrenzte oder unendlich große Aufenthaltsort aller Dinge, im allgemeinen als Ausdehnung in alle Richtungen (oder drei-dimensional) wahrgenommen, in der sich alle materiellen Dinge befinden bzw. Teile davon einnehmen.«
(Webster, 17)

Der Weltraum war immer schon eines der faszinierendsten Gebiete menschlicher Existenz – und wird es wohl auch bleiben. Unser individueller Geist findet es unverständlich, sich einen endlosen Raum vorzustellen, ganz zu schweigen davon, daß der Weltraum keinen Anfang, keine Mitte und kein Ende hat. Der Raum wird ebenso wie die Energie *definiert* und begrenzt. Ich sage beispielsweise »Das ist mein Raum« oder »Das ist dein Raum« und beziehe mich entweder auf den Raum, den mein Körper einnimmt, oder auf das, was man als unseren »psychischen Raum« bezeichnet. In unseren Häusern dienen bestimmte Raumbereiche auch nur ganz bestimmten Zwecken. Die Küche mit dem Herd ist der *Raum*, in dem wir kochen, nicht der *Raum*, in dem wir lesen. Diese Definition von Raum setzt uns Grenzen.

Warum verursacht das ein Chaos? – Weil die Grenzen, die wir setzen, das definieren und daher auch einschränken, was dort geschehen kann. Sie können beispielsweise beschließen, daß innerhalb der Grenze Ihrer Haut Wut nicht zugelassen wird. Das verursacht Chaos, sobald eine andere Person in Ihrer Gegenwart wütend wird.

Definitionen und Chaos

Definitionen sind Markierungen, die eine Sache definieren und sie von einer anderen Sache trennen. Wir definieren beispielsweise »unseren« Körper durch die Grenze unserer Haut. Wir bestimmen dadurch, wo unsere Haut endet und wer wir sind. Dennoch hat uns die Quantenphysik gezeigt, daß Materie (unsere Grenze der Haut) aus Raum besteht. Außerdem werden Grenzen von uns geschaffen. Wenn die Physik recht hat und wie David Bohm sagt »alles von allem überlappt wird und alles andere durchdringt«, wo beginnen und wo enden wir dann? Definitionen bieten uns Antworten.

Innen wird allgemein als »innerhalb der Grenze der Haut« verstanden. Außen ist somit »außerhalb der Grenze der Haut«. »Mein Raum« ist der Raum, den »mein Körper« einnimmt; »Ihr Raum« ist der Raum, den Ihr Körper einnimmt. Wann tritt Chaos auf? – Wenn die Grenzen, mit denen wir uns definieren, auf irgendeine Weise verletzt werden. Wenn Sie mir beispielsweise ins Gesicht schlagen, fühlt sich das »Ich«, das diesen Raum einnimmt, verletzt. Das läßt sich noch leicht nachvollziehen. Stellen wir uns einmal vor, Ihr Wagen wird aufgebrochen. Sie fühlen Ihre Privatsphäre verletzt. Warum? – Weil Sie Ihr Auto als »Ihren Raum« und als Ihr »Ich« definiert haben. Wenn ich ein überzeugter Abtreibungsanhänger bin und die Regierung ein Gesetz verabschiedet, das Abtreibungen untersagt, fühle ich mich persönlich getroffen. Warum? – Weil ich den Raum des Gedankens und des Gefühls als mein »Ich« definiert habe. Daraus können wir ersehen, daß das Abteilen von undifferenziertem Raum – indem ich diese Teile als »mein« oder »dein« definiere, »mein Gedanke« und »dein Gedanke« – uns alle ein wenig verrückt (chaotisch) macht. Wir geraten in eine Double-bind-Situation, wenn wir undifferenzierten Raum definieren und Grenzen schaffen, die zu Chaos führen. Die

Physik sagt jedoch, daß eine zugrundeliegende Ordnung existiert, aus der heraus Ordnung auftaucht.

>*Danach ... kehrte das System zu genau demselben Muster von Unregelmäßigkeit zurück, das es vorher aufgewiesen hatte. Es verhielt sich lokal unberechenbar und global stabil.*«

(Gleick, 18)

Wenn wir daher einen Gedanken oder eine Erfahrung von einem Phasenraum zu einem anderen Phasenraum bewegen, tritt die zugrundeliegende Ordnung hervor.

Verschwinden und Chaos

Wir verschwinden, wenn es keine Grenzen gibt. Denn wenn wir einen undifferenzierten Raum nicht zu einem begrenzten Raum machen, existieren wir nicht als getrennte Individuen. Einfacher gesagt, alles ohne Definitionen oder Grenzen durchdringt wechselseitig alles andere. Stellen Sie sich beispielsweise einen Glasbehälter vor. Achten Sie darauf, daß es einen Raum in dem Glas gibt und einen Raum außerhalb des Glases. Wenn Sie das Glas (die Grenzen) zerbrechen, gehen die Räume ineinander über, und es gibt nicht länger einen Innen- (Sie) und einen Außenraum (Ihre Umgebung).

Was sind dann diese Grenzen aus Glas? – Verdichteter Raum. Wenn wir uns daher mit allem »verbunden« fühlen wollen, müssen wir zuerst unsere *imaginäre* Grenze prüfen und dann die *unbegrenzte* Existenz erfahren.

Übung 7

(mit geschlossenen Augen)

1. Schritt: Erfahren Sie Ihre Haut als feste Substanz.
2. Schritt: Legen Sie fest, daß der Raum innerhalb dieser festen Hautsubstanz Ihr »Ich« ist und der Raum außerhalb das »Nicht-Ich«.

3. Schritt: Erfahren Sie die Hautgrenze als verdichteten Raum.

4. Schritt: Erfahren Sie den »Innenraum«, den »Außenraum« und den »verdichteten« Raum der Haut als dieselbe Substanz, als *Raum*.

5. Schritt: Achten Sie darauf, daß das einzige, das den »Innenraum« (Ihr »Ich«) von dem Außenraum (dem »Nicht-Ich«) trennt, der verdichtete Raum bzw. unsere definierte Grenze ist.

Diese Erfahrung kann uns die Tür öffnen und uns einen Blick auf die Grenze werfen lassen. In *Quantenbewußtsein* habe ich Einstein zitiert: »Alles besteht aus Leere, und Form ist verdichtete Leere.« In bezug auf die Haut bedeutet das, die Grenze ist verdichteter Raum.

Übung 8

(mit geschlossenen Augen)

1. Schritt: Erfahren Sie Ihre Haut als feste Substanz.

2. Schritt: Achten Sie auf den Raum innerhalb dieser festen Hautsubstanz, das ist Ihr »Ich«. Der Raum außerhalb ist Ihr »Nicht-Ich«.

3. Schritt: Erfahren Sie den Raum als dieselbe Substanz, als Raum.

4. Schritt: Achten Sie darauf, daß das einzige, das den »Innenraum« (Ihr »Ich«) vom Außenraum (dem »Nicht-Ich«) trennt, die feste definierte Grenze ist.

5. Schritt: Erfahren Sie jetzt die Hautgrenze als verdichteten Raum.

6. Schritt: Lassen Sie den undifferenzierten Raum (Innenraum, Haut, Außenraum) verschmelzen.

Übung 9

1. Schritt: Erfahren Sie Ihre eigene Festigkeit.

2. Schritt: Erfahren Sie die Festigkeit eines anderen Menschen.

Übung 10

1. Schritt: Erfahren Sie sich selbst als Raum.
2. Schritt: Erfahren Sie einen anderen Menschen als Raum.
3. Schritt: Achten Sie auf die Verbindung zwischen Ihrem Raum und dem Raum des anderen.
4. Schritt: Spüren Sie den Unterschied: Im Gegensatz zur letzten Übung finden Sie in dieser Übung keine Grenzen.

Die Angst vor dem Verschwinden

Sobald der Raum durch »Ich« und »Nicht-Ich« bestimmt und definiert ist, fürchtet das Ich, das nun »Innen« heißt, den Verlust der *erfundenen* Grenze. Wir wehren uns gegen diese Angst vor dem Verschmelzen und dem Verlust unseres Selbst in jedem Aspekt unseres Lebens. Wir wehren uns beispielsweise gegen das Verschwinden in einer Beziehung. Der Widerstand gegen das Verschwinden wird als das größte Chaos von allem empfunden – ein Chaos, das um jeden Preis vermieden werden muß!

Übung 11

1. Schritt: Erfahren Sie die Angst vor dem Verschwinden.
2. Schritt: Erfahren Sie die Angst als verdichteten Raum.
3. Schritt: Erfahren Sie den Raum als verdichtete Leere.
4. Schritt: Achten Sie auf Ihre Erfahrung.

Bei dieser Übung erleben wir den verdichteten Raum, aus dem die Angst besteht. Wenn wir es zulassen, daß die Angst einfach nur verdichteter Raum ist und der Raum verdichtete Leere, wehren wir uns nicht länger gegen das Chaos des Verschwindens.

Emotionen und Raum

Alle Emotionen und Gedanken bestehen aus verdichtetem Raum. Nehmen Sie sich einige Minuten Zeit, um die auftretenden Gedanken und Emotionen zu betrachten. Sehen Sie die Gedanken und Emotionen als verdichteten Raum.

Übung 12

1. Schritt: Achten Sie auf einen Gedanken oder ein Gefühl, das Sie haben.
2. Schritt: Achten Sie auf den leeren Raum, der den Gedanken bzw. das Gefühl umgibt.
3. Schritt: Betrachten Sie den Gedanken oder das Gefühl als verdichteten Raum.

Distanz und Lokation

Eine der chaotischsten und verwirrendsten Vorstellungen der Quantenpsychologie ist die Erkenntnis, daß es zwischen zwei Dingen keinerlei Distanz gibt. Warum? – Weil alles wechselseitig miteinander in Verbindung steht, kann es keine Distanz geben. Warum? – Weil *Distanz relativ zur Position ist.*

Lokation
Bells Theorem im Rückblick

1964 bewies John Stuart Bell zwei Dinge, die den Lauf menschlichen Verständnisses veränderten: 1. Es gibt keine Lokation, und 2. es gibt keine lokalen Ursachen. Es kann keine Lokation geben, weil weder Trennung noch Grenze existieren. Es kann keine lokale Ursache geben: Man kann nicht sagen, diese bestimmte Sache oder dieses eine Ereignis hat dies oder das verursacht, weil alles aus derselben Substanz besteht, daher verursacht alles alles andere.

»*John Bell hat nachgewiesen, daß isolierte Quantenobjekte in aktiver Korrelation zueinander stehen, ohne daß sie durch irgendein Feld oder auf mechanische Weise miteinander verbunden sind. Eine Erklärung dafür könnte sein, daß sich Quantenformen aus einer tieferen implikaten Ordnung entfalten. Zwei Elektronen wären dann auf der implikaten Ebene miteinander in Kontakt, auf der explikaten Ebene dagegen weit getrennt.*«

(Peat, 19)

In einem an mich gerichteten Schreiben äußerte sich der Physiker F. David Peat:

»›*Es gibt keine Lokation, und es gibt keine lokalen Ursachen.*‹ *Das ist auf gewisse Weise vollkommen korrekt. Aber es könnte Laien, die schon andere wissenschaftliche Bücher gelesen haben, verwirren. Diesen Punkt richtig zu erklären, ist extrem schwierig.*

Ja, Einstein glaubte an die ›*unabhängigen Elemente der Wirklichkeit*‹, *aber Bell bewies, daß dies nicht möglich ist. Trotzdem geht die Quantentheorie von der Existenz des Raumes aus – und von Punkten im Raum. Es ist nicht einmal möglich, eine Quantentheorie zu formulieren, ohne von der Existenz lokalisierbaren Raumes auszugehen. Dennoch läßt die einmal formulierte Theorie zu, daß Beschreibungen (die Wellenfunktion) von Quantensystemen nicht räumlich in unabhängige, lokalisierte Teile getrennt werden kann – sie sind vielmehr ein Ganzes. So scheint es auf gewisse Weise verwirrend und paradox, ist aber tatsächlich eine Reflexion der Unvollständigkeit der Theorie an sich.*

Denken Sie an die experimentelle Verifizierung von Bells Theorem. Sie hängt von Messungen zweier weit entfernter, physikalisch isolierter Systeme ab, und dann entdeckt man, daß sie korrelat bleiben, d.h. das Experiment bestimmen. Das Experiment basiert auf der Vorstellung, daß physikalische Distanz eine Bedeutung hat, aber dann sagt die Interpretation der Ergebnisse, Quantensysteme würden auf eine geheimnisvolle Weise so mit-

einander korrelieren, daß das klassische Konzept der Distanz transzendiert wird.

Ich nehme an, das Beste, was ich tun kann, ist zu sagen, daß bestimmte Konzepte wie Lokalisation und Distanz in unserer vergrößerten Welt perfekt funktionieren, doch auf der Quantenebene sind wir gezwungen, uns den Grenzen solcher Vorstellung zu stellen.«

(Peat, 20)

Ursache und Wirkung

Wenn alles alles andere ist, dann ist alles nicht nur die *Ursache* von allem, sondern auch die Wirkung von allem anderen. Das bedeutet, daß die Ursache aus derselben Substanz besteht wie die Wirkung. Daher ist die Ursache die Wirkung, und die Wirkung ist die Ursache.

Als ich 1982 aus Indien zurückkehrte, hörte ich mir einen Vortrag über Mahatma Gandhi an. Gandhis Lehre von der Gewaltlosigkeit, die zum Modell für Martin Luther King wurde, basierte auf dieser Einsicht. Gandhi verstand, daß die Ursache die Wirkung war. Wie hat er das praktisch angewendet, und wie können wir dasselbe tun?

Die Menschen sind häufig der Ansicht, das Ziel rechtfertige die Mittel. Das gibt uns das Recht, bestimmte Dinge zu tun (das Mittel), weil das Ergebnis (das Ziel) »gut« ist. Gandhi begriff, daß das Mittel das Ziel *ist* und das Ziel das Mittel. Diese Einsicht Gandhis zeigt die Einheit von Ursache und Wirkung sowie die Einheit von Ziel und Mittel.

Chaos, Distanz und Lokation

Einfacher ausgedrückt, es gibt zwei Arten von Chaos.

Chaos Nr. 1: Verwirrung, das Gefühl, erdrückt zu werden, die Kontrolle zu verlieren, Verrücktheit, Unsicherheit und *Nicht-Wissen*.

<u>Chaos Nr. 2:</u> Der leere Raum und die Angst, zu verschwinden und ausgelöscht zu werden.

Chaos Nr. 1 – Das Gefühl, erdrückt zu werden, die Kontrolle zu verlieren

Chaos Nr. 1 ist unser aussichtsloser Versuch, Ereignisse durch Kausalität zu erklären, d. h. das eine hat das andere verursacht. Gedanken sind linear und begrenzen uns durch diese Eigenschaft. In unserem Versuch, mittels unserer Gedanken Erklärungen zu finden, taucht Chaos auf, wenn der Gedanke oder die Landkarte die Ereignisse (das Land) nicht ausreichend erklärt. Eine Landkarte kann niemals das Land erklären, und die kognitive Dissonanz, die aus dieser Diskrepanz entsteht, schafft Unbehagen und Verwirrung. Es gibt einen derart heftigen Widerstand gegen das *Nicht-Wissen*, daß zahlreiche weltanschauliche und psychologische Schulen sowie Religionen geschaffen wurden, um diesem Chaos des »Nicht-Wissens« aus dem Weg zu gehen. Tatsache ist, daß wir nicht wissen, warum. *Erklärungen sind der Weg, auf dem wir uns gegen das »Chaos« des* Nicht-Wissens *wehren, weil Gedanken* linear sind und – wie ich auf Ebene 1 in meinem Buch *Quantenbewußtsein* erklärt habe – wir über den Gedanken stehen.

Übung 13

1. Schritt: Rufen Sie sich ein Problem oder eine Situation in Ihrem Leben ins Gedächtnis, für das oder die Sie niemals eine Erklärung gefunden haben – warum beispielsweise Person A Person B etwas Bestimmtes angetan hat.

2. Schritt: Spüren Sie das Unbehagen des damaligen *Nicht-Wissens*.

3. Schritt: Seien Sie bereit, das Unbehagen zu spüren.

4. Schritt: Achten Sie auf die Substanz des Gefühls und auf den Raum, der das Gefühl umgibt.

5. Schritt: Achten Sie auf die winzigen Zwischenräume in dieser Substanz.

6. Schritt: Achten Sie darauf, daß das Unbehagen und der Raum, der das Unbehagen umgibt, aus derselben Substanz bestehen.

7. Schritt: Beobachten Sie bewußt, und wählen Sie den verdichteten Raum namens »Unbehagen«. Lassen Sie ihn zu, ohne Etikett. Lassen Sie ihn einfach im Raum schweben.

Der Schlüssel ist, *zum Nicht-Wissen bereit zu sein* – ohne Urteile zu fällen oder zu bewerten, was es bedeuten könnte.

Um die Ordnung im Chaos zu erkennen, müssen wir außerdem die zugrunde liegende Einheit der Substanz sehen, d. h. die *Leere*. Wir benötigen hierfür nur die Bereitschaft, *nicht zu wissen* und dieses *Nicht-Wissen* zu durchleben. Auf diese Weise gibt es keinen Widerstand gegen das »Chaos« des *Nicht-Wissens*. Das läßt das *Nicht-Wissen* zu und führt uns zu der zugrunde liegenden Einheit bzw. Ordnung.

• PRINZIP: Die zugrunde liegende Einheit oder Leere ist die Ordnung.

Chaos Nr. 2 – Die Angst vor dem Verschwinden oder dem Leerraum

Es scheint, daß die meisten meiner Patienten und die meisten Menschen, die ich kenne, diese Angst vor dem Verschwinden haben, das sie für die völlige Zerstörung halten.

Wohin verschwinden? Die Identitäten, die wir aus dem Widerstand gegen das Chaos geformt haben, wehren sich auch gegen ihr Verschwinden. Häufig nennen Patienten das »völlige Zerstörung«. Frei zu sein, zu verschwinden, und frei zu sein, nicht zu verschwinden, frei zu sein, im Chaos zu sein, und frei zu sein, nicht im Chaos zu sein, das erlaubt es uns, die Leichtigkeit zu erfahren, *keine Vorliebe* für einen bestimmten Bewußtseinszustand, für einen bestimmten Standpunkt oder eine bestimmte Sichtweise zu haben.

Übung 14

1. Schritt: Suchen Sie sich einen Standpunkt, den Sie verteidigen.
2. Schritt: Spüren Sie, wie Ihr Leben davon abhängt.

3. Schritt: Achten Sie auf die Angst, daß Sie, wenn Sie diesen Standpunkt aufgeben, verschwinden oder nicht mehr sein werden.

4. Schritt: Erfahren Sie die Angst als verdichteten Raum.

5. Schritt: Seien Sie bereit, das Verschwinden des Standpunkts zu erfahren.

6. Schritt: Achten Sie auf den Standpunkt, und spüren Sie, daß Standpunkt und Leere aus derselben Substanz bestehen.

Das Verschwinden wird häufig mit der Vorstellung von Tod verbunden. Das Problem, das wir »Tod« nennen, ist die Leere, und was wir »Leben« nennen, ist verdichtete Leere. Um die Freiheit im *Tao des Chaos* zu genießen, müssen wir bereit sein, zu verschwinden.

Die Einsicht

In *Quantenbewußtsein* haben wir über die Parallele zwischen Albert Einsteins »Alles ist Leere, und Form ist verdichtete Leere« und dem *Herzsutra* des Buddhismus »Leere ist nichts anderes als Form, Form ist nichts anderes als Leere« gesprochen.

Voraussetzung für die Arbeit mit sich selbst – bzw. bevor man endgültig versteht, daß Form und Leere identisch sind – ist, daß Leere dasselbe wie Form ist und eine umfassendere Verständnisebene enthält.

• PRINZIP: Alles, was Form ist, wird schließlich zu Leere werden und verschwinden.

• PRINZIP: Alles, was Leere ist, wird schließlich Form werden und neu erscheinen.

Wir wollen uns das einmal praktisch vorstellen. Der Holzstuhl in Ihrem Zimmer wird sich eines Tages auflösen, auf den Müll geworfen, verbrannt werden und verschwinden. Die Energie, die dadurch freigesetzt wird, erscheint zu irgendeiner Zeit in anderer Form neu.

Das Gefühl der Verwirrung wird letztlich zu etwas anderem werden und schließlich verschwinden, sobald ein anderer Zustand auftaucht. Das Problem ist folgendes: Wenn ein Zustand des Unbehagens auftritt, wird er schmerzlicher empfunden als es sein müßte, denn solange wir uns in einem bestimmten Zustand befinden, sei es Liebe oder Haß, sind wir der Überzeugung, dieser Zustand würde für immer andauern, anstatt zu verstehen, daß er sich auflösen wird und schließlich aus der Leere ein anderer Zustand entsteht. Erinnern Sie sich beispielsweise an das letzte Mal, als Sie sich verliebten? Haben Sie nicht geglaubt, es würde ewig währen? Plötzlich wandelte sich die *Liebe* in *Haß*, und auch dabei dachten wir, es würde ewig währen. In diesem Szenario wehrten wir uns sowohl gegen den Verlust der *Liebe*, indem wir versuchten, uns an sie zu klammern, als auch gegen den *Haß*, indem wir versuchten, ihn loszuwerden. In beiden Fällen empfanden wir Schmerz und Chaos. Warum? – Alles verändert sich, und wir wehren uns gegen diesen natürlichen Veränderungsprozeß, d. h. die Form verändert sich zur Leere, die Leere verändert sich in eine andere Form, und das ruft ein Gefühl des Chaos hervor. Ich möchte das verdeutlichen:

Übung 15

(mit geschlossenen Augen)

1. Schritt: Sehen Sie die Leere vor sich.
2. Schritt: Achten Sie darauf, wie ein Gedanke oder ein Gefühl aus der Leere auftaucht.
3. Schritt: Achten Sie darauf, wie das Gefühl oder der Gedanke schließlich wieder zur Leere zurückkehrt.

Übung 16

(mit geschlossenen Augen)

1. Schritt: Achten Sie auf die Leere vor sich.
2. Schritt: Verdichten Sie die Leere, und strukturieren Sie sie zu einem Problemzustand, gegen den Sie sich wehren.

3. Schritt: Seien Sie bereit, den Problemzustand als verdichtete Leere zu empfinden – bleiben Sie in der Haltung: »*Ich frage mich, wie lange dieser Zustand andauern wird?*«

4. Schritt: Achten Sie darauf, was geschieht.

Dieser Ansatz führt uns aus den in der Zeit gefangenen Gefühle der unbehaglichen oder behaglichen Zustände heraus, die einem das Gefühl geben, ewig zu währen.

In diesem Verschwinden zurück in die Leere gibt es nicht länger Lokation, Trennung, Distanz und Widerstand. Hier schimmert die Erfahrung des Nicht-Erfahrens oder der zustandslose Zustand des Nicht-Seins hindurch. In der Wahrnehmung des Nervensystems, die Francisco Varela den *verkörperten Geist (Embodied Mind)* nennt, sehen wir nur die explizite Ordnung oder Auftauchen und Distanz. Ohne Wahrnehmung bzw. ohne vorhandenes Nervensystem wird alles als ein und dieselbe Substanz gesehen. Es kommt darauf an, mit dem Nicht-Geist zu sehen.* Wenn wir mit dem Nicht-Geist sehen, wird alles, was wir wissen, kurz verschwinden, um *später* wieder zu erscheinen. Wenn wir uns gegen diesen natürlichen Prozeß des Verschwindens und Wiederauftauchens nicht wehren, leiden wir auch nicht. Wenn wir das Verschwinden als dauerhaften Zustand fürchten, dann leiden wir. Umgekehrt ist es ebenso: Wenn wir uns gegen das Auftauchen als einen dauerhaften Zustand wehren, leiden wir. Kein Zustand ist dauerhaft, alle sind nur ein Auftauchen und Verschwinden von Leere oder Leere, die zu Form wird, und Form, die zu Leere wird. Das ist der Weg des Universums und das *Tao des Chaos*. Mein Lehrer Nisargadatta Maharaj hat es auf diese Weise umschrieben und zusammengefaßt:

»*Bevor du geboren wurdest, war das Nichts absolut. Dann verdichtete sich das Nichts und wurde zu dem Bewußtsein von ›Ich bin‹, und das, was du ICH nennst, entstand. An einem gewissen Punkt wird dieses Bewußtsein wieder zum Nichts werden. Was*

---

* Siehe mein Buch *Quantenbewußtsein.*

*du ICH nennst, ist ein Ausschnitt des universellen Bewußtseins,
des absoluten Nichts.«*

Das *Tao des Chaos* besteht darin, sich nicht gegen das Auftauchen
oder Verschwinden eines Zustandes zu wehren; keiner ist dauerhaft, sie sind in Wirklichkeit phänomenologische Erscheinungen
ohne Ursache, Wirkung oder Lokation. Das Nichts taucht auf und
verschwindet zufällig und ist in der Leere geordnet. Dies zuzulassen und zu verstehen ist das *Tao des Chaos*.

Übung 17

(mit geschlossenen Augen)

1. Schritt: Achten Sie auf die Leere, die Sie umgibt.
2. Schritt: Erfahren Sie sich selbst als verdichtete Leere.
3. Schritt: Erfahren Sie alle Dinge im Raum als verdichtete Leere.
4. Schritt: Spüren Sie, daß Sie selbst und alle Dinge im Raum aus
derselben Leere bestehen.

Schlußfolgerung

Die zugrunde liegende Einheit bzw. die implizite Ordnung ordnet
das Chaos. Chaos ist nur eine *Beschreibung* der expliziten Ordnung, die zur impliziten Ordnung wird.

KAPITEL 6

Energie

Alles im Universum – von Gedanken bis zu Stühlen, vom Himmel bis zu den Gefühlen – hat eine bestimmte Energiemenge. Lassen Sie uns beispielsweise annehmen, ich hätte den Gedanken »Ich fühle mich schlecht« geschaffen. Dieser Gedanke hat eine bestimmte Energiemenge. Tatsächlich muß alles, um das zu sein, was es ist, über eine bestimmte Energiemenge verfügen. Im Sanskrit werden sogar Depressionen als Mangel an Energie definiert. Wir wissen alle, wie es ist, wenn man sich deprimiert und energielos fühlt. Wenn wir dem Zustand der Depression Energie hinzufügen, verändert sich der Zustand. Darum gab es in der Psychotherapie von Milton H. Erickson eine ganz bestimmte Vorschrift bei Depressionen: *Lassen Sie den Menschen aktiv werden*, bringen Sie die Energie in Bewegung.

Jeder Gedanke und jedes Gefühl verfügt über eine bestimmte Energiemenge. Ich nenne diese Energie *Phasenenergie* bzw. die Menge an Energie, die ein Ding oder eine Erfahrung zu einem bestimmten Zeitpunkt besitzt. Bei meinem Ansatz ist man aufgefordert, einem Gedanken, einer Emotion oder einem Bewußtseinszustand Energie hinzuzufügen oder Energie wegzunehmen. Das nennt man in der Chaos-Theorie Bifurkation.

»(Bifurkation bedeutet Weggabelung oder Verzweigungsstelle.) … Eine Bifurkation ist in der Systementwicklung ein entscheidender Moment, in dem etwas so Winziges wie ein einzelnes Photon, eine kleine Schwankung der Außentemperatur, eine Dichteveränderung oder der Flügelschlag eines Schmetterlings in Hong Kong (der Schmetterlingseffekt) durch Iteration so weit aufgebläht wird, daß eine Abzweigung vom Weg entsteht und das System in einer neuen Richtung davonläuft. … Wird ein Sy-

*stem von Energie oder Materie durchströmt, so bietet sich ihm
an jedem seiner Bifurkationspunkte eine ganze* AUSWAHL *von
Ordnungen. ... Bifurkationspunkte sind die Meilensteine in der
Evolution des Systems; in ihnen kristallisiert sich die Geschichte
des Systems.«*   (Peat/Briggs, 21)

Wenn ich mit jemand anderem (oder mit mir selbst) arbeite, muß
ich den Betreffenden dazu bringen, seinen Gedanken Energie hinzuzufügen. Auf diese Weise schaffe ich einen Bifurkationspunkt,
und neue Auswahlmöglichkeiten tauchen auf. Das kann eine Wiederaufnahme einer Erfahrung in die Essenz oder die zugrundeliegende Ordnung hervorrufen (darüber sprechen wir später). Da ein
Gedanke nur eine bestimmte Energiemenge in sich tragen kann,
entwickelt sich ein Bifurkationspunkt bzw. eine Intensität, wenn
wir diesem Gedanken Energie hinzufügen. Wenn man diese Intensität zuläßt, kann sie den Menschen zu einer tieferen Ebene der
Ordnung und der Einsicht führen. Anders gesagt, wenn man dem
kritischen Punkt der Intensität Energie hinzufügt, wird ein Bifurkationspunkt geschaffen, der neue Optionen und neue Einsichten
offenlegt.

Diese Art, sich selbst und andere zu sehen und mit ihnen zu arbeiten, wird seit Jahrzehnten durchgeführt. Die Gestalttherapie
von Fritz Perls fordert Patienten auf, ihre Gefühle »zu übertreiben« und »dranzubleiben«. Daraufhin tritt ein Bifurkationspunkt
auf, der eine neue Ordnung der Einsicht offenbart. Einer meiner
Lieblingsfilme ist *Lawrence von Arabien*. In ihm wird dieser
Bifurkationspunkt illustriert. Nach 45 Minuten Spielzeit steht
Lawrence im Film einem Problem gegenüber. Die Araber müssen
sich entweder zurückziehen und der britischen Armee beitreten
oder eine Wüste durchqueren und die türkische Armee von hinten
angreifen. Jeder sagt, daß man diese Wüste unmöglich durchqueren kann. Lawrence leidet enorm (Chaos). Er begibt sich in die
Wüste und *konzentriert* sich die ganze Nacht auf sein Leiden. Als
die Sonne aufgeht, hat sich das Chaos verlagert, und Lawrence
weiß nicht nur, was zu tun ist, er hat auch eine *Vision*, während
der er die zweite implizite Ordnung eines zukünftigen Zeitpunk-
tes betritt und er sich in der türkischen Stadt Akaba befindet.

Ständig wiederholt er: »Ich werde in Akaba sein, es ist hier drin geschrieben« (er zeigt auf seinen Kopf). Als das Chaos sich verlagert, kann er in die zweite implizite Ordnung sehen, die außerhalb der Zeit eines Ereignisses liegt, das bereits in der Zukunft geschehen ist. Wenn man die zweite implizite Ordnung betritt, so ist das, als ob man einen zeitlosen Raum betritt, in dem man Zukunft und Vergangenheit sehen kann. Das ist die Macht des Eintretens in das Chaos und die Anwendung des Bifurkationspunktes.

In der Gestalttherapie führt es häufig zur zweiten impliziten Ordnung, wenn man den Patienten auffordert, eine Erfahrung zu übertreiben und dann in dem Bifurkationspunkt zu bleiben. So habe ich beispielsweise Hunderte von Patienten erlebt, bei denen, wenn man sie aufforderte, zu übertreiben und in ihren Gefühlen zu bleiben, Erinnerungen aus der Vergangenheit auftauchten. Diese Erinnerungen sind ein Bindeglied der Kette von Selbst-Ähnlichkeiten und legen den Inhalt dessen offen, was in der Vergangenheit geschehen ist.

Damit will ich sagen, wenn man das Gefühl des Chaos intensiviert und übertreibt, offenbart die zweite implizite Ordnung den Ursprung und hoffentlich auch die Lösung des Chaos oder, besser gesagt, die Ordnung vor dem Chaos.

Dieser Prozeß wird auch in der Strukturellen Familientherapie eingesetzt: Das Problem wird intensiviert, wenn die Eltern das Chaos eines Teenagers leugnen, der *sich auslebt*. Dieser Ansatz zwingt die Eltern zu einem Bifurkationspunkt in der Hoffnung, sie dazu zu bringen, ihre Einstellung zu verlagern, sich um das Kind herum zu strukturieren und das Chaos zu erkennen.

Die Bewegung der Energie

Energie im umgangssprachlichen Sinne führt normalerweise zu der Vorstellung von Bewegung. In der Psychologie bedeutet »Energie« für gewöhnlich eine Art Energietransfer von einem Menschen zum anderen oder von einem Menschen zu einer Situation. Es wird beispielsweise gemeinhin akzeptiert, daß es, wenn ich mit Ihnen spreche, den Transfer einer unsichtbaren Substanz namens

Energie von mir zu Ihnen oder von Ihnen zu mir gibt. Dieser Energietransfer erfolgt in Form von Worten. Man kann auch sagen, Energie ist das Medium, und Worte und Klänge sind die Botschaft. Tatsächlich sind Worte oder Klänge verfestigte Energie – ebenso wie Sie. Wenn ich zu Ihnen sage: »Ich mag dich«, verfestigt sich die Energie auf einer sehr grundlegenden Ebene und wird von Ihnen in ein Empfinden des Wohlbehagens übersetzt oder vielleicht in Ihrem Geist zu einem Bild oder einem Eindruck von etwas Angenehmen geformt, wie das Gefühl, anerkannt zu werden. Wenn andererseits »Ich mag dich« für Sie etwas Negatives bedeutet, weil Ihre Mutter stets »Ich mag dich« sagte, damit Sie sich auf eine bestimmte Art und Weise verhalten, dann verfestigt sich die Energie, und ein anderer Eindruck (verfestigte Energie) »taucht« in Ihrem Geist auf, nämlich der, benutzt zu werden oder daß Ihr Vertrauen mißbraucht wird. Einfacher gesagt, wenn sich die Energie verfestigt, formt sie einen Eindruck in der Psyche. Durch Interaktionen scheint sich die Energie zu verfestigen und Bedeutung zu entwickeln. Jede Bedeutung erschafft ähnliche Bedeutungen, denn wie schon zuvor erwähnt, sind Universen selbst-ähnlich und stark voneinander angezogen. Auf diese Weise hängen Assoziationen aneinander. Freud sagte zum Beispiel: »Alle Traumata sind in Ketten früherer, ähnlicher Ereignisse miteinander verbunden.« Angenommen jemand hätte Sie 1992 verletzt, dann wird sich dieser Vorfall an alle ähnlichen Ereignisse anhängen und scheinbar eine Kette formen. Offenbar gibt es eine seltsame Anziehungskraft zwischen ähnlichen Assoziationen, die auftreten und wie eine Kette wirken – wie schon Freud sagte.

Sobald diese selbstorganisierte Kette von Energie sich verfestigt, entwickelt sie ein Eigenleben und eine eigene Energie. Nach eigenem Willen steigt sie im Bewußtsein des Menschen an und ebbt wieder ab. Das erscheint dem subjektiven Beobachter des Geistes chaotisch. Wie wir später noch sehen werden ist dieses Chaos in Wirklichkeit in einer »Kette früherer ähnlicher Assoziationen« geordnet.

Chaos und Energie

Die der Energie zugewiesene Definition verleiht ihr Grenzen.* Undefinierte Energie tut, was sie tut, aber wenn wir uns selbst als getrennt von anderen Energien definieren und unserer Energie Bedeutung und Tragweite verleihen, setzen wir Grenzen um uns selbst und um andere. Was ist denn dieses Selbst? *Wie wir später noch sehen werden, handelt es sich um die Akkumulation oder Assoziationskette von Ereignissen in einem selbst-ähnlichen Aufbau des Universums, der im Bewußtsein festgehalten wird.* Es sind parallele Universen, die auftauchen und wieder in die Leere mit ihrer eigenen Ordnung abtauchen und die subjektiv als Chaos erscheinen können. Kurz gesagt: Was Sie Ihre Psyche nennen, ist eine Ansammlung von verfestigter Energie. Diese verfestigte Energie baut sich selbst zu Netzwerken ähnlicher Assoziationen und Erfahrungen auf. Diese Akkumulation von verfestigter Energie formt Identitäten und Strukturen. Diese Identitäten und Strukturen formen Muster. Diese Muster werden dann eingesetzt, um die Welt und ihre Bewegungen zu erklären. Da die verfestigte Energie Strukturen und Muster erschafft, die die äußere Welt erklären sollen, und da all diese Strukturen auf vergangener verfestigter Energie basieren, nun Erinnerung genannt, kann die individuelle menschliche Psyche die gegenwärtige Wirklichkeit nur in Form von vergangener verfestigter Energie sehen.

Das Gefühl von Chaos tritt auf, weil wir um uns selbst und um andere willkürliche Grenzen ziehen und Energiegruppen von Assoziationen als »mein« und »dein« definieren. Das Gefühl von Chaos bringt Gefühle und Erinnerungen daran hervor, die Kontrolle verloren zu haben, verwirrt und ver-rückt zu sein, die aus dem Schrecken des Verschwindens entstanden.

Um das *Tao des Chaos* zu lernen, müssen wir das tun, wovon wir in Kapitel 4 meines Buches *Quantenbewußtsein* gesprochen haben, nämlich **ent-etikettieren**. Wenn wir das Etikett entfernen, so hilft uns das, wie wir in meinem vorigen Buch gesehen haben, unsere subjektive Erfahrung zu ihrem wahren Wesen, nämlich zur

---

* Siehe *Quantenbewußtsein*, Kapitel 4 und 5.

Energie, zu verlagern. An diesem Punkt möchte ich die Leser, die sich in Kapitel 4 von *Quantenbewußtsein* nicht auskennen, bitten, die dort aufgeführten Übungen so lange durchzuführen, bis sie zur zweiten Natur werden.

Wir wollen annehmen, das sei geschehen, und fahren nun im *Tao des Chaos* fort und erfahren, in welchem Bezug es zur Energie steht.

Übung 18

1. Schritt: Lassen Sie eine Erinnerung zu, die eine ungewollte Emotion mit sich bringt, wie beispielsweise Wut, Trauer, Haß usw.
2. Schritt: Achten Sie darauf, an welcher Stelle in Ihrem Körper Sie diese Energie spüren.
3. Schritt: Erkennen Sie, daß die Emotion aus Energie besteht.
4. Schritt: Erfahren Sie, daß die Erinnerung aus Energie besteht.
5. Schritt: Sehen Sie, daß alle auftretenden Stimmen oder inneren Dialoge aus Energie bestehen.
6. Schritt: Lassen Sie alle auftretenden Empfindungen, Stimmen, Gefühle und Erinnerungen zu; erkennen Sie, daß alles aus Energie besteht. Wenn Sie Erfahrungen als Energie subjektiv zulassen, verändern sie sich, und wir können sie ohne Urteil, Bewertung oder Bedeutung durchleben.

Interaktionen mit anderen – verbal

Nun haben wir das Ent-Etikettieren subjektiver Erfahrungen gemeistert, und es wird Zeit, in den interaktiven Bereich einzutreten. Kaum einer von uns bezweifelt, daß beunruhigende und chaotische Gefühle, die auftauchen, wenn ein Intimpartner etwas sagt oder tut oder uns einen bestimmten Blick zuwirft, in uns ein *Chaos* hervorrufen. Für die nächsten Übungen brauchen wir einen Partner.

Übung 19

1. Schritt: Bitten Sie Ihren Partner, Ihnen etwas Beunruhigendes zu sagen (»Ich kann dich nicht ausstehen«, »Ich hasse dich« usw.).
2. Schritt: Sehen Sie Ihren Partner als verfestigt, die Worte als verfestigt, sich selbst als verfestigt und Ihre Reaktionen als verfestigt.
3. Schritt: Tauschen Sie die Rollen, und geben Sie einander ein Feedback.

Übung 20

1. Schritt: Bitten Sie Ihren Partner wie bei der vorigen Übung, etwas Beunruhigendes zu sagen.
2. Schritt: Sehen Sie Ihren Partner als verfestigt, die Worte als verfestigt und Ihre Reaktionen als verfestigt.
3. Schritt: Wiederholen Sie den ersten Schritt, aber sehen Sie Ihren Partner als Energie, die Worte als Energie und Ihre Reaktionen als Energie.
4. Schritt: Achten Sie auf die Verlagerung, und üben Sie sowohl positive (»Ich liebe dich«) als auch negative (»Ich hasse dich«) Suggestionen, bis Sie in der Lage sind, zu entetikettieren und Ihren Partner als Energie, die Worte als Energie, sich selbst als Energie und Ihre Reaktionen als Energie zu sehen.

Übung 21

(berühren: mit Partner)
1. Schritt: Bitten Sie Ihren Partner, Ihren Körper zu berühren.
2. Schritt: Erfahren Sie Ihren Partner als verfestigt, die Berührung als verfestigt und Ihre Reaktionen als verfestigt.

Übung 22

(berühren: mit Partner)

1. Schritt: Bitten Sie Ihren Partner, Ihren Körper zu berühren.
2. Schritt: Erfahren Sie Ihren Partner als Energie, die Berührung als Energie und Ihre Reaktionen als Energie.
3. Schritt: Achten Sie auf den Unterschied, und geben Sie sich Feedback.

Wenn jemand für Sie ein rotes Tuch ist

Kaum einer von uns würde die automatischen Reaktionen leugnen, wenn jemand »für uns ein rotes Tuch ist«. Allzuoft gibt es einen alten Teil des Selbst, der dann reagiert. Diese alte reaktionäre *Identität* verursacht uns Schmerzen und Chaos, obwohl wir wissen, daß sie längst veraltet ist.

Um damit umzugehen, müssen wir ent-etikettieren und Definitionen rückgängig machen.

Periodenverdopplung

Ein Physiker aus Princeton namens Robert May entdeckte einen Weg zum Chaos, der später Ordnung hervorbringt.

> *»Periode nennt man die Zeit, die ein schwingendes System braucht, um in seinen ursprünglichen Zustand zurückzukehren ... Die Wissenschaftler haben erkannt, daß der Periodenverdopplungsweg zum Chaos einen ganzen Zirkus von früher unvorstellbaren Ordnungen enthält.«* (Peat/Briggs, 22)

Psychologisch gesprochen werden Veränderungen und Neuordnungen ganz natürlich möglich, wenn wir einen Bifurkationspunkt schaffen, indem wir einem System Energie zuführen und dann die Schleife in einem Problemzustand verdoppeln.

Übung 23

1. Schritt: Achten Sie auf eine Identität, die auf die Worte oder Taten eines anderen zu reagieren scheint. Lassen Sie uns annehmen, jedesmal wenn jemand sagt »Dem stimme ich nicht zu«, reagieren Sie wütend.

2. Schritt: Achten Sie darauf, an welcher Stelle in Ihrem Körper diese reaktive Identität lebt. Ihnen könnte beispielsweise auffallen, daß sich Ihr Magen oder Ihr Hals verkrampft.

3. Schritt: Achten Sie darauf, wie Sie »zurückfeuern«, wie Sie auf die andere Person, die »Dem stimme ich nicht zu« sagte, reagieren – beispielsweise mit »Ich mag Sie nicht«. Das gibt Ihnen ein klares Verständnis der Schleifenbewegung: Der Betreffende sagt etwas, und Ihre Identität reagiert darauf und »feuert zurück«; dann reagiert der andere und »feuert ebenfalls zurück«. Achten Sie darauf, wie dies eine Energieschleife erschafft.

4. Schritt: Erschaffen Sie absichtlich die auslösende Person, die etwas sagt, was als Energie auf Sie zukommt.

5. Schritt: Sehen Sie die Identität als Energie und deren Reaktionen als Energie.

6. Schritt: Machen Sie sich klar, daß die auslösende Person eine Energie ist, die auf Sie als Energie reagiert.

7. Schritt: Sehen Sie die Schleife als Energie.

8. Schritt: Lassen Sie die Energieschleife zu, und beobachten Sie, wie sie sich eigenständig immer weiterdreht.

9. Schritt: Lassen Sie die Energieschleife ein Bild oder ein Energiemuster formen.

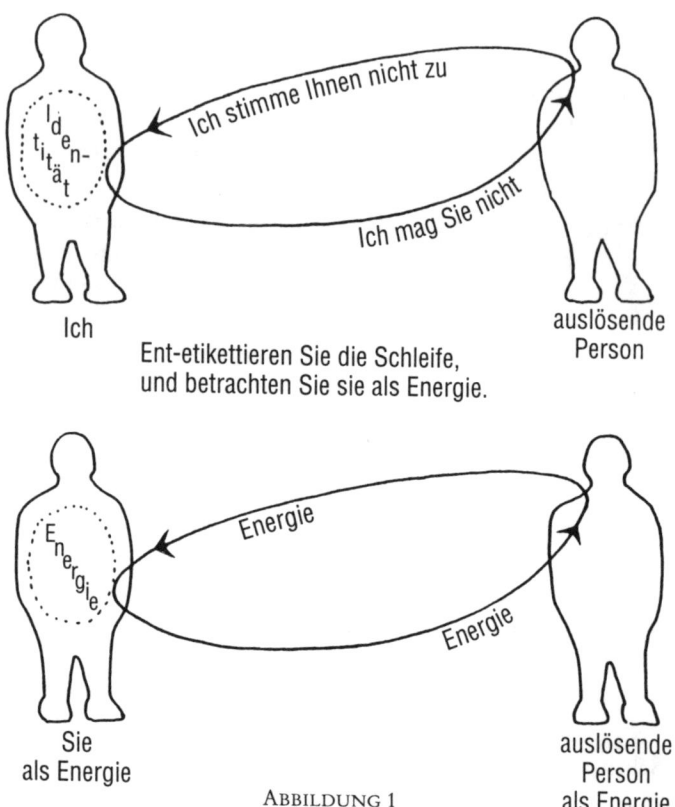

ABBILDUNG 1

Das Chaos hat uns gezeigt, daß unser Widerstand gegen das Gefühl von chaotischer Energie eine Reaktion (Wut) verursacht oder
einen Gedankenprozeß ablaufen läßt. In dem obigen Beispiel
kehrt die emotionale Schleife als Energie zu ihrem Ausgangspunkt
zurück, wenn man sie zuläßt. Wenn wir uns allerdings gegen das
Chaos zur Wehr setzen, bewegt sich die Energie nach oben und
schafft Gedanken und Systeme, um uns zu rechtfertigen und uns
gegenüber dem Chaos zu verteidigen.

Stellen wir uns beispielsweise vor wie eine auslösende Person
sagt: »Ich stimme Ihnen nicht zu.« Da es für Sie nicht in Ordnung
ist, »wütend« zu werden, verursacht die Einfrierung der Energie

in Ihnen ein Gefühl der Rigidität und Distanz oder die Energie steigt in Ihren Kopf und schafft Gedanken, die Ihre Rigidität rechtfertigen und Sie distanzieren.

Sich wiederholende psychische Muster: Iteration

»(Iteration:) Wenn man ein Glied mit sich selbst multipliziert, so erzeugt das Rückkoppelung oder ›Iteration‹ ...«
(Peat/Briggs, 23)

»Robert May, ein Physiker aus Princeton, der zum Biologen wurde, ist eine der Schlüsselfiguren in der Geschichte, in deren Verlauf die Forscher entdeckten, was man heute den ›Periodenverdopplungsweg zum Chaos‹ nennt. (Periode nennt man die Zeit, die ein schwingendes System braucht, um in seinen ursprünglichen Zustand zurückzukehren.)«
(Peat/Briggs, 24)

In der Chaos-Theorie gibt es eine bestimmte Vorstellung der Mathematik, in der die Dinge stets aufs neue wiederholt werden, wie die Idee des *Musters* in der Psychologie. Wenn Sie diesen Iterationsprozeß der Wiederholung eines Musters einsetzen und eine Zahl mit sich selbst immer und immer und immer wieder multiplizieren, wird das entstehende Muster, wie Mandelbrot zeigte, chaotisch sein und dennoch die Ordnung eines *Mandalas* zeigen. Dieses chaotische Muster ist ein Energiemuster, das im allgemeinen für unbequem gehalten und daher als Symptom oder Problemzustand bezeichnet wird.

Wenn Sie die Chaos-Theorie, die Periodenverdopplung, in der Psychologie anwenden und mit *Absicht* einen Bifurkationspunkt erschaffen, wird es eine wunderbare Ordnung geben. Das bedeutet, wenn Sie ein Problem ständig wiederholen (iterieren), erschafft das zusätzliche Spannung oder Energie, die eine Ordnung offenlegt. Wie können Sie das auf die Psychologie anwenden? Wir wollen als Beispiel einen zwanghaften Gedanken nehmen. Lassen Sie uns annehmen, der zwanghafte Gedanke würde lauten: »Ich habe immer Pech, ich habe immer Pech, ich habe immer

Pech.« Das sei ein bestimmtes Energiemuster, das sich eigenständig stets aufs neue wiederholt (iteriert). Es könnte in einer energetischen Interaktion mit einem anderen Menschen auftreten. Barbara, eine Frau, mit der ich vor kurzem gearbeitet habe, sagte beispielsweise, wann immer sie ihren Lebenspartner sah, gab sie ihre Stärke auf und fühlte sich sehr schwach. Ich bat sie, das energetische Muster, das mit ihrem Ehemann auftrat, zu wiederholen oder zu iterieren und der kreisförmigen Schleife absichtlich Energie hinzuzufügen.

In diesem Fall sorgte ich für einen Energiefluß: Ich ließ sie ihren Ehemann im Raum visualisieren, ein Bild von ihrem Ehemann im Raum erschaffen. Dann ließ ich die Energie von ihm schleifenförmig zu ihrem Gefühl der Machtlosigkeit fließen. Ich bat sie, diese Schleife immer und immer wieder schleifenförmig zu erschaffen. Als ich sie das tun ließ, fügte sie dieser Schleife die Energie der Bewußtheit hinzu. Dieser Prozeß schuf eine neue Ordnung, während sie sich von dem Energiemuster, das sie beobachtete, immer mehr distanzierte. Ein Energiemuster, das einen Energiekreis bzw. eine eigenständige, kreisförmige Schleife zu haben schien (siehe Abbildung 2).

Ich bat sie, ob sie diesem kreisförmigen Muster erlauben würde, zu tun, was immer es wollte, jedes Bild zu schaffen, das es wollte.

Und das tat es: Es schuf das Muster von Mandelbrots Mandala.

»Diese Zeichnung veranschaulicht, wieviel Struktur im Chaos verborgen liegt.« (Peat/Briggs, 25)

Dieses Muster besitzt einen eigenen Zyklus und wird daher »zyklischer Attraktor« genannt, da es von einem Menschen zum anderen schwingt. Das ist eine interaktionale Schleife. Als die Patientin zu mir kam, befand sie sich in einer intrapersonalen (Selbst-zu-Selbst-)Schleife. Sie war der Meinung, sie würde mit ihrem Partner interagieren, obwohl sie in Wirklichkeit doch nur mit sich selbst in Beziehung stand. Als ich sie von ihrer intrapersonalen (Selbst-zu-Selbst-)Schleife zu einer interpersonalen (Selbst-zum-anderen-)Schleife führte, schuf ich eine Energiebahn vom Partner zu ihr und befreite das Muster.

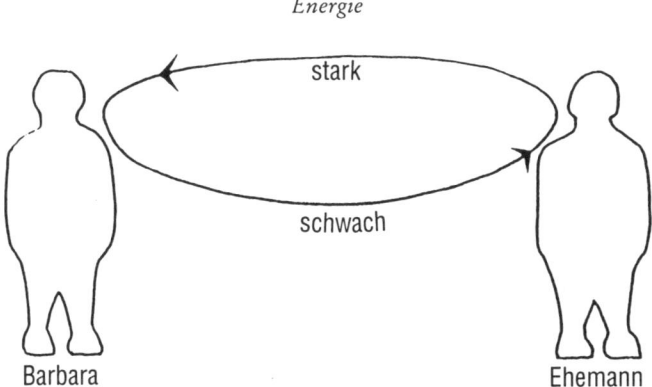

Ent-etikettieren Sie die Schleife,
und erschaffen Sie sie immer wieder
als Energie.

ABBILDUNG 2

Das Tao der Energie

Der Weg der Energie kennt zahllose Beschreibungsmöglichkeiten
dessen, was geschieht, wenn man sich gegen das Chaos wehrt.
An dieser Stelle wollen wir uns kurz mehrere Heiltraditionen ansehen. Ich schlage vor, daß sich der Leser auch in anderen Büchern
zum Thema informiert, die in der Literaturliste aufgeführt sind.

Bioenergetik

Die von Alexander Lowen ins Leben gerufene Bioenergetik konzentriert sich auf die Bewegung der Energie im physischen Körper. Lowen nennt diese Energiebewegung Bioenergie. Wie schon sein Mentor Wilhelm Reich hält auch Lowen den Körper für ein System mit einer natürlichen Energiebewegung. Laut Lowen oder Reich wird die Energiebewegung während eines Traumas blockiert, und der natürliche Fluß der Bioenergie wird unterbrochen. Wenn dieser natürliche Fluß der Bioenergie gewohnheitsmäßig unterbrochen wird, hat das einen chronischen Körperpanzer zur Folge, der die E-motionen (die nach außen gerichtete Bewegung) der Energie verhindert. Die chronische Behinderung des natürlichen Energieflusses kann Krankheiten verursachen oder, psychologisch ausgedrückt, neurotische psycho-emotionale Verhaltensmuster. Durch die brillante Arbeit von Reich und Lowen wird der chronische Körperpanzer entfernt, das Trauma freigesetzt und der natürliche Fluß der Bioenergie wiederhergestellt. Diese Erfahrung des natürlichen Flusses der Bioenergie durch den ganzen Körper nennt Lowen »*Fließen*« *(streaming)*.

Alexander Lowen machte große Fortschritte in der Bioenergie, indem er Arme und Beine ebenso wie den Rest des Körpers in das Freisetzen chronischer »Hemmungen« des Bioenergieflusses miteinschloß. Außerdem schuf Lowen spezifische Körperhaltungen, die er *Streß-Positionen* nannte. Diese Übungen schaffen einen Bifurkationspunkt, indem sie die Energie in Bereiche zwingen, in denen der bioenergetische Fluß unterbrochen wurde. Das wird auch in den orientalischen Systemen von Qi Gong und Akupunktur so praktiziert.

Akupunktur

Die Akupunktur ist ein uraltes Heilsystem, daß davon ausgeht, daß der physische Körper Energiemeridiane enthält. Diese Meridiane kann man sich als Drähte vorstellen, die vertikal durch den Körper laufen. In der Akupunktur führt man Krankheiten auf

eine Unfähigkeit, ein Hemmnis oder eine Blockade des Energieflusses zurück. Jeder Meridian verbindet mehrere Organe des
Körpers, und wenn man den Akupunkturpunkt (den Bifurkationspunkt) stimuliert, intensiviert sich die Energie, bewegt sich
daraufhin durch einen Meridiandraht und fügt so einem Bereich
Energie zu, in dem Energie benötigt wird.

In seiner berühmten Relativitätstheorie zeigte Einstein, daß
$E = mc^2$ – wir nennen es Masse – verdichtete Energie ist. Wenn in
diesem System eine physikalische Masse eine Krankheit verursacht, wird dieser Masse Energie hinzugefügt, die die physikalische Masse durch die Bifurkationspunkte (Akupunkturpunkte)
verstreut. Ich neige beispielsweise dazu, einen steifen Hals zu bekommen und »schmerzhafte Knoten« entlang meines Trapezmus-
kels. Die wirkungsvollste Behandlung für mich ist die Akupunktur. Bei diesem System werden die Muskeln vom Lebermeridian
(»Energiebahn«) regiert. Wenn man diesem Bifurkationspunkt
Energie hinzufügt, bewegt sich die Energie durch diesen Meridian
und fügt dem Schmerzknoten Energie zu. Erstaunlicherweise löst
sich der Knoten daraufhin auf.

Ebenso wie bei Lowens Bioenergetik ist der Körperpanzer eine
Masse. Wenn dieser Masse durch bioenergetische Techniken Energie hinzugefügt wird, löst sich die Blockade nicht nur auf, sondern
häufig wird auch das Trauma, das die Blockade erschuf, offengelegt.

Ch'i Kung oder Qi Gong

In China stehen viele Formen der Energiebewegung in Zusammenhang mit den Kriegskünsten. Die berühmteste, Tai Ch'i, arbeitet mit körperlicher Bewegung, Atem und Energie, um Gesundheit, Stärke und Wohlbefinden zu fördern. Weniger bekannt,
aber weitaus unmittelbarer, ist Ch'i Kung. Übersetzt bedeutet
Ch'i Kung die Kultivierung der Energie. *ch'i* ist das chinesische
Wort für Energie. Ch'i Kung setzt wie Lowens Bioenergie bestimmte Haltungen des physikalischen Körpers ein, um den Fluß
der Energie zu fördern und somit die Krankheit zu verlagern. Ich

habe schon an früherer Stelle erwähnt, daß im Sanskrit Depression als Mangel an Energie definiert wird. Ch'i Kung setzt wie Lowens Bioenergetik Haltung und Atem ein und konzentriert sich auf die Bifurkationspunkte (Akupunkturpunkte) des Körpers, um den Fluß der Energie zu fördern.

All diesen Systemen ist gemeinsam, daß eine Blockade der Energie Krankheiten verursacht.

Die Chakras

Im Yoga werden die Bifurkationspunkte Chakras genannt. Chakra heißt übersetzt »Rad«, und die Chakras sind die wichtigsten Energiepunkte. Im Yoga nennt man die Energie »Kundalini«. Es heißt, daß Kundalini am Bifurkationspunkt des Wurzelchakras am Steißbein liegt. Wenn sich die Energie zu bewegen beginnt, d. h. erwacht, durchdringt sie die sieben wichtigsten Bifurkationspunkte, die mit einem ausgeklügelten System von 72 000 kleineren Bifurkationspunkten, den sogenannten »Nadis«, verbunden sind. In jedem Chakra sind intensive Energiepunkte oder -pakete enthalten sowie Schichten um Schichten »vergangener Eindrücke«, die in Wirklichkeit verfestigte Energie sind. Jedes Chakra verfügt über Quanten an Energie (Energiepakete) oder Energiemuster, die sich auf eine andere Bewußtseinsebene beziehen. Beispielsweise »enthält« das zweite Chakra direkt unterhalb des Nabels Quanten sexueller Energie, das dritte Chakra am Solarplexus Quanten der Emotionen und das vierte Chakra am Herzen Quanten der Liebe.

Hunderte von Büchern wurden über die Möglichkeiten und Wege geschrieben, diese Bifurkationspunkte zu öffnen und wie man die verdichtete Energie jedes einzelnen Chakras freisetzt. Man könnte sagen, wenn jedes Chakra geöffnet ist und jedes verdichtete Energiepaket vergangener Eindrücke freigesetzt wird, fühlt sich der einzelne freier und gewinnt mehr Energie. Das ist so, weil die Energie nicht länger zusammengezogen wird und man sich zu anderen Bewußtseinsebenen bewegen kann. Nadis sind kleinere Energiepakete, die bei diesem System ebenfalls Eindrücke enthalten, die freizusetzen sind.

Auf diese Weise treten Bifurkationspunkte in vielen Heilsystemen und spirituellen Systemen auf. Wie beim Chaos ist die Beschreibung der Bifurkationspunkte eine Beschreibung der Energiebewegung und die Bewegung des Chaos der Energie zu der zugrundeliegenden Ordnung des Chaos. Dies sind jedoch Beschreibungen und daher *Landkarten*, nicht das *Land* selbst.

Jedes System hat Energiebahnen, die ein Bild der dynamischen Energiebewegung formen. In der Chaos-Theorie wird dieses Bild *Phasenportrait* genannt, und es zeigt, wie sich die Energie in einem Muster bewegt (einem selbst-ähnlichen Muster), das immer dasselbe Ergebnis anzieht. Wenn man dem System Energie hinzufügt, verursacht das eine Verlagerung bzw. eine chaotische Attraktion. Dieses Hinzufügen von Energie zu einem selbst-ähnlichen dynamischen System bringt den zyklischen Attraktor dazu, sich von einem anderen dynamischen System chaotisch angezogen zu fühlen. Hier finden Veränderung und Heilung statt; der energetische Sprung von einem selbst-ähnlichen System, das durch das Hinzufügen von Energie unterbrochen wird. Man muß jedoch durch das Chaos gehen, wenn das System sich in einem anderen Muster neu organisiert und daher in ein anderes Phasenportrait.

Grundlagen des Tao des Chaos

Der Widerstand gegen das Chaos ist bei den meisten von uns der Eckstein des Lebens. Wir alle wehren uns gegen das Chaos. Ein auftauchendes chaotisches Gefühl kann Widerstand in uns auslösen. Dann schlemmen wir Schokolade, um uns nicht erdrückt zu fühlen. Dann beginnen wir plötzlich eine Affäre, die wir gar nicht wollen, weil wir uns nicht außer Kontrolle fühlen wollen. Dann erschaffen wir Phantasien. Mit anderen Worten, wenn es in uns ein *Chaos* auslöst, nicht genug Geld zu haben, entwickeln wir eine Phantasie darüber, wie wir Geld haben. Wenn wir *Chaos* in unserer Ehe verspüren, phantasieren wir darüber, mit jemand anderem zusammenzusein. Wenn eine Krankheit in uns *Chaos* auslöst, phantasieren wir, wir wären gesund. In welcher Form auch immer wir uns außer Kontrolle, erdrückt, leer, verrückt usw. fühlen – wir versuchen, das Chaos zu ordnen.

Phantasien ermöglichen es uns, zu einem Arzt zu gehen, härter zu arbeiten oder vielleicht die Beziehung zu beenden und eine andere zu suchen. All diese Versuche wollen das Chaos ordnen. Es herrscht ein außergewöhnlicher Widerstand gegen die Erfahrung des reinen Chaos.

Auf welchen grundlegenden Voraussetzungen bauen wir denn nun auf?

1. Voraussetzung: *Zulassen und anerkennen*
Wenn wir uns gestatten, das Chaos als Energie zu sehen, lösen wir die Struktur auf, und das »Chaos« ist einfach da.

2. Voraussetzung: *Alles besteht aus Energie*
Anstatt das Chaos zu etikettieren oder das Verrückte in unserem Leben als etwas zu betrachten, das wir loswerden müssen, das wir neu zuordnen müssen, das neu etikettiert oder verändert werden muß, sollten wir sehen und erfahren, daß es aus Energie besteht.

3. Voraussetzung: *Änderung ist Widerstand*
Man muß das Chaos als Energie zulassen, ohne die Absicht oder das Ziel, das Chaos loszuwerden. Wenn Sie versuchen, das Chaos loszuwerden, dann haben Sie das Urteil gefällt, daß das Chaos etwas ist, dessen Sie sich entledigen wollen ... und das ist *Widerstand*.

Jedesmal, wenn Sie versuchen, etwas loszuwerden, wehren Sie sich gegen dessen natürliche Ordnung und dessen natürliche Wesensart. Anstatt zu versuchen, die Krankheit loszuwerden, sollten Sie ihr an einem strategischen Bifurkationspunkt Energie zufügen. Das nannte der Lehrer des »vierten Weges«, G. I. Gurdjieff, den *ersten bewußten Schock*: Das Hinzufügen der Energie des Bewußtseins zu einem gewohnheitsmäßigen Muster ordnet das Muster neu.

Zusammenfassung

1. Erkennen Sie das Chaos an, und lassen Sie es zu.
2. Sehen Sie das Chaos als Energie.
3. Wehren Sie sich nicht gegen das Chaos, indem Sie versuchen, es loszuwerden ... beobachten Sie es, wie es ist.

Übung 24

1. Schritt: Stellen Sie sich vor, wie eine auslösende Person sagt: »Ich stimme Ihnen nicht zu.«
2. Schritt: Wehren Sie sich gegen diese Worte, und schaffen Sie Distanz.
3. Schritt: Lassen Sie zu, daß sich die Energie zu einem gedanklichen Vorgang aufwärts bewegt, und *rechtfertigen* Sie Ihre Reaktionen.

Achten Sie darauf, wie das gewohnheitsmäßige Muster, sich gegen das Chaos zu wehren, ein System formt, das rechtfertigen soll, daß Sie die auslösende Person »ausschließen«.

Übung 25

1. Schritt: Stellen Sie sich vor, wie eine auslösende Person sagt: »Ich stimme Ihnen nicht zu.«
2. Schritt: Wehren Sie sich gegen diese Worte, und schaffen Sie Distanz.
3. Schritt: Lassen Sie es zu, daß sich die Energie nach oben bewegt, um Ihre Reaktionen zu *rechtfertigen*.

Und jetzt

4. Schritt: Sehen Sie diese Person als Energie.
5. Schritt: Sehen Sie die Worte als Energie.

6. Schritt: Sehen Sie die Energie des »Ausschließens« als Energie.
7. Schritt: Sehen Sie die Gedanken der Rechtfertigung Ihrer Reaktionen als Energie.
8. Schritt: Lassen Sie die innere Energieschleife tun, was immer sie tun will, und entfernen Sie erneut alle Etiketten. Achten Sie darauf, wie wir die Energie der Interaktion ohne Urteil, Bewertung oder Bedeutung erfahren, wenn wir nicht definieren.

Übung 26

(mit geschlossenen Augen)

1. Schritt: Spüren Sie die Energie, die Ihren Körper umgibt.
2. Schritt: Erfahren Sie Ihre Hautgrenze als verdichtete Energie.
3. Schritt: Erfahren Sie das »Ich« in Ihrem Körper als Energie.
4. Schritt: Erfahren Sie alle Dinge im Zimmer als verdichtete Energie.

Schlußfolgerung

Letzten Endes werden Grenzen durch den Prozeß des Definierens von Energie oder Raum erschaffen. Indem wir Energie als gut, schlecht, Wut oder Liebe etikettieren, definieren wir das Undefinierbare, und daher kommt Begehren oder Widerstand auf. Warum das so ist? Weil jedem Widerstand der Widerstand gegen das Nichts bzw. das Verschwinden zugrunde liegt. Wenn wir ent-etikettieren und die Dinge als Energie sehen, strukturieren sich die Dinge und wir uns selbst neu. Das wird von der Identität (verdichtete Energie) als Tod wahrgenommen, obwohl es in Wirklichkeit ein ganz natürlicher Prozeß ist. Chaos wird für einen Raum gehalten, der vor dem Bewußtsein existierte. Bewußtsein ist das, was Unterschiede und Grenzen erkennt. Mit dem Widerstand gegen das Chaos existieren wir als Individuen, und zwar nur aufgrund des Widerstands gegen das Chaos. Darum etikettieren wir (die wir definierte und etikettierte Energie sind) andere (die ebenfalls definierte und etikettierte Energie sind). Ohne das Etikettieren und Definieren würde es uns nicht geben. Die Identität nimmt das als Chaos wahr. Die pulsierende Leere strukturiert sich in verschiedene Energiemuster und strukturiert sich dann neu. Einfacher gesagt, *wer sich wehrt, existiert – ent-etikettieren heißt, neu zu strukturieren.* Letztendlich ist Existenz jedoch Nicht-Existenz, und Nicht-Existenz ist Existenz, da beide aus derselben Substanz bestehen. Dieses Erscheinen und Verschwinden zuzulassen ist das *Tao des Chaos.*

Wir wollen das mit einer Übung verdeutlichen.

Übung 27

1. Schritt: Achten Sie auf eine Person, die auf Sie wie ein rotes Tuch wirkt.
2. Schritt: Achten Sie auf den Beobachter, der diese Person ansieht und erklärt, warum diese Person »wie ein rotes Tuch wirkt«.
3. Schritt: Erfahren Sie die Person, die auf Sie wie ein rotes Tuch wirkt, sowie den Beobachter, der erklärt, warum diese Person »wie ein rotes Tuch wirkt«, und sehen Sie, daß beide aus derselben Energie bestehen.
4. Schritt: Achten Sie darauf, was geschieht.

Wir wollen diesen Abschnitt mit der Erfahrung abschließen, daß alle »äußere« Energie und »innere« Energie aus derselben Energie besteht. Dieses Verständnis von der Einheit der Energie radiert Grenzen aus und eint das Bewußtsein. Das ist das *Tao des Chaos.*

KAPITEL 7

Zeit

»Alle Dinge müssen vergehen …
Alle Dinge müssen vorüber gehen …«
George Harrison

Zeit wird normalerweise als gegeben angesehen, als etwas Automatisches. Der Vergangenheit folgt die Gegenwart, der wiederum die Zukunft folgt. Mit jedem kommenden Ereignis treten wir jedoch irgendwie in eine der großen Illusionen der Zeit. Die Zeit verfügt über eine große Illusion: Wenn eine Erfahrung – eine Emotion, ein Gedanke oder ein Bewußtseinszustand – auftritt, haben wir das Gefühl, sie würde *ewig währen*. Wenn Sie beispielsweise »verliebt« sind, haben Sie das Gefühl, es würde *ewig währen*; wenn Sie deprimiert sind, haben Sie das Gefühl, es würde *ewig andauern*; wenn Sie Angst haben oder wütend sind, haben Sie das Gefühl, es würde *ewig andauern*. Objektiv »wissen« wir, daß alles vorübergehen wird, aber während wir uns mit einer Erfahrung *identifizieren*, gehen wir davon aus, daß sie niemals enden wird. Das ist die große Illusion der Zeit, die in jeder Erfahrung enthalten ist. Aufgrund dieser Illusion wehren wir uns gegen Erfahrungen. Wenn Sie beispielsweise wütend oder traurig sind, wehren Sie sich gegen diese Erfahrung, weil sie automatisch das Gefühl vermittelt, daß sie uns niemals wieder verlassen wird. Andererseits wehren wir uns bei der Liebe dagegen, das Gefühl zu verlieren, versuchen, uns daran zu klammern, es zurückzubekommen oder arbeiten daran, es zurückzubringen – auch eine Möglichkeit, sich gegen die zeitgebundene Natur der Liebe zu *wehren*. Wir gehen stets davon aus und stellen doch niemals in Frage, daß Bewußtseinszustände zeitgebunden sind.

CHAOSKONTEMPLATION

Betrachten Sie die Tatsache, daß alles, was man wahrnehmen und sich vorstellen kann, verschwinden wird.

CHAOSKONTEMPLATION

Betrachten Sie die Vergänglichkeit aller Dinge in Ihrem Universum.

CHAOSKONTEMPLATION

Betrachten Sie die Tatsache, daß auch derjenige, der wahrnimmt, vergänglich ist.

CHAOSKONTEMPLATION

Benutzen Sie weder Ihr Gedächtnis noch Ihren Verstand oder Ihre Assoziationen ... Wer waren Sie, bevor Sie geboren wurden?

Das sind ganz offensichtlich keine Meditationen für Kleinmütige. Durch die Meditation können Ebbe und Flut der Welt gesehen werden, und Sie können das erahnen. In der letzten Kontemplation gibt es keine Vergangenheit, keine Gegenwart und keine Zukunft – Sie sind einfach da bzw. Sie sind einfach *Bewußtsein ohne Objekt.*

Mit der Zeit arbeiten

Wenn wir einen Gedanken beobachten, hat er zeitlich eine Dauer von Sekunden. Das nenne ich *Phasenzeit* oder die *Zeit*, die eine bestimmte Erfahrung im Raum Ihres Bewußtseins einnimmt. Der

Gedanke »Ich fühle mich schlecht« hat eine bestimmte Phasenzeit. Wenn Sie diese Phasenzeit beschleunigen oder verlangsamen und sie eine Sekunde oder 50 Sekunden dauern lassen, verändern Sie die Zeitkomponente. Auf diese Weise fügen Sie einem existierenden System einen Bifurkationspunkt (Intensität) hinzu. Wenn Sie die Zeitkomponente verändern, kann die Erfahrung nicht mehr existieren. Warum? Weil alle Erfahrungen eine ganz bestimmte Zeitmenge, Massemenge, Raummenge und Energiemenge besitzen. Sobald ein einziger Aspekt dieser Kombination verändert wird, verändern sich die Bestandteile der Erfahrung. Daher kann die Erfahrung nicht dieselbe bleiben oder weiterhin so existieren, wie sie war.

Lassen Sie es uns so formulieren: Es gibt eine Rigidität der Zeit, des Raumes, des Gedankens und der Energie des Gedankens »Ich fühle mich schlecht«. Damit der Gedanke existieren kann, ist diese Rigidität unbedingt erforderlich. Fehlt sie, gibt es den Gedanken nicht mehr. Denken Sie an einen Schokoladenkuchen, der eine bestimmte Menge Mehl, Wasser, Salz, Zucker usw. braucht, um zu einem Schokoladenkuchen zu werden. Ebenso müssen Erfahrungen wie Wut eine bestimmte Menge an Energie, Raum, Masse und Zeit besitzen. Wenn sich die Wut beispielsweise sehr langsam bewegt, spüren Sie sie viel intensiver. Wut, die sich sehr schnell bewegt, stürmt eventuell in drei Sekunden durch Ihr System und wird kaum als Wut identifiziert.

Übung 28

(mit geschlossenen Augen)
1. Schritt: Achten Sie auf die Leere vor sich.
2. Schritt: Lassen Sie es zu, daß sich die Leere verdichtet und zu einem Gedanken wird.
3. Schritt: Verlangsamen Sie den Gedanken.
4. Schritt: Achten Sie darauf, was geschieht.

Übung 29

1. Schritt: Achten Sie auf die Leere vor sich.
2. Schritt: Lassen Sie es zu, daß sich die Leere verdichtet und zu einem Gedanken wird.
3. Schritt: Beschleunigen Sie den Gedanken.
4. Schritt: Achten Sie darauf, was geschieht.

Übung 30

1. Schritt: Achten Sie auf die Leere vor sich.
2. Schritt: Lassen Sie es zu, daß sie sich zu einem Gefühl strukturiert.
3. Schritt: Verlängern Sie die Dauer der Emotion.
4. Schritt: Achten Sie darauf, was geschieht.

Übung 31

1. Schritt: Achten Sie auf die Leere vor sich.
2. Schritt: Lassen Sie es zu, daß sie sich zu einem Gefühl strukturiert.
3. Schritt: Verkürzen Sie die Dauer der Emotion.
4. Schritt: Achten Sie darauf, was geschieht.

»Zeit: Die Aufeinanderfolge bzw. jene Beziehung, die jedes Ereignis zu einem anderen in Vergangenheit, Gegenwart und Zukunft hat; die für einen Vorgang notwendige Dauer.«
(Webster, 26)

In Asien wird die Zeit die »Große Illusion« genannt. Diese Große Illusion der Zeit läßt uns glauben, wir würden auf eine kontinuierliche Weise existieren. Wenn Sie beispielsweise einen Tisch ansehen, sagt Ihnen Ihr Verstand, daß der Tisch einige Sekunden vorher schon da war und daß er in einigen Sekunden immer noch da sein wird. Die Zeit vermittelt uns die Illusion kontinuierlicher

Phänomene. Warum ist das eine Illusion? Um das besser zu verstehen, werfen wir einen Blick auf die Zeit, wie sie in meinem Buch *Quantenbewußtsein* und in *Auf der Spur des wilden Pendels* von Itzhak Bentov dargestellt wird. Bentov sagt, wenn sich ein Pendel bewegt, hält es auf dem Höhepunkt seiner Bewegung inne und ebenso an dem Tiefpunkt seiner Bewegung. In dieser bewegungslosen Pause gibt es keine Zeit, und es gibt auch nichts, womit man die Zeit messen könnte. Laut Bentov tritt dieser Fall 14mal pro Sekunde ein. Mit dem Verschwinden der Zeit verschwindet auch die Illusion der Existenz eines Objektes. Das kommt daher, weil nichts existieren kann – auch Sie nicht –, wenn es keine Zeit gibt, in der es existieren kann.

Im 6. Kapitel von *Quantenbewußtsein* werden wir zu einer Kontemplation aufgefordert: *Wie wäre ein Universum, in dem es kein Konzept der Zeit gäbe?* In meinen Workshops bitte ich die Teilnehmer, über diese Frage nachzudenken. Für gewöhnlich setzt unser Verstand dann aus, weil weder wir noch sonst etwas ohne Zeit oder Dauer existieren könnten. Mit anderen Worten: Der Verstand und seine Erfahrungen können ohne Zeit nicht existieren. Daher sind Erfahrungen zeitgebunden: keine Zeit – keine Erfahrung.

Die Große Illusion der Zeit besagt, wir seien für immer hier.

CHAOSKONTEMPLATION

Betrachten Sie einen Augenblick die Tatsache, daß Sie mehrmals pro Sekunde auftauchen und verschwinden, auftauchen und verschwinden.

CHAOSKONTEMPLATION

Betrachten Sie die Tatsache, daß das Universum mehrmals pro Sekunde auftaucht und verschwindet, auftaucht und verschwindet.

Wenn wir diese Einsicht einmal voraussetzen, wohin gehen wir während dieser Lücken oder Intervalle der Zeit? In Asien wurde Yoga, wörtlich Vereinigung, entwickelt, bei dem es Wege gibt, diese *Lücke* zu erfahren. Raja-Yoga, übersetzt mit Königs-Yoga, kennt einen achtfachen Ansatz, der zu dieser Erfahrung führt. Der letzte Schritt, im Sanskrit heißt er *samadhi*, bedeutet buchstäblich *Nicht-Ich*. In dieser Lücke, die 14mal pro Sekunde auftritt, gibt es ein Nicht-Ich in der Lücke oder einen Zustand – besser gesagt: einen zustandslosen Zustand –, der uns die Gelegenheit bietet, durch den *natürlichen Prozeß des Verschwindens* die zugrunde liegende Einheit mit allem anderen zu erfahren. Die Anstrengung im Yoga oder anderen Disziplinen liegt darin, diese Nicht-Ich-Einheit zu erkennen, zu erfahren und zu begreifen. Dennoch ist eigentlich keine Anstrengung nötig, denn *dieser Vorgang geschieht ganz natürlich, ob wir uns dessen bewußt sind oder nicht.* Mit anderen Worten, ob es uns gefällt oder nicht, wir fallen ständig in diese Lücke des zustandslosen Zustands hinein und wieder heraus; es geht nur darum, bereit zu sein, dieses Pulsieren zu erkennen, zu erfahren und es sich bewußtzumachen.

Daher müssen wir es uns nur bewußtmachen und es bemerken. Stellen Sie sich beispielsweise einen Filmausschnitt mit einzelnen Aufnahmen vor. Wenn wir die einzelnen Aufnahmen langsam bewegen, gibt es ein Bild und eine Lücke, ein Bild und eine Lücke, ein Bild und wieder eine Lücke. Genau das läuft bei diesem natürlichen Prozeß im physikalischen Universum ab.

Übung 32

1. Schritt: Sehen Sie sich mit offenen Augen einen Gegenstand im Zimmer an.
2. Schritt: Blinzeln Sie schnell mit den Augen, und stellen Sie sich vor, daß in dem Augenblick, in dem Ihre Augen geschlossen sind, der Gegenstand nicht wirklich existiert.

Das ist der ganze Vorgang. Das Nervensystem unseres *verkörperten Geistes* läßt diesen Vorgang wie eine einzige, fließende, lückenlose Welt erscheinen. In Wirklichkeit existiert jedoch diese Lücke.

Die Zeit gibt Dingen den Anschein, als ob sie immer gegenwärtig wären. Doch wenn wir über die Zeit … keine Zeit … Zeit meditieren, oder besser über Ihr Auftauchen und über Ihr Verschwinden, können sich die Erfahrungen subjektiv immens verlagern. Wenn wir zum Beispiel wissen, daß die Dinge eigenständig auftauchen und verschwinden, können wir mit dem Versuch aufhören, uns an etwas, das einen eigenen Zyklus besitzt, zu »klammern« und es durch den Gebrauch der Zeit dauerhaft zu machen.

Übung 33

1. Schritt: Nehmen Sie sich einen Augenblick, und betrachten Sie Ihr Auftauchen und Verschwinden, das ganz natürlich von selbst geschieht.
2. Schritt: Als nächstes versuchen Sie, ob Sie das natürliche Pulsieren des Universums in seinem ständigen Zustand des Kommens und des zustandslosen Seins erfahren können.

In diesem Pulsieren – oder soll ich sagen dem Erkennen des natürlichen Pulsierens, das *ist* – gibt es eine Freiheit von Illusion und Fixierung, die immer dann auftreten, wenn wir versuchen, uns und den Rest der Welt an Ort und Stelle festzunageln.

Übung 34

(Wir wollen uns zuerst nochmals die Übungen 34 bis 36 aus meinem Buch *Quantenbewußtsein* vornehmen, Seite 175–179.)
1. Schritt: Sehen Sie die Welt von dort hinten mit offenen Augen und ohne zu Blinzeln.
2. Schritt: Während die Dinge ihre Grenzen verlieren, achten Sie darauf, wie sie Ihnen allmählich das Gefühl von Bewegung und Atem vermitteln.

Achten Sie darauf, wie die Dinge ihre Grenzen verlieren und ineinander verlaufen.

Wohin gehen wir?

In *Quantenbewußtsein* haben wir uns die implizite und explizite Ordnung von David Bohm angesehen. Einfacher gesagt, das Explizite ist das Auftauchen von Dingen und des »Ich« in der Zeit. Das Implizite ist die Lücke oder das Intervall der zugrunde liegenden Einheit aller Dinge.

> *»Eine Erklärung dafür könnte sein, daß sich Quantenformen aus einer tieferen implikaten Ordnung entfalten.«*   (Peat, 27)

Wohin gehen wir während dieser Lücke? – *Wir gehen zurück in alles und sind daher alles.*

> *»Könnten Geist und Körper des Menschen direkte Verbindung mit diesem Meer aus aktiver Information aufnehmen, so hätten sie Zugang zu Formen und Strukturen, die die Grenzen zwischen innen und außen, Geist und Materie überschreiten – mit anderen Worten, zu Synchronizitäten. Die chinesischen Weisen erklärten die Synchronizitäten des I Ging auf ihre Weise. Unsere manifeste Welt, so sagten sie, sei das Spiegelbild einer viel tieferen Realität, die dem Reich der Zeit entzogen sei.«*   (Peat, 28)

Warum sind wir uns dieser Einheit nicht bewußt? Weil auch Bewußtsein ein Objekt ist und daher in der Lücke verschwindet und wieder auftaucht. Daher existiert auch das Bewußtsein nur in der Zeit. Viele Menschen sind der Ansicht: »Ich bin Bewußtsein.« In meinen Workshops frage ich sie: »Nennen Sie mir einen Unterschied zwischen sich und Ihrem Bewußtsein.« Sie antworten: »Ich bin mir meines Bewußtseins bewußt.« Wie schon in meinem Buch *Quantenbewußtsein* weise ich dann darauf hin, daß alles, dessen Sie sich bewußt sein können, nicht Sie sein kann, denn es ist ein Objekt. Da Sie sich des Bewußtseins bewußt sein können, ist auch das Bewußtsein ein Objekt. In der natürlichen Lücke tauchen Bewußtsein und sein Objekt als Einheit auf und verschwinden auch wieder als Einheit, und daher können Sie sich der Lücke nicht bewußt sein. Außerdem können Sie dieses natürliche Intervall nicht »kennen«, denn der Wissende und sein Wissen verschwinden ebenfalls in der Lücke. In dieser natürlichen Lücke und in diesem natürlichen Pulsieren liegt die Ordnung, die als Chaos erscheint.

Die Lücke und das Chaos

Wir tauchen ebenso wie unser physikalisches Universum mehrmals pro Sekunde auf und verschwinden wieder. Woher kommt dann das Chaos? Wie schon zuvor erwähnt, definiert sich Chaos folgendermaßen:

> *»Die Unendlichkeit des Raumes oder der formlosen Materie, die angeblich der Existenz des geordneten Universums vorausging.«*
> (The American College Dictionary, 29)

Das bedeutet, mit dem Erscheinen eines »Ich« und eines physikalischen Universums gibt es ein sofortiges Wissen, daß man wieder verschwinden wird. Aus der Sicht der aufgetauchten Identität bedeutet dieses Verschwinden Tod, Nicht-Existenz oder der Auslöschung. Das Wissen darum führt zu *Angst* oder *Schrecken* vor dem Verschwinden, denn Sie, der Sie gerade eben erst auftauchten, haben Angst, daß Sie verschwinden und nie wieder auftauchen werden. Der Körper erlebt das als Einfrieren der Muskulatur. Angst ist der Weg, wie wir versuchen, uns selbst einzufrieren und diesen Prozeß aufzuhalten.

Übung 35

1. Schritt: Rufen Sie die Erinnerung an eine Zeit hervor, als Sie sich *fürchteten.*

2. Schritt: Stellen Sie sich selbst die folgende Frage: »Gegen welche Erfahrung habe ich mich durch diese Furcht *in Wirklichkeit* gewehrt?«

3. Schritt: Achten Sie darauf, was geschieht.

In ihrem Widerstand gegen das Chaos versucht die Angst, die Zeit einzufrieren, und läßt sie linear erscheinen. Achten Sie beispielsweise einmal darauf, wie oft unsere Energie und wieviel unserer Energie mit dem Versuch zu tun hat, die »Ordnung aufrechtzuerhalten«, »das Gleichgewicht zu halten«, »alles im Griff zu haben«, unser Leben »sicher« oder dauerhaft zu machen. Wir verschwenden einen so großen Teil unserer Energie damit, die Illusion der Dauerhaftigkeit zu erzeugen. Dieser Widerstand gegen das Chaos bedient sich der Angst und erschafft das Einfrieren unserer Erinnerungen, unseres Körpers, unserer Muskeln, unseres Atems. Wir wehren uns gegen unsere herrliche *Verletzlichkeit*. Außerdem wird das Verschwinden zu einem solchen Schreckensbild, daß Identitäten, Teile unseres Selbst, Beziehungen, unser gesamter psycho-emotionaler Prozeß und unser Nervensystem über einen eingebauten Abwehrmechanismus gegen das Verschwinden verfügt. Moshé Feldenkrais sagte: »Das Nervensystem fegt sich in regelmäßigen Abständen selbst aus« (Gespräche mit Carl Ginsburg).

Nisargadatta Maharaj sagte einmal zu mir: »Es gibt keine Geburt, es gibt keinen Tod, es gibt kein Individuum, alles ist nur eine Vorstellung, eine Illusion.«

Damit wollte er sagen, daß sich die Leere verdichtet und zu Leben wird, und aus der Sicht des Lebens oder der verdichteten Leere scheint die Leere der Tod zu sein. Tatsächlich wird die Leere zu einer Form namens Leben, und die Form wird zu einer Leere namens Tod. Aber da beide dasselbe sind, ist sogar der Mensch verdichtete Leere. Auf einer tieferen Ebene gibt es daher weder Leben noch Tod. Warum? – Weil es keine Gegensätze gibt. Die Leere wird zur Form, die Form wird zur Leere. Das Chaos ist nur eine Beschreibung der Form, die zur Leere wird, oder der Leere, die zur Form wird. So gesehen ist Chaos Ordnung, und Ordnung ist Chaos.

· Ich möchte das auf einer psychologischen Ebene verdeutlichen. Wenn wir uns in einem Zustand des »Ich finde mich toll« befinden, existiert der Zustand »Ich hasse mich« nicht für uns. Wenn wir uns in einem Zustand des »Ich hasse mich« befinden, existiert umgekehrt »Ich finde mich toll« nicht für uns. Tatsächlich können wir uns nicht einmal an »Ich finde mich toll« erinnern, wenn »Ich hasse mich« gegenwärtig ist. Existiert »Ich finde mich toll«? – Nur wenn es auftaucht. Existiert »Ich hasse mich«? – Nur wenn es auftaucht. Wer dem *Tao des Chaos* folgt, versteht, daß »Ich liebe dich« verschwinden und wahrscheinlich »Ich hasse dich« auftauchen wird und daß die Leere zu »Ich liebe dich« wird und dann verschwindet und dieselbe Leere zu »Ich hasse dich« wird und dann verschwindet. Aber sowohl »Ich liebe dich« als auch »Ich hasse dich« sind verdichtete Leere oder, wie Bohm sagen würde, »aus der impliziten Ordnung entfaltet«. Einfacher gesagt, während Sie sich in »Ich liebe dich« oder »Ich hasse dich« befinden, haben Sie das »Gefühl« der ewigen Dauer. Wenn wir verstehen, daß diese Zustände zufällig auftauchen und zufällig verschwinden, bewegen wir uns jedoch aus dem zeit-gebundenen Zustand heraus. Wir lassen den Zustand »Ich liebe dich« oder den Zustand »Ich hasse dich« aus der Lücke auftauchen und *wissen*, daß er zu einem bestimmten Zeitpunkt wieder in die Lücke abtauchen und sich verändern wird. Das Paradox besteht darin, daß sich alles verändert. Daher kann Sicherheit nur in der Einsicht gefunden werden, daß sich alles verändert. Mit anderen Worten, *Veränderung ist Sicherheit, die Vorstellung der Dauerhaftigkeit ist Chaos.* In herrlicher Zufälligkeit wird die Leere zu einem Zustand und ein Zustand zur Leere, und das ist das *Tao des Chaos*.

Im 5. Kapitel (»Raum«) haben wir über die grundlegende Voraussetzung in der Sufi-Psychologie gesprochen, wie sie vom Sufi-Meister Idries Shah beschrieben wird. Shah sagt: »Es gibt für alles eine Zeit und einen Raum.« Im *Tao des Chaos* erkennen wir, daß jede Emotion, jeder Geisteszustand und sogar jedes religiöse System bzw. jeder spirituelle Weg eine Zeit und einen Raum haben. Wenn wir das verstehen, wehren wir uns nicht gegen das natürliche Kommen und Gehen, das im Bewußtsein auftritt.

Im letzten Beispiel haben wir uns der Vorstellungen von Emotionen und Geisteszuständen bedient, die ganz natürlich auftreten. Ein anderes Beispiel begegnete mir in einem Workshop, den ich in New Mexico gehalten habe. Eine Teilnehmerin fragte: »Warum scheinen so viele der traditionellen Wege zur Erleuchtung so wenig Energie in sich zu haben und so wenig effektiv zu sein?« Ich erwiderte: »Weil alles seine Zeit und seinen Ort hat.« Ich führte ein Beispiel an: »Die Kirche hatte zur Zeit von Jesus Christus eine Menge Energie und hatte die Erfahrung von Christus. Jetzt kehrt die Form (die katholische Kirche) in die Leere zurück und verliert ihre Energie. Aus diesem Grund wurde sie *ritualisiert*, und sie klammert sich an die Zeit und an den Raum, als sie noch einflußreich war.«

• PRINZIP: Wenn spirituelle oder psychologische Systeme langsam wieder in die Leere hinein verschwinden, werden sie zunehmend dogmatischer und ritualisierter. Diese Neigung zu Dogmatizismus und Ritualisierung ist ein Überlebensmechanismus psychologischer oder spiritueller Systeme sowie jeder Form der Hierarchie.

Auf dieselbe Weise wird die Form (die katholische Kirche) zur Leere und verschwindet. Wenn wir das zulassen, wird sich die Leere verdichten und eine andere Form wird diesen Raum und diese Zeit einnehmen. Wenn wir uns an einen Gedanken, an ein Gefühl, einen Geisteszustand, ein System oder gar an einen Weg klammern, dessen Zeit abgelaufen ist, verursacht das Chaos. Wenn die Zeit eines Systems oder eines Wegs abgelaufen ist, wird die rote Flagge gehißt: Es wird dogmatisch und funktioniert ritualisiert auf reinen Glauben hin anstatt auf Erfahrungen der Gegenwart.

Gegensatzpaare

Seit Jahrhunderten – seit den ersten Tagen des Yoga – gibt es die Frage nach den Gegensätzen. Einfach ausgedrückt: Wie bringen wir Gegensatzpaare zusammen, z.B. Haß und Liebe, ja und nein, weiblich und männlich? In der Psychologie des 20. Jahrhunderts hat man versucht, die Gegensatzpaare zu integrieren oder in freier Wahl erst einen Gegensatzpol und dann den anderen anzugehen. Diese gegensätzlichen Pole wurden jedoch niemals völlig integriert. Warum? – Weil man dabei voraussetzte, daß die gegensätzlichen Pole im tiefsten Innern unterschiedlich seien. Die Quantenpsychologie sagt: *Gegensätzliche Pole sind nicht unterschiedlich, sie sind vielmehr auf der Quantenebene dieselbe undifferenzierte Substanz.* Wir wollen das mit mehreren Übungen verdeutlichen.

Übung 36

1. Schritt: Nehmen Sie sich ein Gegensatzpaar vor, d.h. Liebe – Haß, weiblich – männlich, schwach – stark, unabhängig – abhängig usw.
2. Schritt: Achten Sie auf die Größe und den Umfang der beiden Gegensätze.
3. Schritt: Ent-etikettieren Sie die beiden gegensätzlichen Pole, und sehen Sie, daß beide aus derselben Energie bestehen.
4. Schritt: Achten Sie darauf, was geschieht.

Hier können wir sehen, daß es keine Kontraste gibt, wenn man zwei gegensätzliche Pole als dieselbe Grundsubstanz sieht – und daher gibt es auch keine gegensätzlichen Pole. Viele psychologische Richtungen stellen sich unter Integration vor, zwei gegensätzliche Pole zu integrieren und einen »dritten« Punkt zu schaffen. Tatsächlich löst es den Konflikt auf, wenn man sieht, daß beide aus derselben Substanz bestehen, und infolgedessen löst sich auch das Problem. Das ist wahre Integration.

Übung 37

1. Schritt: Nehmen Sie sich ein Gegensatzpaar vor, d.h. Liebe – Haß, weiblich – männlich, schwach – stark, unabhängig – abhängig usw.

2. Schritt: Achten Sie auf die Größe und den Umfang der beiden
Gegensätze.

3. Schritt: Achten Sie auf den leeren Raum, in dem die beiden
schweben.

4. Schritt: Sehen Sie, daß der leere Raum und die beiden gegensätzlichen Pole aus derselben Substanz bestehen.

Diese Übungen scheinen denen in *Quantenbewußtsein* zwar ähnlich, zeigen uns aber, daß Gegensätze nur existieren, solange
es Grenzen gibt. Sobald wir verstehen, daß alles aus derselben
Grundsubstanz besteht, gibt es keine gegensätzlichen Pole mehr.
Natürlich ist es keine leichte Aufgabe, das *erst einmal zu verstehen*. Dieses Verständnis erfordert Übung. Aber sobald dieses Verständnis erlangt wurde, besteht das Problem, gegensätzliche Paare
zu integrieren, nicht länger: sie sind bereits integriert. Nur die Eti-
kettaufkleber und die Grenzen behaupten das Gegenteil.

Chaos und Religion

Unter der Annahme, daß wir einfrieren und uns gegen den natürlichen Vorgang des »Auftauchen und Verschwinden«s wehren,
lassen Sie uns auf den am meisten verdrängten Vorgang des Lebens
schauen: den TOD. Der Tod ist der am stärksten verdrängte und
gefürchtete Aspekt des Universums. Um dieses Verschwinden zu
vermeiden, wurden Religionen geschaffen, die den natürlichen
Prozeß des »Auftauchen-Verschwinden«s erklären und sich dagegen wehren.

Lassen Sie uns einen Blick auf einige Weltreligionen werfen:
Das Christentum kennt ein Leben nach dem Tod im Himmel,
Buddhismus und Hinduismus kennen frühere und zukünftige In-
karnationen ebenso wie die Metaphysik.

Jeder einzelne von uns hat es für sich akzeptiert und wurde
darauf programmiert, diesen natürlichen Prozeß nicht zuzulassen. Der Psychiater Thomas Szasz hat es so formuliert: »Religion ist die institutionalisierte Verdrängung eines endlichen Lebens.«

Übung 38

1. Schritt: Nehmen Sie sich einen Augenblick, und tauchen Sie ein in die Philosophie des »Was geschieht, wenn du stirbst«.

2. Schritt: Achten Sie darauf, wie sich dieses Denkmodell gegen den natürlichen Prozeß des Verschwindens und Wiederauftauchens zur Wehr setzt.

3. Schritt: Achten Sie auf die vorgegebenen Regeln: wenn Sie gehorsam sind, ein gutes Leben nach dem Tod; wenn Sie ungehorsam sind, ein schlechtes Leben nach dem Tod.

4. Schritt: Achten Sie darauf, wie die Regeln, das Befolgen der Regeln und das Denkmodell, das ewiges Leben verspricht, sich gegen das Verschwinden wehren.

5. Schritt: Meditieren Sie (mit geschlossenen Augen) einen Augenblick darüber, daß es ein natürliches Erscheinen und Verschwinden gibt.

6. Schritt: Versuchen Sie mit offenen Augen, ob Sie dieses natürliche Pulsieren akzeptieren und »spüren« können.

Ich möchte noch einmal erzählen, wie vor ungefähr 14 Jahren mein Lehrer Nisargadatta Maharaj, den ich gern als den *end*gültigen Ent-Programmierer bezeichne, zu mir sagte:

> *»Es gibt keine Geburt, es gibt keinen Tod ...*
> *alles ist eine Vorstellung ... ist eine Illusion.«*

Das ist die Kraft der fehlenden Lücke – nichts stirbt wirklich oder wird wirklich geboren. David Bohm hätte vielleicht gesagt: Das Implizite wird zum Expliziten – das Explizite wird zum Impliziten – das ist der Prozeß.

Bei dieser Übung müssen wir unsere Programmierung hinter uns lassen und einen Blick auf einen lange verdrängten Vorgang werfen: das Auftauchen-und-Verschwinden. Kaum einer von uns kann leugnen, wie intensiv wir unsere Zukunft planen und von ihr besessen sind in dem schwachen Versuch, unsterblich zu werden. Der Psychiater Carl Gustav Jung hielt den Kinderwunsch für den Widerstand gegen die eigene Sterblichkeit oder das eigene Verschwinden.

Zeit als Kreis

Wenn wir aus der Zeit heraustreten, können wir unseren Verstand in seiner Beziehung zur Zeit beobachten. Die Zeit erscheint dann eher kreisrund anstatt linear.

> *Wie Sie wissen, geht die moderne Physik davon aus, daß die Zeit kurvenförmig verläuft. Das bedeutet, sie ist ein Kreis ... Die Zeit ist keine Gerade, sondern besteht aus unendlich vielen Kreisen, die sich alle um sich selbst drehen ... die Vergangenheit ist ebenso lebendig wie die Gegenwart oder die Zukunft.«*
>
> (Nicoll, 30)

Übung 39

(mit geschlossenen Augen.)

1. Schritt: Achten Sie auf eine Vergangenheit.
2. Schritt: Achten Sie auf eine Gegenwart.
3. Schritt: Achten Sie auf eine Zukunft.
4. Schritt: Achten Sie darauf, daß Sie außerhalb der Zeit stehen und die Vergangenheit, die Gegenwart und die Zukunft beobachten.
5. Schritt: Achten Sie darauf, daß Sie sich in einer Nicht-Zeit befinden und Vergangenheit, Gegenwart und Zukunft beobachten können, während sie vor Ihrem Ich erscheinen, das sich in der Nicht-Zeit befindet.

Der bekannte Physiker John A. Wheeler nennt diesen Kreis der Zeit, bei dem die Gegenwart die Vergangenheit beeinflußt, »verzögerte Wahlmessungen« (delayed choice measurements).[*]

> *»Dementsprechend bestimmen die Entscheidungen, die wir jetzt in der Gegenwart fällen, wie die Vergangenheit gewesen sein muß.«*
>
> (Wolf, 31)

---

[*] John A. Wheeler: *The Transactional Interpretation of Quantum Mechanics*, *Review of Modern Physics*, Band 58, 3. Juli 1986.

Das ist eine Wiederentdeckung. In der Psychotherapie arbeiten wir in der Gegenwart an der Vergangenheit und verändern daher unsere gegenwärtige Erfahrung der Vergangenheit und unser Verhalten in der Zukunft. Das bedeutet, daß wir unsere Vergangenheit in der Gegenwart verändern können und somit auch unsere Zukunft. Milton H. Erickson ließ Patienten eine Zukunft erschaffen, in der ein Problem bereits gelöst war. Dann planten sie rückwärts aus der Zukunft in die Gegenwart hinein und achteten auf die Schritte, die sie ja bereits durchgeführt hatten, um das Problem der Gegenwart in der Zukunft zu lösen. Im wesentlichen veränderte die erschaffene Zukunft die Gegenwart und die Vergangenheit.* Zeit ist eine kreisförmige und sehr geschmeidige Erfahrung, die verlagert werden kann, wenn man aus den Gedanken, die von Natur aus linear und »zeitgebunden« sind, heraustritt.

Die Vergangenheit ist die Gegenwart ist die Zukunft

Sobald wir einmal aus der Zeit heraustreten, fangen wir an, die Leere bzw. die implizite Ordnung zu verstehen, in der die Zeit sich entfaltet und in dem erscheint, was wir als die explizite Ebene erfahren. Das ist das holographische Universum.** Das Konzept der Zeit ist jedoch verdichtete Leere (explizite Ordnung), das bedeutet: Vergangenheit, Gegenwart und Zukunft sind auf einer impliziten Ebene dasselbe. Nur auf der expliziten Ebene *scheint* die Zeit zu existieren!

Übung 40

1. Schritt: Sehen Sie ein Ereignis der Vergangenheit vor sich.
2. Schritt: Sehen Sie ein Ereignis der Gegenwart vor sich.

---

* Siehe auch Stephen Wolinsky: *Die alltägliche Trance. Heilungsansätze in der Quantenpsychologie.*
** Michael Talbot: *Das holographische Universum. Die Welt in neuer Dimension.* Droemer Knaur, München 1992.

3. Schritt: Sehen Sie ein mögliches Ereignis der Zukunft vor sich.
4. Schritt: Achten Sie auf die Leere, in der diese drei Ereignisse schweben.
5. Schritt: Machen Sie sich klar, daß das Ereignis der Vergangenheit, das Ereignis der Gegenwart und das Ereignis der Zukunft aus derselben Substanz bestehen wie die Leere, die sie umgibt.
6. Schritt: Achten Sie darauf, was geschieht.

Schlußfolgerung

Wenn man die Zeit einfriert und sie linear erscheinen läßt, wehrt man sich gegen das Chaos des Verschwindens. Zeit ... Nicht-Zeit ... Auftauchen-und-Verschwinden ist ein natürlicher Prozeß. Wenn Sie der Meinung sind, Sie könnten dieses Pulsieren kontrollieren und einfrieren, so wird das diesen Vorgang nicht aufhalten. Es verursacht vielmehr Angst und führt zu Systemen, die das Pulsieren vom Impliziten zum Expliziten und vom Expliziten zum Impliziten verdrängen und Angst und Chaos am Leben halten. Für uns liegt die Herausforderung darin, das Verschwinden zu erforschen und letztlich zu wissen, daß wir alle mit dem einen Pulsschlag verbunden sind. Aufgrund dieser Einsicht kann das imaginäre Chaos der expliziten Ordnung als Entfaltung der heiter-gelassenen impliziten Ordnung gesehen werden. Das führt uns zu der Einsicht, daß das Implizite das Explizite ist und das Explizite das Implizite bzw. daß Chaos Ordnung ist und Ordnung Chaos. Die Zeit ist dann nicht länger eingeschränkt, da wir uns in der Nicht-Zeit des wechselseitig verbundenen holographischen Universums befinden, in dem Vergangenheit, Gegenwart und Zukunft sich entfalten und zum Expliziten werden und sich wieder aufrollen und zum Impliziten werden.

KAPITEL 8

Masse

»Masse: Sich konsolidieren bzw. einen festen Körper formen.«
(Webster, 32)

»Materie: Alles, was einen Raum einnimmt; die Substanz, aus der physikalische Objekte bestehen bzw. zusammengesetzt sind.«
(Webster, 33)

Materie ist alles, was einen Raum einnimmt, und Masse ist ihre Festigkeit. In diesem Zusammenhang nehmen wir selbst und wie wir uns und die Welt sehen einen Raum ein und sind fest. Nach den Definitionen von Materie und Masse besteht der nächste Schritt in der Frage, wie das auf uns als feste Körper zutrifft. Dafür müssen wir uns unbedingt meinem Buch *Quantenbewußtsein* zuwenden und uns an Einsteins Feststellung erinnern: »Alles besteht aus Leere, und Form (Masse) ist verdichtete Leere.«

Wie schon im Kapitel über Raum erwähnt, ist Materie verdichteter Raum. Metaphorisch gesprochen könnte man Wasser als Raum bezeichnen und Eiskugeln als Materie. Materie (verdichteter Raum) pulsiert, wird zu Raum ... zu Materie ... zu Raum.

Parallele Welten

Jeder von uns erfährt die Festigkeit seiner selbst und die »fixierte« Festigkeit unserer individuellen Welt, die eine parallele Welt ist und Seite an Seite mit anderen individuellen Welten existiert. Wenn wir uns beispielsweise in einer parallelen Welt namens »Ich bin allein« befinden, fühlt sich diese parallele Welt – vielleicht sollten wir sie »paralleler Zustand« nennen – fest und äußerst real an. Das Interessante an parallelen Zuständen ist, daß der Raum, sobald er sich zusammengezogen hat und fest wurde, die Illusion der Zeit in sich trägt, als sei er schon immer fest gewesen und auch immer fest bleiben würde. Das Beunruhigende an parallelen Zuständen (Welten) ist das Phänomen der Zeit, die bei der Kontraktion des Raumes zu Existenz geformt scheint. Chaos tritt auf, wenn zusammengezogener Raum namens Materie sich gegen sein Ausdünnen im Rahmen eines natürlichen Prozesses wehrt.

Übung 41

(mit geschlossenen Augen)

1. Schritt: Achten Sie auf den Bewußtseinszustand, in dem Sie sich befinden.
2. Schritt: Achten Sie darauf, wie es sich so anfühlt, als ob es diesen festen Zustand schon immer gegeben hätte.
3. Schritt: Sehen Sie den festen Zustand als verdichtete Leere.
4. Schritt: Achten Sie darauf, wie sich die »Intensität« und die »Macht«, die dieser Zustand über Sie hat, verringern.

Übung 42

(mit geschlossenen Augen)

1. Schritt: Spüren Sie »Ihren« Körper.
2. Schritt: Achten Sie darauf, wie es sich so anfühlt, als ob es diesen festen Zustand schon immer gegeben hätte.
3. Schritt: Machen Sie sich klar, daß die Vorstellung der Zeit und der feste Zustand verdichtete Leere sind.
4. Schritt: Achten Sie darauf, wie Sie daraus bestehen und wie sich dennoch die »Intensität« und die »Macht«, die dieser Zustand über Sie hat, verringern.
5. Schritt: Achten Sie darauf, wie Widerstand und Chaos verschwinden, wenn das, was wir »Ich« nennen, die Erlaubnis erhält, das zu sein, was es ist ... verdichtete, wechselseitig miteinander verbundene Leere.

Einstein zeigte, daß Masse – ebenso wie ihre Schwestern Raum, Zeit und Energie – aus ein und derselben Substanz besteht.

In dem, was ich Phasenmasse nenne, hat die Masse bzw. Festigkeit eines Objekts oder eines inneren Zustandes wie z. B. eines Gedanken oder einer Emotion eine bestimmte Masse. Wenn diese Masse verändert wird, d. h. schwerer oder leichter gemacht wird, dann kann das Objekt nicht länger in seiner gegenwärtigen Form existieren. Warum? Wenn man das Gewicht oder die Festigkeit eines Objekts verändert, verändert man seine intrinsische Natur. Das könnte man als Bifurkationspunkt bezeichnen – einen Punkt, der die Erfahrung verändert, wenn man an diesem Punkt Masse hinzufügt oder entfernt.

Übung 43

1. Schritt: Achten Sie auf eine Emotion.
2. Schritt: Achten Sie auf ihr Gewicht.
3. Schritt: Machen Sie das Gewicht der Emotion schwerer.
4. Schritt: Machen Sie das Gewicht der Emotion leichter.
5. Schritt: Achten Sie darauf, was geschieht.

Übung 44

1. Schritt: Achten Sie auf einen Gedanken.
2. Schritt: Achten Sie auf sein Gewicht.
3. Schritt: Machen Sie das Gewicht des Gedankens schwerer.
4. Schritt: Machen Sie das Gewicht des Gedankens leichter.
5. Schritt: Achten Sie darauf, was geschieht.

Übung 45

1. Schritt: Achten Sie auf einen Geisteszustand.
2. Schritt: Achten Sie auf sein Gewicht.
3. Schritt: Machen Sie das Gewicht des Zustands schwerer.

4. Schritt: Machen Sie das Gewicht des Zustands leichter.

5. Schritt: Achten Sie darauf, was geschieht.

CHAOSKONTEMPLATION

Haben Sie jemals etwas erlebt, das seine Festigkeit bewahrt hätte? Achten Sie darauf, wie alles von einem festen Zustand aus verschwindet.

CHAOSKONTEMPLATION

Achten Sie darauf, wie bestimmte Dinge ganz plötzlich erscheinen und unerwartet und völlig grundlos wieder verschwinden.

Übung 46

1. Schritt: Lassen Sie zu, daß sich die Leere zu einem festen Zustand verdichtet, d. h. zu einer Emotion oder zu einem Gedanken.

2. Schritt: Achten Sie darauf, wieviel Aufmerksamkeit es Ihrerseits erfordert, diesen Zustand fest und intakt zu halten.

3. Schritt: Ziehen Sie Ihre Aufmerksamkeit ab, und lassen Sie den festen Zustand zu Leere werden.

Schlußfolgerung

Auf diese Weise stellt die Leere die implizite Ordnung ohne Energie, Raum, Masse und Zeit dar. Das Implizite entfaltet sich und wird zu einem Zustand (explizite Ordnung mit Energie, Raum, Masse und Zeit) und komprimiert dann wieder zur impliziten Ordnung der Leere ohne Energie, Raum, Masse oder Zeit. Wenn man die Masse verändert, verändert man damit den Zustand, und jeder Zustand kann nur in einer bestimmten Dichte existieren.

Das *Tao des Chaos* ist ein Prozeß, bei dem wir das Verschwinden ohne Widerstand zulassen können. Da sich alles in einem ständigen Zustand des »Auftauchen-und-Verschwinden«s befindet, einschließlich der Masse, warum es nicht einfach zulassen? Wie schon zuvor erwähnt: Wenn Sie es zulassen, wird es Sie SEIN lassen. – Das ist das *Tao des Chaos*.

III

Enneagramm und Chaos

Die Pforte zur Essenz: Ihr Wahres Selbst

KAPITEL 9

Chaos und Essenz:
Ihr Wahres Selbst

In meinem letzten Buch *Die dunkle Seite des inneren Kindes* sprach ich darüber, wie Identitäten geformt werden und wie »äußeres« Chaos oder familiäre Dysfunktionen an der Erschaffung einer dysfunktionalen Identität und ihrem überkompensierten Gegenstück mitwirken.

Wenn wir uns all diese verschiedenen Identitäten ansehen, stellt sich jedoch folgende Frage: Wer oder was waren wir vor der Erschaffung dieser Identitäten?

Um das zu erforschen, müssen wir einen Blick auf das Kind werfen, bevor es eine Persönlichkeit entwickelt – kurz vor, während und nach der Geburt. Wenn Sie sich ein Baby ansehen, werden Sie feststellen, daß es tatsächlich keine Persönlichkeit hat, es gibt in Wirklichkeit nur ein essentielles Wesen ohne Charakteristika, die man als Selbst bezeichnen könnte. Aus subjektiver Sicht weiß das Neugeborene nicht einmal, daß es vom Rest der Welt getrennt ist. Die Schönheit der Neugeborenen liegt in ihrer Spontaneität und wie sie einfach sie selbst sind – bevor sie konditioniert und programmiert werden und man ihnen beibringt, wie man schaut, wie man sein soll, wie man sich benimmt, wie man handelt, wie man phantasiert, wie man sich fühlt und wie man denkt. Ein Kleinkind ist reine Essenz. Das Kleinkind erfährt sich selbst ebenso wie den Raum ruhig, unbeschränkt, ohne Erinnerungsspuren. Das nennt man in einigen psychologischen und spirituellen Kreisen **Essenz**.

Wenn das Kleinkind wächst und der Körper sich entwickelt, bildet sich um die Essenz eine Gruppe von Identitäten und daher eine Persönlichkeit. Vorlieben, Abneigungen etc. werden geformt und verleihen dem Kind die zuvor erwähnten Identitäten. Aus psychotherapeutischer Sicht sind diese Identitäten der Weg, auf dem sich der Körper und die Persönlichkeit entwickeln und neue Daten aus dem Umfeld gehandhabt werden. Je mehr die Kinder sich mit diesen Identitäten identifizieren, desto weiter entfernen sie sich von ihrer umfassenden Essenz. Die meisten Erwachsenen können bezeugen, daß die Essenz bald verschwunden ist, und übrig bleiben viele Identitäten, die miteinander kommunizieren – jede mit einer anderen emotionalen Erfahrung, jede mit anderen Wünschen, jede buhlt um Aufmerksamkeit.

Während sich das Kleinkind in einen ausgewachsenen Körper und eine ausgewachsene Persönlichkeit hinein entwickelt, wird die Essenz anscheinend immer weniger verfügbar und wirkt aus der Sicht der Identitäten sogar beängstigend.

Leere, Essenz und Persönlichkeit

Die eigenschaftslose Leere, die in meinem Buch *Quantenbewußtsein* behandelt wurde, zieht sich zusammen und formt die sogenannte persönliche Essenz (siehe Abbildung 3). Diese Essenz existiert bei der Geburt. Dann werden Identitäten geformt, wie in meinem Buch *Die dunkle Seite des inneren Kindes* ausgeführt, die das äußere Chaos strukturieren. Wenn diese Identitäten geformt werden, strukturieren sich der physische Körper und die Identitäten um die Essenz herum.

Warum fürchten sich Identitäten vor der Essenz? – Jede Identität wird geformt, ist auf der Suche und hat Erwartungen an ihre Umwelt. Man kann beispielsweise eine Identität schaffen, um der Mutter zu Gefallen zu sein und ihre Liebe zu erlangen. Diese Identitäten richten sich nach außen an die Welt und an das innere Chaos der mangelnden Liebe und sind dafür angepaßt, um – in diesem Fall – Liebe zu erlangen. Aus der Sicht der Identität stellt die Essenz den Tod dar (siehe Abbildung 3). Wir wollen das anhand einiger Beispiele verdeutlichen. Die Essenz existiert vor der Persönlichkeit. Die Persönlichkeit und der physische Körper werden um die Essenz herum geformt und suchen Liebe in der äußeren Welt (Mutter, Vater usw.).

ABBILDUNG 3

Aus der Sicht der Persönlichkeit (der Identitäten) wirkt die Essenz wie eine innere *nagende Leere*, die wir alle in unterschiedlichem Ausmaß kennen. Allzu häufig wehren sich die Identitäten gegen die innere Leere, nämlich die Essenz, die sie fälschlicherweise für schlecht oder ungewollt halten. Identitäten können versuchen, die wahrgenommene nagende Leere zu füllen, indem sie zuviel essen, Beziehungen mit Menschen eingehen, die für sie nicht richtig sind, zuviel arbeiten, Drogen nehmen usw. Es scheint, daß diese innere Leere um jeden Preis vermieden und bekämpft wird!

Der Körper fühlt sich dagegen oft so an, als ob er ein Loch hätte – ein Loch aus Leere, das wir zu füllen versuchen. Identitäten werden geschaffen, um sich gegen das Loch oder die Leere zu wehren, die für das größte Chaos gehalten wird. Hier nochmals die Definition von Chaos aus dem Webster:

»Die Unendlichkeit des Raumes oder der formlosen Materie, die angeblich der Existenz des geordneten Universums vorausging.«
(Webster, 34)

Das Problem liegt darin, daß sich die Identitäten gegen diese innere Leere zur Wehr setzen. Daher befinden sich die Identitäten in einer Double-bind-Situation: Sie wehren sich gegen das äußere Chaos, und sie wehren sich gegen das imaginäre innere Chaos der Leere.

Wenn eine Identität diese Leere betritt und die Leere zuläßt, entstehen vor ihr Bilder von Auslöschung, Nicht-Existenz oder Tod. Diese innere Leere ist die innere Essenz, die wir alle suchen und die wesentliche Eigenschaften wie Liebe, Frieden, Macht, Unverletzlichkeit usw. enthält, die dem Wesen der Essenz innewohnen.

Das bedeutet, daß Identitäten die Liebe immer am falschen Ort suchen (»Überall dort nach Liebe suchen, wo sie nicht zu finden ist«, wie es in dem Lied heißt) und versuchen, sie von außen zu bekommen anstatt von der Essenz, die unser Wahres Selbst ist.

Kurz gesagt: Die Identitäten schauen in die falsche Richtung. Identitäten richten sich nach vorn oder nach außen, um das zu bekommen, was sie wollen, obwohl das, was sie wirklich suchen, nur erlangt werden kann, wenn man nach innen schaut bzw. zurück in die Leere.

Die Identitäten halten diese Leere im Körper für Chaos und wehren sich wie verrückt, um dieses Chaos zu vermeiden.

Daher ist dieser Abschnitt dem Ziel gewidmet, eine Therapie zu entwickeln, um die Identitäten wieder in die Essenz aufzunehmen und so die wesentlichen Eigenschaften zu erfahren, die die Identitäten nun in sich selbst suchen, anstatt weiter vergeblich zu versuchen, sie von außen zu »bekommen«. Man kann festhalten, daß das Erkennen der Ordnung im Chaos auf der Ebene unserer eigenen Essenz geschieht, nicht auf der Ebene der Persönlichkeit durch die Identitäten.

Die Identitäten organisieren sich um die Essenz herum

Die herrliche Essenz eines Kindes geht verloren, sobald Identitäten geformt werden, um das »äußere« Chaos zu strukturieren. Diese automatischen Identitäten werden aus eigener Sicht gegen die Essenz aufgebaut. Einfacher gesagt, die Identitäten organisieren sich um die umfassende Essenz herum. Aus der Sicht der Identitäten scheint der Raum der Essenz wie der Tod; aus der Sicht der Identitäten scheint die äußere Welt wie der Tod.

Daher hängen Identitäten zwischen dem äußeren Chaos der Familie und dem inneren Raum der Essenz fest und sind darin eingefroren. Beide werden als chaotisch erfahren, beide jagen Angst ein, und beide frieren die Identitäten ein, so daß sie automatisch funktionieren.

Essenz und der Körper

Anscheinend formen die geschaffenen Identitäten durch die Identifizierung mit dem Körper ein inneres Universum, das – wie eine Galaxie aus Sternen, Planeten und kosmischem Staub – sich um das herum zu entfalten scheint, was die Identitäten als schwarzes Loch wahrnehmen, das im Körper liegt. Dieses schwarze Loch ist paradoxerweise die *Pforte* zur Essenz.

Die meisten Patienten, mit denen ich gearbeitet habe, erfahren diese Leere irgendwo in ihrem Körper, einige im Solarplexus, andere im Herzen, einige im Hals, andere im Becken. Aus Sicht der Identitäten bedeutet diese Leere völlige und absolute Auslöschung und Tod. Aber für mich und meine Patienten hat sich gezeigt: Wer sich in diese Leere begibt, macht tiefgreifendste Erfahrungen und erlebt das Ende seiner Trancezustände. Es scheint, daß das innere

Chaos der Leere und das äußere Chaos der Familie, zu deren Bekämpfung die Identitäten geschaffen wurden, nicht nur unsere Identitäten organisiert, es strukturiert auch unsere Körperhaltung und strukturiert, wie wir die Welt erfahren. Jede Identität verteidigt sich gegen die wahrgenommene Leere und die Körperhaltung scheint mit der Verteidigung gegen die Leere zu korrespondieren. Wo liegt das enorme Paradox? Die wahrgenommene nagende Leere, gegen die wir uns alle wehren, ist in Wirklichkeit eine Pforte, die zu unserer Essenz zurückführt. Das ist die Therapie des Chaos: der Eintritt in die Leere, der Pforte zur Essenz.

KAPITEL 10

Chaos und das Pendel

Mit der Metapher des Pendels wurde die schwingende Bewegung der Welt ebenso wie die des psycho-emotionalen Lebens eines Individuums verdeutlicht. Das Pendel kann somit die Bewegung des Bewußtseins erklären. Ein Individuum kann beispielsweise bemerken, wie sich in seiner Beziehung Emotionen von Liebe zu Haß bewegen, von dem Gefühl der Zulänglichkeit zu dem Gefühl der Unzulänglichkeit, von dem Gefühl der Machtlosigkeit zu dem Gefühl der Macht.

Ganz allgemein kann man das mit den Identitäten gleichsetzen. Beispielsweise das Pendel in einem selbst: Gedanken, Gefühle der Machtlosigkeit auf dem Schwung nach unten treffen auf einen Mittel-Punkt oder eine Lücke und werden dann zur äußeren Manifestation oder zu Gefühlen der Macht beim Aufschwung. Dann trifft der Aufschwung einen Mittel-Punkt oder eine Lücke, wendet sich nach »innen« und fühlt wieder Gedanken, Gefühle der

Zwei abgegrenzte Identitäten

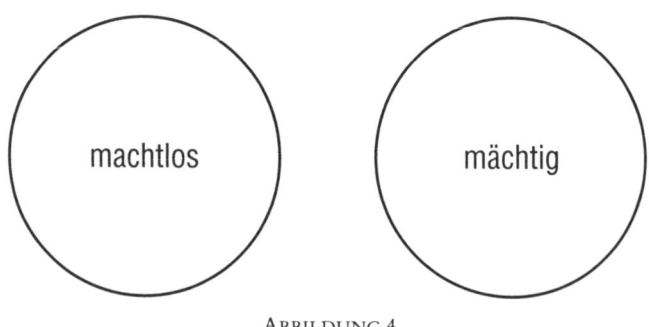

machtlos

mächtig

ABBILDUNG 4

Machtlosigkeit. Dieser Zyklus geht immer so weiter, von Machtlosigkeit zu Macht, von Macht zu Machtlosigkeit. In der Vergangenheit wurden Identitäten oder Teile des Selbst als begrenzter angesehen. Ein Teil will beispielsweise eine Beziehung, ein anderer Teil will allein sein (siehe Abbildung 4).

Eins wird immer klarer: Wenn die Grenzen, die unsere Erfahrungen in Schubladen stecken, entfernt werden, können wir allmählich eine Bewegung im Bewußtsein ähnlich der eines Pendels erkennen (siehe Abbildung 5). Anstatt eine Beziehung zu wollen oder keine Beziehung zu wollen, wird mir klar, daß man wie ein Pendel von einem zum anderen schwingt, von Augenblick zu Augenblick, von Tag zu Tag. Es scheint, als ob infolge des Einfrierens eines Teils des Pendels das subjektive Chaos nachfolgt, anstatt Gedanken und Gefühle einfach nur zuzulassen und Beziehungen von einem zum anderen fließen zu lassen.

Im folgenden benutze ich den Begriff »Mittel-Punkt«. Was ist ein Mittel-Punkt? – Der Mittel-Punkt ist die Lücke bzw. der Raum, der auftritt, wenn ein Gefühl oder Gedanke sich zu einem anderen wandelt. Wenn ich beispielsweise den Gedanken oder die Identität »Ich bin schlecht« habe, gibt es eine Lücke oder einen Raum, bevor »Ich bin schlecht« zu einem anderen Gedanken oder einer anderen Identität namens »Ich muß gut sein« wird. Das wird

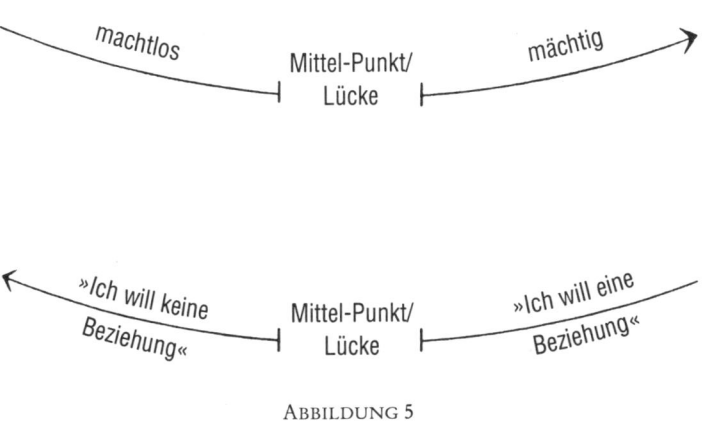

ABBILDUNG 5

135

auf den Seiten 55 und 56 in meinem Buch *Quantenbewußtsein* beschrieben. Eine solche Bewegung gibt es ebenfalls bei Gefühlen und Zuständen wie Machtlosigkeit oder Angst, bevor sie sich möglicherweise zu Wut wandeln. Der Mittel-Punkt ist das, was man auch *Selbst-Erinnerung* nennt, und wir finden ihn dort, wo *Selbst-Erinnerung* stattfinden kann. In der Arbeit von G. I. Gurdjieff und P. D. Ouspensky wird die Aufmerksamkeit am Mittel-Punkt aufgespalten. Man kann aus seinem Schlaf der Identifizierung mit einem bestimmten Bewußtseinszustand erwachen. Die Hälfte der Aufmerksamkeit richtet sich nach innen, die andere Hälfte nach außen. Dieser Mittel-Punkt wird oft erfahren als reines, stilles – Nichts. Gurdjieff selbst sagte oft, daß ein Mensch sich zu seiner eigenen »Nichtigkeit« hin auflösen muß. Diese Nichtigkeit können wir als Mittel-Punkt oder als nagende innere Leere erfahren.

Viele Schulen, die sich mit dem inneren Wachstum beschäftigen, sprechen von diesem Mittel-Punkt bzw. der Lücke zwischen zwei Zuständen (z. B. nach dem Zustand »Macht«, bevor er zu »Machtlosigkeit« wird). Mit anderen Worten, die Lücke zwischen zwei Zuständen: in dem Raum zwischen zwei Atemzügen, in dem Raum zwischen zwei Gedanken. An diesem Punkt der Entwicklung eines *Tao des Chaos* und einer Wiederaufnahme der Identitäten tauchen jedoch einige Fragen auf.

1. Kann dieser Mittel-Punkt bzw. die Selbst-Erinnerung fest werden?
2. Wie fängt das Pendel überhaupt zu schwingen an?
3. Wie gelangt man jenseits des Mittel-Punktes bzw. der Selbst-Erinnerung?
4. Welche psychologischen Faktoren stellen den Mittel-Punkt dar und verteidigen sich gegen ihn?
5. Gibt es eine Beziehung zwischen dem Chaos und seiner Beziehung zum Mittel-Punkt?

Damit wir das umfassender verstehen können, wollen wir uns nun in den Raum begeben, bevor das Pendel schwingt. Ich nenne diesen Raum *Essenz*. Ich bezeichne als *Essenz* den Raum vor der Bewegung der Identitäten und sogar vor dem Mittel-Punkt. Die

Essenz kommt vor dem Verstand, vor dem Beobachter und dem Beobachteten, vor der Absicht und daher vor den Identitäten. Die *Essenz* kommt vor dem Mittel-Punkt oder der Selbst-Erinnerung, denn an diesem Punkt gibt es kein individuelles Selbst, an das man sich erinnern könnte, nicht einmal ein Selbst, das diese Übung durchführen könnte. In der *Essenz* gibt es keinen Verstand, keine Unterschiede, keinen Beobachter, der beobachtet, kein Bewußtsein oder jemanden, der sich einer Sache bewußt sein könnte, keinen Wissenden, der Wissen besitzt. Vielmehr gibt es in der *Essenz* nur die Beobachtung *ohne Objekt*, Bewußtsein, *ohne etwas, dessen man sich bewußt sein könnte*, und Wissen, *ohne es zu wissen*.

Auf den ersten Blick scheint das abstrakt, so kompliziert und geheimnisvoll, daß diese Erkenntnis Schwindelgefühle in uns hervorruft. Wir werden die Verfügbarkeit sehen, die Freiheit, ohne etwas, von dem man frei sein müßte, den geistlosen Geist undifferenzierten Bewußtseins. Die Essenz kennt keine Unterschiede. Erst wenn sich die Leere verdichtet und das Bewußtsein formt, entstehen Unterschiede. Daher ist das Bewußtsein ohne Unterschiede die Essenz.

Bevor wir mit der Erforschung der Essenz fortfahren, lassen Sie mich noch ein wenig über den Mittel-Punkt sprechen. Der Mittel-Punkt ist der Raum zwischen zwei Identitäten – bevor eine Identität auf eine andere Identität trifft, wenn beispielsweise das Machtlose auf eine Lücke trifft, bevor es sich zur Macht weiterbewegt. In der Lücke, bevor das Machtlose zur Macht wird, gibt es oft eine Emotion oder einen Trancezustand, gegen den man sich wehrt. Wenn das Pendel nach unten in die Machtlosigkeit schwingt, gibt es beispielsweise im Mittel-Punkt, bevor es zum Machtvollen kommt, Trancezustände und Emotionen, die Variationen zum Chaos darstellen. Gegen diese Emotionen – wie Verwirrung, Dissoziation, Taubheit, Desorientierung, ein Gefühl des Nichtwissens, Wut, Angst – wehrt sich das Individuum und drängt sie dadurch weiter entlang des Pendels in die Identität. Diese Emotionen und Trancezustände sind der Leim, der die machtlose und die machtvolle Identität zusammenhält.

Der Raum zwischen zwei Identitäten am Mittel-Punkt wird für etwas gehalten, gegen das man sich wehren muß, daher ist die Bewegung aus dieser Lücke heraus sehr stark. Wenn wir die Schichten der Emotionen entfernen, finden wir die *ruhige* Seite des Chaos, ein Gefühl des Nichts oder der Leere. Das ist der wahre Mittel-Punkt, und daher der Mittel-Punkt, gegen den man sich am meisten wehrt.

Essenz ist dort, wo das Pendel beginnt, und wie jedermann weiß, ist es fast unmöglich, das psycho-emotionale Pendel *aufzuhalten*, sobald es einmal losschwingt – ganz zu schweigen davon, seine Richtung zu ändern.

Die wahre Veränderung muß an der *Essenz* ansetzen. Einfacher gesagt, Sie müssen vom Punkt der Essenz aus schauen und von dort Verbindungen knüpfen, um die Bewegung des Pendels zu beeinflussen.

Glücklicherweise hinterläßt die *Essenz* eine Spur, die von den Identitäten als Loch oder als nagende Leere, gegen die wir uns in unserem Körper wehren, wahrgenommen wird. Dieses Loch ist ein hohler (heiliger) Platz, an den die Therapie des Chaos gelangen muß. Aber um dieses heilige Loch zu durchschreiten, muß man zuerst das unbequeme, verrückte Chaos erfahren. Die Therapie beginnt daher bei dem Menschen, der sich in einem Konflikt befindet und führt uns dann durch das verrückte Chaos in das heilige Loch des Chaos in der wahrgenommen Leere der Essenz. Der nächste Schritt besteht darin, jeden Schritt des Pendels als Widerstand sowohl gegen die verrückten als auch gegen die ruhigen Eigenschaften des Chaos zu verstehen und zu erfahren.

Dann bringen wir die Essenz ein. Warum? Weil die Identitäten ein Ziel haben oder etwas, nach dem sie sich sehnen, das wie die Bewegung und der Schwung nicht aufgehalten werden kann. Obwohl die Strategie, die die Identität einsetzt, um das zu bekommen, was es will, nicht funktioniert, schwingt das Pendel weiter.

Die Entdeckung

Die *Essenz* hat all die *essentiellen* Eigenschaften, nach der sich die Identität sehnt. Wenn die Essenz die Identität absorbiert, werden daher essentielle Eigenschaften wie Liebe oder Vollkommenheit von der Essenz erfahren. Dort wird die Identität, die ihre eigene Zerstörung befürchtete, in Richtung auf die Essenz herumgedreht und absorbiert, und die gewünschte Eigenschaft der Essenz taucht auf. Im Sufismus wird jeder emotionale Zustand »Stadium« genannt, um ein Gefühl der Vergänglichkeit zu vermitteln. Diese Stadien werden nicht als dauerhafte Bewußtseinsstatuszustände gesehen, vielmehr kommen und gehen sie. Eine »Station« ist dauerhafter und befindet sich in der Essenz. Sobald diese Station errichtet ist, wird sie eine (feste) Station bzw. ein Ort, an dem das Individuum lebt. Sie können zum Beispiel für einen anderen Menschen dieses »Stadium« der Liebe empfinden. Bald jedoch schwingt diese Identität, die sich in dem Stadium der Liebe befindet, wie ein Pendel zu einem Stadium von Haß. Beide Identitäten haben ein Stadium, mit dem sie in Verbindung stehen, d. h. Liebe oder Haß. Die Essenz, die wie eine nagende Leere im Körper erscheint, enthält jedoch eine dauerhafte »Station« der Liebe ohne Objekt. Das bedeutet, anstatt eine liebende Identität zu sein, leben Sie auf der Ebene der Essenz, die Liebe ist. Wenn das geschieht, können die Identitäten in die Essenz absorbiert werden, und daher bewegt sich die Liebe von einem Stadium des Bewußtseins zu einer Station der Essenz. Einfacher gesagt, in der Essenz wird ein Stadium zur Station. Das ist die Therapie.

Wir werden uns zu Anfang zweier Formen der Diagnose bedienen: erstens der Charakteranalyse und zweitens des Enneagramms als diagnostische Vorgehensweise. Ich werde ihnen einige Fallbeispiele und Übungen vorführen, um zu verdeutlichen, wie man mit sich selbst und mit anderen bei diesem Vorgang der Wiederaufnahme arbeitet. Wir wollen an die Essenz als unser Wahres Selbst denken, fortfahren und unsere Diagnose zusammen mit den einzelnen Schritten zur Wiederaufnahme von Identitäten integrieren.

KAPITEL 11

Quantenphysik

Enneagramm und Leere

Die Quantenphysik hat gezeigt, daß sich das Universum wie ein Pendel verhält. In seinem Buch *Auf der Spur des wilden Pendels* stellt Itzhak Bentov fest, daß wir uns vom Sein zum Nichtsein oder vom Manifesten zum Unmanifesten 14mal pro Sekunde bewegen. Das bedeutet: Wenn wir uns vom Unmanifesten zum Manifesten bewegen, treten wir in den zustandslosen Zustand der Essenz ein, der Leere ist. Dieser zustandslose Zustand erscheint den Identitäten als Verschwinden, und daher kämpfen sie dagegen an. Um das Pulsieren oder das Pochen vom Unmanifesten zum Manifesten geht es in dem uralten Sanskrittext *Sparda Karikas*. Übersetzt bedeutet *Sparda Karikas* »Lektionen im göttlichen Pulsieren«. Obwohl dieses Pulsieren quantentechnisch gesehen 14mal pro Sekunde geschieht, leben und erfahren wir uns als manifeste Wesen und die Erde als manifeste Welt, die 14mal pro Sekunde erscheint und so tut, »als ob« das *Verschwinden* nie geschehen wäre. Mein Lehrer Nisargadatta Maharaj, beschrieb mir diesen Vorgang, wie schon zuvor erwähnt, als Kinofilm, bei dem zwischen zwei Bildern stets ein Zwischenraum bzw. eine Lücke klafft. Das Problem ist das folgende: Der Film bewegt sich so schnell, daß man die Lücke nicht bemerkt. In dieser Lücke verschwindet die Identität, nur um einen Augenblick später wieder aufzutauchen – ein ganz natürlicher Vorgang. Aus der Sicht der Identität ist das Verschwinden in diese Lücke der Tod, die Auslöschung, das Unbekannte und das Chaos. Konsequenterweise wehrt sich die Identität gegen das wahrgenommene Loch und die wahrgenommene nagende Leere und verursacht auf diese Weise noch mehr Chaos, noch mehr Schmerz und noch mehr Angst.

Die Leere als Pforte

Der Identität erscheint die Leere als etwas, wogegen sie sich wehren muß. Viele Patienten sprechen davon, ein Loch in ihrem Körper zu haben oder ein Loch in ihrem Wesen oder eine nagende Leere, die sie mit Essen, Alkohol, Sex, Arbeit oder einem anderen Menschen zu füllen versuchen. Dieses Loch ist jedoch in Wirklichkeit eine Pforte, ein Durchgang zu der viel höheren Ebene des Seins, einer Ordnung innerhalb des Chaos wie das Auge im Zentrum des Sturms. Dieses *heilige Loch* enthält in Wirklichkeit die *ganze Essenz.* Der Widerstand gegen das heilige Loch ist sehr stark, und es wird zur Herausforderung, die Bereitschaft zu erlangen, durch das Loch der Leere zu gehen und es als Pforte zu nutzen. Darum geht es in der Therapie: in der Lage zu sein, durch das Loch als eine Pforte zur *Essenz* und zu *Ihrem Wahren Selbst* zu schreiten und die dysfunktionalen Identitäten wieder in das Selbst aufzunehmen. Der Eingang durch das heilige Loch im Körper in die Essenz kann als einer der sogenannten »rites de passage« betrachtet werden; das sind Riten, die den Übergang in ein neues Lebensstadium bezeichnen. Warum? – Weil die Essenz einen Schritt näher an Ihrem Ich des Quantenbewußtseins ist als die Persönlichkeit und die Identitäten ihre Stärke verlieren, sobald Sie sich erst einmal auf dieser Ebene des Seins eingerichtet haben. Ihr Wahres Selbst taucht auf, und Sie fangen an, aus der Essenz zu leben.

Das Enneagramm

Das Enneagramm ist ein uraltes System aus dem Nahen Osten, das neun grundlegende *Persönlichkeits*typen beschreibt. Jeder, der das Enneagramm studiert, merkt bald, daß es zwar einen wichtigsten Typus gibt, in den er fällt, daß das Enneagramm jedoch Bewegung besitzt und nicht starr ist. Konsequenterweise ist jeder Typus in uns vertreten, nur stellt ein Typus unsere am häufigsten eingesetzte Strategie dar.

Das Enneagramm dient als Landkarte von Identitäten, die uns zeigt, wo wir uns befinden, und uns die Fähigkeit verleiht, unseren

»Hauptwesenszug«, unsere Hauptstrategie oder unsere Haupttrance zu bemerken und uns davon zu distanzieren in der Hoffnung, mit der Zeit in der Lage zu sein, die nächste Bewegung des
Geistes vorauszusagen.

Das Enneagramm zeigt uns Typen auf – diese Persönlichkeitstypen des Enneagramms sind aber so aufgebaut, daß sie sich
gegen die wahrgenommene nagende Leere verteidigen, die Ihre
Essenz oder Ihr Wahres Selbst ist. Das bedeutet: Obwohl die Persönlichkeitstypen des Enneagramms Bewegungen von Art und
Wesen der Identitäten zeigen, ist das Enneagramm eine Beschreibung der Persönlichkeit, die geschaffen wurde, um uns gegen die
innere Leere zu verteidigen, nämlich gegen die Essenz oder *unser
Wahres Selbst.*

Die Persönlichkeitstypen des Enneagramms mit den entspre-
chenden wahrgenommenen Identitäten verteidigen sich dagegen,
in die wahrgenommen Leere zu fallen. Das Enneagramm zeigt uns
die Trance unserer Hauptstrategie (Wesenszug), mit der wir uns
gegen die Leere verteidigen; außerdem bewegt sie sich wie ein
Pendel, das gegen sein eigenes Auftauchen-und-Verschwinden
ankämpft.

Wir werden das Enneagramm in die traditionellere psychothe-
rapeutische Diagnose der Charakteranalyse nach Wilhelm Reich
integrieren. So werden wir uns durch die wichtigsten Identitätsstrukturen bewegen, die gegen die innere Leere kämpfen, die als
Chaos wahrgenommen wird und uns zu unserem *essentiellen oder
Wahren Selbst* führt. Schließlich werden wir aus der Leere heraus
das Ziel jeder Identität erforschen und die Identität wieder in unsere Leere aufnehmen. Wir erreichen das, indem wir uns zu jenen
Eigenschaften Zugang verschaffen, die wir durch die Erschaffung
unserer Identitäten im Äußeren angestrebt haben, und indem wir
die uns innewohnenden Eigenschaften herausarbeiten.

Die nächsten neun Abschnitte sind kein Buch über das Enneagramm und die Charakteranalyse. Die meisten Bücher werden
Ihnen dabei besser dienen als dieses. Mit Hilfe dieser Therapie
kann man die Enneagrammstrategien auseinandernehmen sowie
die Charakterstrukturen der Persönlichkeit, die gegen die Leere
kämpft, indem sie Ihre Aufmerksamkeit fixiert und Sie dadurch

von der *Essenz Ihres Wahren Selbst* ablenkt. Der nächste Schritt besteht darin, die Persönlichkeit wieder in die Essenz zu absorbieren. Das wird den Ausübenden wesentliche Eigenschaften ohne Identitäten erfahren lassen.

KAPITEL 12

Die Chaos-Therapie

Selbstdiagnose und Fremddiagnose

Alle Systeme der Psychotherapie und sicherlich viele spirituelle Systeme haben ihre eigenen Diagnosemethoden und -ansätze. Viele Menschen wehren sich gegen die Vorstellung einer Diagnose, weil sie das Gefühl haben, man würde irgendwie charakterisiert und in eine Schublade gesteckt, die negiert, wer man wirklich ist. Jedes Diagnosesystem kann das tun, aber in der Chaos-Therapie wird der Ausübende zu einer objektiven Beobachtung angehalten, damit er die Methoden sehen und erkennen kann, die die Persönlichkeit einsetzt, um sich selbst gegen die Essenz zu wehren. In meinen professionellen Seminaren bediene ich mich der Diagnose, damit die Teilnehmer besser verstehen können, wie sie sich selbst organisieren und ihre Identitäten einsetzen, um ihr äußeres Chaos zu organisieren. Außerdem haben die Identitäten, die das äußere Chaos organisieren, eine Trancestrategie oder -verteidigung, die diesen innerpsychischen Vorgang am Laufen hält. Der Zweck dieses Etiketts ist es, die Persönlichkeit besser zu verstehen und gleichzeitig zu erkennen, daß Sie über diesen Identitäten stehen. In meinen Ausbildungen setze ich die Charakteranalyse von Wilhelm Reich ein. Leichtere Zugänge zu dieser Methode entwickelten Alexander Lowen und mehr noch Ron Kurtz. Diese Art der Analyse des »Charakters« erlaubt es dem Therapeuten, die grundlegende Organisation zu erkennen. Wenn man diese Identitäten kennt, kann man entdecken, daß Sie diese Essenz sind – vor und jenseits der Identitäten. Kurz gesagt, *um herauszufinden, wer Sie sind, müssen Sie zuerst erforschen, wer Sie nicht sind.*

Die Chaos-Therapie

Ich habe jahrelang ungefähr drei Stunden pro Tag damit verbracht, mit dem Enneagramm zu arbeiten. Das Enneagramm, das Tausende von Jahre alt ist, kennt neun *grundlegende* Persönlichkeitstypen. Es verfügt über eine tiefe Einsicht, wie die einzelnen Persönlichkeiten und die sie begleitenden Variationen die Welt organisieren.

Ich habe Jahre damit verbracht, ungefähr 90 Paare gegensätzlicher Identitäten innerhalb jedes Charaktertypus auseinanderzunehmen und dann jedes Paar in mir abzubauen. Mit Hilfe des Buches *Das Enneagramm* von Helen Palmer und *Die neun Typen der Persönlichkeit und das Enneagramm* von Don Richard Riso war ich in der Lage, die Identitäten eine nach der anderen abzubauen.

1991 kaufte ich das Buch *The Enneatype Structures* von Claudio Naranjo. Während ich mich eingehend mit diesem Buch beschäftigte, sprang mich das fehlende Glied an!! Jeder Persönlichkeitstypus fing mit dem Gefühl eines »*Seinsverlustes*« an. Mit der Zeit lernte ich diesen *Seinsverlust* zu schätzen, der die bestehenden Identitäten herbeiführte, und ich begrüßte auch den Umstand, daß es neun grundlegende Typen der Persönlichkeit gibt, die gewohnheitsmäßig eingesetzt werden, um sich gegen den *Seinsverlust* zu verteidigen. Ich verstand allmählich, daß wir als Kleinkinder gezwungen waren, uns von der reinen *Essenz unseres Wahren Selbst* zum »äußeren« Überleben in der Welt zu bewegen, während der Körper sich entwickelte. Mit anderen Worten, während sich der physische Körper entwickelt, wird die Persönlichkeit durch Identifikation mit dem Körper geformt. Die Persönlichkeit ist ein Überlebensmechanismus, der das Chaos organisiert. Der wichtigste Punkt ist, daß der Seinsverlust ein verheerendes Loch hinterläßt, wenn er von der *Essenz* zur Persönlichkeit übergeht. Das erklärt, warum viele Menschen einen Verlust spüren, als ob etwas fehlen würde – eine nagende Leere. Das kann man auch mit Traumata in Verbindung bringen. Oft ist das Trauma der Ort, wo die Menschen fühlen, »mit mir kann etwas nicht stimmen, sonst würde ich diesen Verlust und diese Leere nicht spüren«. In Wirklichkeit zeigt das nagende Gefühl, daß *etwas mit Ihnen stimmt*.

Wie wir später noch sehen werden, laufen wir vor uns selbst davon, wenn wir die Leere füllen wollen und denken oder fühlen, etwas stimme nicht – das ist die Ironie der Suche. Einfacher gesagt, was wir tun, um die Leere zu füllen, ist ein Widerstand gegen die Leere. Es ist der Versuch, Ihr *Sein* zu *tun*. Oder wie Frank Sinatra es in seinem Lieder *Strangers in the Night* so schön formulierte: »Do-be-do-be-do« (tun-sein-tun-sein-tun).

Die Persönlichkeit verteidigt sich gegen den Seinsverlust – aber es gibt die Leere, eine Spur der Essenz, die als Leere innerhalb des Körpers erfahren wird, gegen die sich die Persönlichkeit wehrt. Jeder von uns besitzt Tausende von Identitäten, um sich gegen diese innere Leere zu wehren, in der der Verlust der Unschuld bzw. der Seinsverlust auftritt. Wichtiger noch ist die Leere. Das Loch ist eine Pforte, die als *Durchgang* fungiert, durch die wir in unser eigenes Sein eintreten können. Was Sie in Ihrem Leben spüren, sind die kontinuierlichen Versuche, sich mit Hilfe verschiedener Strategien gegen diese Leere zu verteidigen.

Das bedeutet, daß das Enneagramm oder der *Charakter* organisiert ist, um sich gegen die Leere zu verteidigen. Die Persönlichkeits*struktur* weiß nicht, daß das Loch eine Pforte zur Essenz ist. Folgerichtig verteidigen sich diese Strukturen gegen sich selbst, gegen das eigene tiefste Innere.

Wir wollen zuerst damit beginnen, die von der Identität eingesetzte Strategie zu diagnostizieren, und dann aufzeigen, wie die Identitäten wieder in eine persönliche Essenz aufgenommen werden können.

Selbstdiagnose

Eines ist auf unserem Weg durch die Strukturen wichtig: Wir müssen in der Lage sein, unsere Identitäten und Trancezustände zu erkennen und zu begreifen, damit wir sie verarbeiten und sie wieder in die Essenz aufnehmen können. Es ist daher wichtig, sich nicht von der Persönlichkeit mit dem Ziel einfangen zu lassen, sie zu ändern. Einfacher gesagt, versuchen Sie nicht, Ihre Persönlichkeit zu verändern und sie »akzeptabler« oder »gesünder« zu machen.

Vielmehr sollten Sie sehen, daß die Organisation der Identitäten um den Körper eine Funktion der menschlichen Entwicklung ist. Daher würde eine Veränderung den Versuch darstellen, sich gegen eine Funktion zu wehren. Unser Ziel ist es, mögliche Kombinationen von Identitäten und deren Ziele zu bemerken und sie in die Essenz unseres Wahren Selbst zu reabsorbieren.

Essenz: der Organisator des Chaos

Die *Essenz* steht jenseits der Persönlichkeit, weil sie da war, bevor Körper und Nervensystem sich entwickelten und das Selbst vom anderen bemerken und unterscheiden konnte. Daher wird die Essenz zum höchsten Organisator des Chaos.

Die Essenz, diese riesige persönliche Leere, kann – wenn man sie zuläßt – die Persönlichkeit wieder in sich aufnehmen. Glücklicherweise hinterläßt die Essenz eine Spur im Körper. Obwohl sich der Körper gegen diese Spur der Essenz wehrt, ist es die Essenz, in die man das Chaos und den Widerstand gegen das Chaos zurückordnen kann.

Um das zu tun, müssen wir unsere Identitäten und unsere Persönlichkeit furchtlos prüfen, damit die Identitäten völlig reabsorbiert werden können. Das läßt den Ausübenden des Quantenansatzes aus der Essenz handeln und nicht aus der Identität.

Hier werde ich die Identitätsstrukturen bzw. die zugrundeliegenden Zustände aufzeigen, die wieder aufgenommen werden müssen. Eines dürfen wir nicht vergessen: *Nicht das, was wir wissen, ist das Problem. Vielmehr ist das, was wir nicht wissen, das Problem.*

Lügen

Lügen, die wir uns selbst erzählen, können nicht in die Essenz absorbiert werden. Anders ausgedrückt, wir müssen uns der Wahrheit über unsere Lügen stellen, damit die Identitäten wieder in die Essenz aufgenommen werden können. Wir müssen uns die Wahrheit über unsere Lügen sagen. Warum? – Die Essenz kann nur die Wahrheit aufnehmen, sie kann keine Lügen aufnehmen.

Ich habe beispielsweise einmal in einem Workshop mit einer Frau von der Ostküste gearbeitet, die sich selbst als »liebessüchtig« beschrieb. Sie klagte über den Mann, mit dem sie sich traf und meinte: »Er schenkt mir nicht genügend Aufmerksamkeit.« Ich sagte zu ihr: »Sie wußten von Anfang der Beziehung an, daß er für sie nicht richtig war, und dann haben Sie sich selbst darüber angelogen. Welche Lüge haben Sie sich über ihn erzählt?«

Zuerst war sie über diese Frage verstimmt, doch dann erwiderte sie: »Ich sollte ihn um acht Uhr im Restaurant treffen. Er kam erst um 8 Uhr 45. Ich habe mich ständig darüber angelogen.«

Ich erklärte: »Erst lügen wir uns in einer Beziehung über einen Menschen an, und dann lügen wir, daß wir uns angelogen haben. Daraufhin ärgern wir uns über diesen Menschen, weil er *anders* ist als die Lüge, die wir uns über ihn erzählt haben. Unsere Arbeit ist es, unsere eigenen Lügen aufzudecken und die Menschen so zu sehen, wie sie sind, und nicht die Lügen, die unsere Wahrnehmung ihres Verhaltens in Schubladen steckt.« Ein weiteres, weit verbreitetes Beispiel kann mit dem Wort *Verleugnung* zusammengefaßt werden. Wenn wir uns über ein Trauma, das geschehen ist, anlügen, indem wir leugnen, daß es geschah, oder wenn wir uns über unsere Kindheit anlügen, können diese Identitäten nicht wieder in die Essenz aufgenommen werden. Nisargadatta Maharaj sagte: »Du kannst etwas erst dann loslassen, wenn du weißt, was es ist.« Aus diesem Grund gibt es keine Abkürzung und kein Ende der Trance, bis wir die Wahrheit über das, was geschehen ist, erfahren und sagen können. Dann und nur dann kann die Persönlichkeit wieder in die Essenz aufgenommen und somit stabilisiert werden. Ein Schüler kam einmal zu Nisargadatta Maharaj und fragte: »Wie lange dauert es, bis man in der Lage ist, im Sein [in der Essenz] zu bleiben?« Maharaj antwortete: »Es kann lange dauern, bis man sich in diesem Zustand einrichtet, aber halte dich nur an dein Sein [deine Essenz]!«

Daher wollen wir zu Anfang dieses Prozesses all unsere Identitätsstrukturen als zu uns gehörend ansehen. Warum? – Weil keine Persönlichkeit nur eine Struktur hat, vielmehr sind wir eine Mischung aus vielen, und das Enneagramm befindet sich, wie das Quantenuniversum, in ständiger Bewegung.

KAPITEL 13

Das größte Trauma,
von dem je die Rede war

Äußeres Chaos: der Zerrütter
Inneres Chaos: die Essenz des wahren
Selbstorganisators

Bislang haben wir immer vom »äußeren« Chaos gesprochen und vom Widerstand gegen das Chaos als Organisator von Persönlichkeit und Identitäten. Die Chaos-Therapie bringt uns nach innen zur Essenz, die vor der Persönlichkeit liegt. Die Persönlichkeit, so könnte man sagen, hat ihre Grenzen aufgrund der Tatsache, daß sie sich in der Zeit befindet oder als Individuum begann, während der physische Körper empfangen und geboren wurde und sich entwickelte. Die Essenz jedoch hat ein viel breiteres Spektrum. Sie kommt noch vor der Persönlichkeit und befindet sich daher einen Schritt näher am Quantenbewußtsein als die Persönlichkeit. Aus diesem Grund stehen der Essenz wesentliche Eigenschaften zur Verfügung, nach denen die Persönlichkeit sucht. Anders gesagt, die Essenz hat Zugang zu allen Eigenschaften, und sie besteht aus allen Eigenschaften. Nach G. I. Gurdjieff ist die Persönlichkeit das, was man annimmt; die *Essenz* ist das, womit wir gekommen sind. Einfacher gesagt, das intensivste Trauma geschieht in dem Augenblick, in dem die Persönlichkeit geformt wird und die *Essenz* verläßt. Besser gesagt, unser größtes Trauma ist der *Verlust der Essenz*. Die Persönlichkeit sucht ihr Leben lang erfolglos nach der Essenz. In Wirklichkeit verteidigt sich die äußere Suche gegen das Trauma des *Verlusts der Essenz*. Dieser Verlust der Essenz formt einen solchen *Bifurkationspunkt*, daß die Persönlichkeit diesen zutiefst traumatischen Moment immer wieder neu durchlebt und sich an jedem Tag in jeder Sekunde gegen dieses grundlegende Trauma verteidigt. Mit anderen Worten: Man verteidigt sich mit dem Widerstand gegen das *eigentlich größte Trauma*, den Verlust der Essenz, und wiederholt es daher immer wieder neu.

Auf welche Wiese wiederholt man es immer wieder neu?

Die meisten von uns spüren einen Verlust, und anstatt diesen Verlust zu erleben oder uns in die Leere zu begeben, versuchen wir, die Leere zu füllen und den Verlust zu überwinden. Um die Leere zu füllen, konzentrieren wir unsere Aufmerksamkeit auf etwas oder beschäftigen unsere Aufmerksamkeit, damit wir die Leere nicht fühlen. Oder wir versuchen, den Verlust zu verwinden, indem wir zwanghaft denken, ein anderer würde uns dazu verhelfen, uns wieder gut zu fühlen. Oder wir suchen einen Lehrer, der uns mit dem Geheimnis unseres Verlustes vertraut macht. Oder vielleicht konzentrieren wir unsere ganze Aufmerksamkeit auf andere in dem Versuch, sie unseren Verlust spüren zu lassen. Dieser Verlust mit der ihn begleitenden Leere ist die Grundlage der Persönlichkeit und ist ihre *Natur*. Daher müssen wir, um den Seinsverlust in den Griff zu bekommen, dahin zurückkehren, von wo wir gekommen sind.

Es gibt eine herrliche Geschichte über einen berühmten indischen Lehrer namens Ramana Maharshi. Einst ging ein Suchender aus Amerika auf Reisen, um die Wahrheit zu finden. Nach einer langen Reise traf er schließlich in Indien auf Ramana Maharshi. Er näherte sich Ramana und fragte: »Wie kann ich mich selbst finden?« Ramana erwiderte: »Geh den Weg zurück, den du gekommen bist.« Der Suchende ging verwirrt davon. Ein anderer Schüler fragte Ramana: »Warum wart Ihr so grausam, warum habt Ihr ihm nicht einen Weg genannt, um sich zu finden?« Ramana erwiderte: »Das tat ich, ich sagte ihm, er solle den Weg zurückgehen, den er gekommen war.«

Mit anderen Worten, die Persönlichkeit muß ihre Aufmerksamkeit umkehren und den Weg zurückgehen, den sie gekommen ist – zurück durch die Leere in die *Essenz des Wahren Selbst*.

Ironischerweise versucht die Persönlichkeit, Essenz zu sein und die Eigenschaften der Essenz zu erlangen und zu behalten. Dieser Fall kann jedoch niemals eintreten, denn die Persönlichkeit ist das dritte Implizite, die Essenz das zweite Implizite und die Leere das Implizite.

Der Verlust der Essenz

Das Trauma vom Verlust der Essenz hält die Energie unter Verschluß – Quanten kommt vom Wort »Quant«, und das bedeutet Energiepaket –, entweder um sich zu wehren oder um dieses höchste Trauma neu zu durchleben und zu versuchen, es richtigzustellen.

Dieses eigentlich größte Trauma ist der Moment, in dem die Persönlichkeit sich selbst als getrennt von sich selbst (Essenz) wahrnimmt. Dieses *Abspalten* führt zu dem höchsten Bifurkationspunkt, an dem sich die Persönlichkeit abspaltet, sich von der Essenz dissoziiert und sich wiederholt gegen diese traumatische Erfahrung wehrt. Die Essenz, die aus der Sicht der Persönlichkeit leer scheint, bringt die Persönlichkeit dazu, sich vor ihrem eigenen Selbst zu fürchten und diese Angst auf andere zu projizieren und zu befürchten, diese wollten sie vernichten. Wird diese Angst der Essenz auf andere Menschen projiziert, bekommt die Persönlichkeit Angst vor ihnen. Wieder eine Zwickmühle. Die Persönlichkeit hat einerseits Angst, sich mit anderen zu verbinden, und hat andererseits Angst, sich mit ihrem Wahren Selbst oder der Essenz zu verbinden. Die Persönlichkeit hat auch Angst vor der Quantenenergie, die während dieser traumatischen Fragmentation gespeichert wird, weil die Persönlichkeit diese Energie für erdrückend und chaotisch hält. Wenn ein Patient dieser Energie gegenübersteht, hat er oft das Gefühl, als ob die Energie so stark und erdrückend sei, daß sie explodieren und ihn selbst oder andere zerstören könnte.

Die Zwangslage der Persönlichkeit zeigt sich in dem Märchen *Das häßliche Entlein*. Die äußere Welt hält das häßliche Entlein für häßlich, und so denkt es, es sei wirklich häßlich, bis ihm bei seinem Anblick eines Tages klar wird, daß es ein wunderschöner Schwan (Essenz) ist.

Physikalisch ausgedrückt ist die Essenz das zweite Implizite; es existiert außerhalb von Energie, Raum, Masse und Zeit und ist doch der *Prüfstein* bzw. die Brücke, die das Höchste mit dem physikalischen Universum verbindet. Mit anderen Worten, die Essenz steht zwischen der impliziten und der expliziten Ordnung von David Bohm. Außerdem kann die Essenz dem Chaos Ordnung verleihen. Das Paradox besteht jedoch darin, daß den Identitäten der Persönlichkeit der leere Raum der Essenz als Chaos erscheint. Die Persönlichkeit ist eine Ansammlung von Identitäten, die so angeordnet sind, daß sie das biologische und das psycho-emotionale Überleben des physischen Körpers unterstützen. Das friert das Muster der Identitäten ein; die Identitäten der Persönlichkeit sind eingefroren in dem Versuch, das äußere Chaos zu ordnen, und eingefroren in ihrer Gegenwehr gegen das wahrgenommene innere Chaos der Leere. Auf diese Weise stecken die Identitäten der Persönlichkeit in einem Dilemma zwischen innerem und äußerem Chaos.

Die Essenz besitzt dagegen alle Eigenschaften, um das Chaos zu strukturieren und neu zu ordnen.

»Die erste implikate Ordnung ist das Feld an sich. Die erste implikate Ordnung entspricht einem Fernsehbildschirm, der in der Lage ist, eine unendliche Vielzahl von expliziten Formen zu zeigen. Die zweite implikate Ordnung entspricht einem Computer, der über Informationen verfügt und sie zur Verfügung stellt, um die verschiedenen Formen arrangieren zu können. Die dritte implikate Form ist der Spieler.« (Peat/Bohm, 35)

In dieser Analogie ist das undifferenzierte Bewußtsein bzw. die Leere die erste implizite Ordnung, die Essenz ist die zweite implizite Ordnung und die Persönlichkeit die dritte implizite Ordnung.

Entsprechend dieses Gedankengangs ist es bei der Therapie erforderlich, daß die Persönlichkeit (die dritte implizite Ordnung) sich in die Essenz (die zweite implizite Ordnung) entfaltet und die wahren essentiellen Eigenschaften erfährt, die die Essenz ausmachen. Schließlich muß sich die Essenz in die implizite Ordnung bzw. in das reine undifferenzierte Bewußtsein zurückentfalten, das die zugrunde liegende Einheit der Leere darstellt.

Die Vorgehensweise

Wie wir in diesem Abschnitt gesehen haben ist das Chaos der einigende Faktor hinsichtlich der Organisation der Identität. Das Chaos – die Angst vor dem Erdrücktwerden, vor Verwirrung und vor dem Verlust der Kontrolle – ist die am weitesten verbreitete Einstellung. Als Überkompensation für das Chaos erschaffen wir Identitätssysteme und subjektive Universen, die den Versuch unternehmen, das Chaos zu beenden, indem man es organisiert und einen Zustand des Friedens oder des Gleichgewichts herbeiführt. Bevor wir fortfahren, lassen Sie mich *noch einmal* Chaos definieren:

> *»Die Unendlichkeit des Raumes oder der formlosen Materie, die angeblich der Existenz des geordneten Universums vorausging.«*
> (Webster, 36)

Ich erwähne das, weil wir in diese »Unendlichkeit des Raumes«, die für die Identität das Chaos darstellt, und in die Essenz eintreten müssen.

Jeder Beobachter/Schöpfer einer Identität hat eine Aufmerksamkeitsfixierung oder eine Methode, mit der die Persönlichkeit ihre Aufmerksamkeit nach außen auf eine bestimmte Identität oder einen zugrundeliegenden Gefühlszustand fixiert, damit er die Leere nicht sehen muß.

Der Beobachter erschafft die Persönlichkeit und ist ein Teil von ihr

In der Rückschau auf mein Buch *Quantenbewußtsein* richtet sich der Beobachter immer noch nach außen – ein erster Schritt in dem Vorgang, jenseits der Persönlichkeit zu gelangen. *Der Beobachter ist jedoch Teil der Persönlichkeit*, wenn auch zweifelsohne ein »höherer« Teil. Das ist ein sehr wichtiger Punkt. Der Beobachter trennt sich von der Essenz und entwickelt sich in unterschiedlichem Ausmaß entsprechend der Entwicklung des Körpers und der Persönlichkeit. Wie in meinem Buch *Quantenbewußtsein* erwähnt, schafft der Beobachter Identitäten und ist Teil dieser Identitäten. Anders ausgedrückt, der Beobachter richtet sich nach außen auf Gedanken, Gefühle, Bilder, Menschen usw. *Diese Aufmerksamkeitsfixierung des Beobachters ist die Strategie, die der Beobachter einsetzt, um sich gegen das Trauma vom Seinsverlust zu wehren.* Der Beobachter fixiert seine Aufmerksamkeit auf die äußere Persönlichkeit, um das Trauma des Seinsverlusts sowie die Leere zu vermeiden. Anders ausgedrückt, *der Beobachter und die*

LEERE

persönliche Essenz

Beobachter-Identität
Beobachter-Identität
Beobachter-Identität
Beobachter-Identität
Beobachter-Identität

Dies ist eine Darstellung der Gruppe von Beobachter-Identitäten, die zusammengenommen die Persönlichkeit ausmachen.

ABBILDUNG 6

Gruppe von Identitäten, die wir Persönlichkeit nennen, sind eins, nicht getrennt. Die Illusion läßt uns glauben, daß der Beobachter durch Beobachtung von der Persönlichkeit befreit werden kann. Tatsache ist, daß der Beobachter während der Entwicklung des physischen Körpers sowie der Persönlichkeit geschaffen wurde. Außerdem erschafft der Beobachter die Persönlichkeit durch den Akt des Beobachtens (siehe Abbildung 6).

Das ist ein umstrittener Punkt, und daher muß sich der Leser fragen: *War irgend jemand, den ich kenne, allein durch Selbst-Beobachtung in der Lage, seine Persönlichkeit loszulassen?* Wenn Ihre Antwort *Nein* lautet, seien Sie bereit, die Möglichkeit zu erforschen, daß der Beobachter und die Persönlichkeit eine Einheit sind. Das bedeutet, um in die Essenz einzutreten, müssen der Beobachter und sein Objekt – d. h. die Identitäten, die zusammengenommen als Persönlichkeit bezeichnet werden – zurück in die Essenz aufgenommen werden. Auf diese Weise verschwinden der (subjektive) Beobachter und sein Objekt, die Persönlichkeit. Es taucht die essentielle Eigenschaft der Beobachtung ohne Objekt auf.

Anders ausgedrückt, das beobachtende Subjekt und sein Objekt (die Persönlichkeit) werden wieder in die Essenz aufgenommen, und somit entsteht die essentielle Eigenschaft der Beobachtung ohne Objekt. Wie kann es eine Beobachtung ohne Objekt geben? Auf der Ebene der Essenz verschmelzen das Subjekt (der Beobachter) und sein Objekt (die Persönlichkeit) und werden eins. Das nannte G. I. Gurdjieff *objektives Bewußtsein*: Beobachtung ohne Objekt.

Damit dies geschehen kann, richtet der Beobachter seine Aufmerksamkeit nach innen auf die Leere, anstatt seiner Gewohnheit zu folgen und sie nach außen zu richten. So sieht er sich selbst. Einfacher gesagt, wenn der Beobachter seine Aufmerksamkeit nach außen fixiert, ist dort Persönlichkeit. Wenn der Beobachter seine Aufmerksamkeit nach innen auf die Leere fixiert, ist dort Essenz, und der Beobachter (Subjekt) und sein Objekt (Persönlichkeit) lösen sich in der Essenz auf. Der Beobachter fixiert seine Aufmerksamkeit nach außen, um sich gegen die Essenz (sich selbst) zu wehren. Wenn der Beobachter sich nach innen richtet,

wird er wieder in seine essentielle Natur aufgenommen. Dann gibt
es Beobachten ohne Beobachtung, Bewußtsein ohne etwas, dessen
man sich bewußt wäre, und einen Wissenden ohne Wissen. In dieser Phase verschwindet allmählich die Dyade aus Beobachter und
Persönlichkeit, und nur die reine Essenz bleibt übrig. Das bezeichnete G. I. Gurdjieff als das »wirkliche Ich« und Ramana Maharshi als das »Ich-Ich«.

Stellen Sie sich zur Verdeutlichung ein Rad vor. Die Nabe des
Rades formt die zentrale Achse für die Speichen. Die Essenz liegt
etwas unterhalb der Nabe des Rades. Die Nabe des Rades ist die
Aufmerksamkeitsfixierung und die zugrundeliegende Erfahrung
der Persönlichkeit – das Hauptmerkmal, die Hauptfixierung oder
die Haupttrance. Die Identitäten sind die Speichen des Rades.
Wenn Sie daher die Nabe Ihres Rades entdecken können, die ihre
Identitäten strukturiert, erfolgt die Wiederaufnahme der Identitäten (Speichen), der Nabe und der Aufmerksamkeitsfixierung des
Beobachters viel schneller. Aus diesem Grund werden wir die
wichtigsten Aufmerksamkeitsnaben der Beobachterpersönlichkeit, die uns davon abhalten, mit der Essenz zu verschmelzen, erforschen.

Die Essenz

Es reicht nicht aus, die Aufmerksamkeitsfixierung des Beobachters zu erforschen und zu erkennen. Um die Essenz zu erreichen,
muß jede einzelne Persönlichkeitsstruktur auseinandergenommen
und ihre essentielle Natur wiederaufgenommen werden. Warum?
– Wenn wir einfach in der Essenz bleiben, wird die Persönlichkeit
immer noch funktionieren. Das passiert Meditierenden häufig. In
der einen Minute befinden sie sich in der Essenz – in der nächsten
Minute werden sie in die Identitäten katapultiert. Für den Meditierenden ist das Verlassen der Essenz und das Eintreten in die
Welt wie ein *Schlag* ins Gesicht. Daher nehmen wir die Identitäten
der Persönlichkeit auseinander, damit wir aus der Essenz in die
Welt gehen und dort leben können. Mit dieser Geisteshaltung
folgt jeder Aufmerksamkeitsfixierung ein Fallbericht sowie die

Schlußfolgerung. Ich hoffe, das erlaubt es den Lesern, diesen Vorgang nachzuvollziehen und bietet ihnen einen Kontext für den eigenen Prozeß der Wiederaufnahme. In den ersten sieben Fällen werden Ihnen leichte Wiederaufnahmeprozesse vorgestellt. In den letzten beiden werden Hindernisse auf dem Weg der Wiederaufnahmeprozesse aufgezeigt sowie Beispiele, wie man durch schwierigere Strukturen gelangen kann.

Bitte denken Sie daran, daß jeder Fall ein *Highlight* aus einer oder mehreren Sitzungen ist, die von einer bis zu mehreren Stunden dauern können. Ich habe ganz spezielle Fälle ausgewählt, um bestimmte Informationen zu betonen. Aus diesem Grund wird jeder Fall sowie die Komplexität seiner therapeutischen Information zunehmen, je weiter wir kommen. Auf diese Weise erhalten die Leser eine Information nach der anderen. Dieser Vorgang ist keine feste Formel, vielmehr ein Kontext, in dem alte Identitätsmuster wiederaufgenommen werden können.

In meinen bisherigen Büchern habe ich gezeigt, daß das Leben und unsere innerpsychische Welt die Welt der Physik widerspiegeln. Jede Identität besitzt eine Gegenidentität, mit der sie im Tandem arbeitet und die sie ergänzt. Diese Identitäten stehen miteinander in Verbindung. Anders als bei den meisten Schulen der Psychotherapie, bei denen versucht wird, den schlechten wertlosen Teil loszuwerden und den guten wertvollen Teil zu behalten, werden in der Chaostherapie beide Teile als Einheit gesehen, die durch einen emotionalen Zustand oder eine Trance, die die Identitäten wie mit Leim zusammenhält, verbunden sind.

Diese Identitätspaare spiegeln sich in der Welt der Physik wider und daher in unserer inneren Welt der Psychologie.

»Heute wissen wir, daß jedes Teilchen ein Antiteilchen hat. Teilchen und Antiteilchen bilden in der Physik eine fundamentale Symmetrie. ... Die Wissenschaftler haben bemerkt, daß man sich zu jedem Elektron einen quantisierten Spin denken kann. Dieser Spin kennt nur zwei mögliche Richtungen – nach oben oder nach unten –, daher seine grundlegende Doppelwertigkeit.«

(Peat, 37)

Schlußfolgerung

Es kommt darauf an, die grundlegenden Identitätspaare zu verstehen, die geformt wurden, um das Chaos zu organisieren, sich gegen das Trauma des Verlustes der Essenz zu wehren und ungewollte Chaoszustände zu vermeiden. Man sollte anmerken, daß jeder Versuch, das Chaos zu organisieren, in Wirklichkeit der Widerstand gegen einen ungewollten Zustand ist. Der Versuch, das Chaos zu strukturieren, macht es der Identität auf ihrer erschöpfenden Suche, diesen unangenehmen Zustand zu *beenden*, leichter. Die beiden Identitätspaare sind daher Chaos und Widerstand gegen das Chaos.

Jede Fixierung der Aufmerksamkeit des Beobachters ist eine Strategie, mit deren Hilfe er sich gegen das Trauma des Seinsverlust und der wahrgenommenen Leere wehrt. Eine ganzheitliche Persönlichkeit wird um die Essenz herum aufgebaut. »Um zu entdecken, wer du bist, mußt du zuerst entdecken, wer du nicht bist.« Mit dieser Einstellung wollen wir uns an die Erforschung der neun Aufmerksamkeitsfixierungen und ihrer Charaktertypen machen, damit wir entdecken können, wer wir nicht sind. Auf diese Weise konzentriert der Beobachter/die Persönlichkeit die Aufmerksamkeit auf ein Gefühl, einen Menschen, einen Gedanken, eine Vorstellung als Weg, sich gegen das Trauma von Seinsverlust und Leere zu wehren. Man könnte sagen, der Beobachter/die Persönlichkeit fixiert die Aufmerksamkeit, richtet sie nach vorn und sucht außerhalb seiner/ihrer selbst in dem verzweifelten Versuch, das Trauma zu vermeiden. Die wahrgenommene nagende Leere dient jedoch als ständige Erinnerung an die Essenz. Die Persönlichkeit empfindet die Essenz als ständige Erinnerung an das schmerzvolle Trauma und versucht daher, es um jeden Preis zu vermeiden.

Einfacher gesagt, die Aufmerksamkeitsfixierung ist die Strategie des Beobachters/der Persönlichkeit, um das Trauma zu vermeiden. Darum stärkt die *Veränderung* der Persönlichkeit nur die Verteidigung gegen das Trauma, anstatt das Trauma in den Griff zu bekommen, d.h. der Beobachter/die Persönlichkeit wehrt sich direkt gegen den Verlust der Essenz. Anders ausgedrückt, der ständige Versuch, die Persönlichkeit zu verändern und sie besser oder gesünder zu machen, ist die Aufmerksamkeitsfixierung des Beobachters auf die Persönlichkeit und ein Widerstand gegen die Essenz (Leere). Kurz gesagt: Der Wunsch des Beobachters, die Persönlichkeit zu verändern, ist die Methode, mit der er sich gegen die Essenz bzw. gegen sich selbst wehrt. Wenn der Beobachter/die Persönlichkeit die Aufmerksamkeit auf die Leere lenkt, führt das direkt zur Essenz.

Wenn die Aufmerksamkeitsfixierung des Beobachters/der Persönlichkeit nach außen auf eine »bessere Persönlichkeit« gelenkt wird, führt das zu weiteren Identitäten und zu mehr Persönlichkeit und daher fort von der Essenz.

Aufmerksamkeitsfixierungen sind Strategien

Aufmerksamkeitsfixierungen treten wie Trancezustände auf, wenn der Beobachter einer Erfahrung seine Aufmerksamkeit schrumpft und in einen tranceähnlichen Zustand fällt, indem er mit einem bestimmten Zustand oder einer Identität verschmilzt, um das Trauma des Seinsverlustes zu vermeiden.

In Kapitel 23 sprechen wir unter der Überschrift »Fortgeschrittenes Aufmerksamkeitstraining« über die Aufmerksamkeit des Beobachters und wie er sowohl seine nach innen als auch seine nach außen gerichtete Aufmerksamkeit strukturiert.

KAPITEL 14

Aufmerksamkeitsfixierung
Strategie EINS

Ich bin o. k., wenn ich vollkommen bin.
Du bist o. k., wenn du vollkommen bist.

Die erste Fixierung hat verschiedene Namen. Naranjo nennt sie *Zorn und Perfektionismus*, Palmer spricht vom *Perfektionisten* und Riso vom *Reformer*. Diese Aufmerksamkeitsfixierung ist von tiefem Groll gekennzeichnet. Charakterologisch ist der Körper rigide und sieht etwas spröde aus, als ob er auseinanderbrechen wollte.

Der zugrundeliegende Zustand

Der zugrundeliegende Bewußtseinszustand bei jeder Fixierung der Aufmerksamkeit trägt wesentlich zum Verständnis bei, wie die Essenz um die Beobachter-Persönlichkeit-Dyade aufgebaut ist. Der zugrundeliegende Zustand ist die dauerhaft zugrundeliegende Haltung – das kann ein Gefühl, ein Gedanke oder ein Bewußtseinszustand sein.

Bei Strategie EINS der Aufmerksamkeitsfixierung ist der zugrundeliegende Zustand ein Gefühl des Grolls. Das bedeutet, alle Identitäten und Geschichten, die sich die Beobachter-Persönlichkeit-Dyade selbst erzählt, verstärken diesen chronischen Zustand von Groll.

Die Geschichte ist nicht der Zustand

Wenn wir den chronischen Zustand erfahren, suchen die meisten von uns eine Geschichte, warum wir fühlen, was wir fühlen – und finden sie auch.

Wenn wir zum Beispiel emotional ein Gefühl des Grolls hegen, *nehmen* wir automatisch *an*, daß es einen *Grund* dafür oder eine *Geschichte* dazu gibt. Dann schauen wir nach einer Geschichte, um unsere Emotionen zu rechtfertigen, und finden sie auch. Um den zugrundeliegenden Zustand eines Persönlichkeitstyps zu verstehen, müssen wir erkennen, daß der Zustand, in diesem Fall der Groll, fast immer gegenwärtig ist. Aus diesem Grund verstärkt es nur Ihren Groll, wenn Sie nach einem Grund für Ihren Groll suchen oder versuchen, Ihren Groll zu überwinden. Der Ausweg besteht darin, Ihren zugrundeliegenden Zustand anzuerkennen und ihn einfach sein zu lassen.

Im 4. Kapitel meines Buches *Quantenbewußtsein* haben wir uns mit emotionalen Zuständen befaßt. Alle Quantenübungen in diesem Abschnitt forderten uns auf, unsere Aufmerksamkeit von der Geschichte, warum wir fühlen, was wir fühlen, abzuziehen und sie auf die Gefühle an sich zu konzentrieren.

Mit anderen Worten, ziehen Sie Ihre Aufmerksamkeit von der mentalen Geschichte ab, wenn Sie sich in einem emotionalen Zustand befinden, und konzentrieren Sie sich auf den emotionalen Zustand an sich. Einfacher gesagt, richten Sie Ihre Aufmerksamkeit auf die Emotionen, wenn es einen emotionalen Zustand gibt.

Das Hauptmerkmal der Trance

Die Aufmerksamkeitsfixierung der Beobachter-Persönlichkeit-Dyade hat drei Funktionen: erstens die Aufmerksamkeit von der nagenden Leere abzulenken. Zweitens zu versuchen, in dieser Fixierung Vollkommenheit zu erfahren, indem man durch die Beobachter-Persönlichkeit-Dyade hindurchsieht. Diese Suche nach Vollkommenheit beruht auf der Entscheidung der Beobachter-Persönlichkeit-Dyade, diese nagende Leere bedeute, sie sei *unvollkommen*. Und drittens Geschichten oder Gründe für die Unvollkommenheit zu erfinden, um den dauerhaften zugrundeliegenden Zustand des Grolls zu rechtfertigen. *Groll* ist der zugrundeliegende Zustand. Lassen Sie uns beispielsweise annehmen, daß die Beobachter-Persönlichkeit-Dyade die nagende innere Leere spürt. Zuerst sucht der Beobachter vielleicht selbst nach etwas, um diese Leere aufzufüllen – zum Beispiel nach einer Beziehung oder einem psycho-spirituellen System. Dann beschließt die Beobachter-Persönlichkeit-Dyade, daß die Leere auf eine Unvollkommenheit in ihr schließen läßt. Daraufhin sucht sie nach einer *vollkommenen* Beziehung oder einem *vollkommenen* System. Da der zugrundeliegende Zustand Groll ist, projiziert die Beobachter-Persönlichkeit-Dyade zuletzt ihre eigene imaginäre Unvollkommenheit auf eine Beziehung oder ein psycho-spirituelles System und erfindet Geschichten der Unvollkommenheit über die Beziehung oder das System, um ihr Gefühl des Grolls zu rechtfertigen. Wie wir im Laufe dieses Abschnitts noch sehen werden, etikettiert jede Aufmerksamkeitsfixierung die nagende Leere als »Da stimmt etwas nicht« oder sie wird vom Beobachter für einen inneren Mangel oder für ein inneres Defizit gehalten, und er bemüht sich um eine *Über*kompensation seines Gefühls eines inneren Mangels. Da die Beobachter-Persönlichkeit-Dyade diesen Mangel nicht überwinden kann, erschafft sie eine Geschichte, um den zugrundeliegenden Zustand zu verstärken und zu rechtfertigen (siehe Abbildung 7).

Woher kommt dieser Groll und wie drückt er sich aus?

Wie schon zuvor erwähnt, ist das Pendel unsere Metapher für die Organisation des Körpers und der Beobachter-Persönlichkeit-Dyade um die Essenz – einfacher gesagt, von einer unmanifesten Essenz zu einer manifesten Beobachter-Persönlichkeit-Dyade. An diesem Punkt der Fixierung umgeben die Manifestation des Körpers und die Beobachter-Persönlichkeit-Dyade die Essenz, während sich der Körper entwickelt. Unglücklicherweise hinterläßt das Trauma des Verlusts der Essenz im Lauf der Entwicklung von Körper (und daher auch Persönlichkeit) der Beobachter-Persönlichkeit-Dyade einen Zustand der Unvollkommenheit und des Grolls, der sich darauf ausrichtet, all das zu überwinden und Vollkommenheit zu erfahren. Glücklicherweise hinterläßt die Essenz

Aufmerksamkeitsfixierung – Strategie EINS
DER PERFEKTIONIST
Nach der Vollkommenheit überall dort suchen, wo sie nicht sein kann

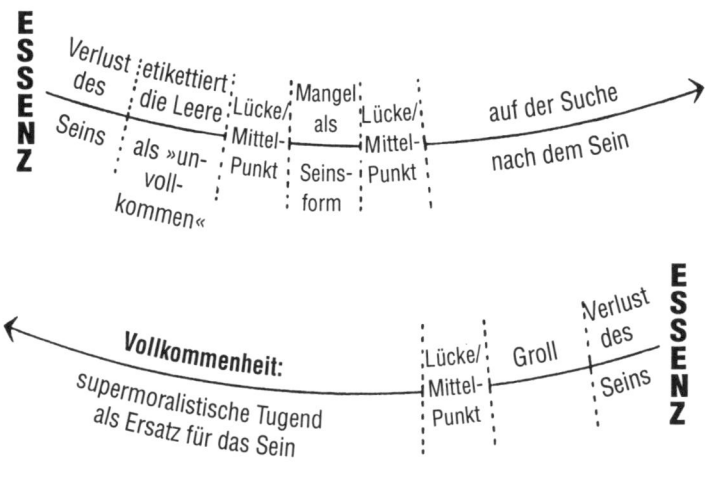

ABBILDUNG 7

eine Spur im Körper, nämlich ein leeres Gefühl. Einfacher gesagt, der Körper entwickelt und organisiert eine Beobachter-Persönlichkeit-Dyade um die Essenz, die eine Spur nagender Leere hinterläßt. Viele Patienten, die zu mir kommen, klagen darüber, daß sie diese nagende Leere in ihrem Magen verspüren, wenn sie von der Arbeit nach Hause kommen.

Eine meiner Patientinnen verspürte ihre Leere im Magen, wenn Sie vom Unterricht nach Hause kam. Sie wehrte sich gegen die Leere, indem sie versuchte, sie »aufzufüllen« und zuviel aß. Unglücklicherweise war sie nicht in der Lage, sich in die Leere zu begeben. Sie erklärte: »Es ist einfach zu furchteinflößend.« Sie wehrte sich dagegen, indem sie versuchte, ihren Magen zu füllen. In diesem Fall erhielt die Leere das Etikett: »Einsamkeit und etwas, wovor man sich fürchten muß.« In ihrer Therapie mußte sie sich in diesen Bereich der Leere, gegen den sie sich wehrte, begeben. Für die Beobachter-Persönlichkeit-Dyade war das Trauma aus dem Verlust der Essenz so groß, daß allein der Anblick des Seinsverlusts furchteinflößend wirkte. Warum? – Aufgrund dieses Verlusts erfolgte ein *Abspalten* von der Essenz und die Entwicklung eines falschen Selbst sowie der Beobachter-Persönlichkeit-Dyade.

Es gibt einen unglaublichen *Schock*, wenn man spürt, daß man die Essenz verloren hat. Die Essenz enthält essentielle Eigenschaften wie Liebe, Macht, Stärke usw., die in unserer Natur liegen. Dieser Verlust der Essenz tritt ein, wenn sich Körper und Geist entwickeln, und in seiner Folge entsteht ein Zustand der Persönlichkeit, der als unzulänglich empfunden wird. (»Was stimmt mit mir nicht? Warum ist mir meine Natur fremd geworden?«) Warum? – Weil die Beobachter-Persönlichkeit-Dyade versucht, diese essentiellen Eigenschaften durch den Gebrauch der Identitäten oder des falschen Selbst zurückzubekommen anstatt durch die Essenz. Man kann feststellen, daß sie sich unfähig fühlt, Liebe, Vollkommenheit usw. zu erlangen, weil diese Eigenschaften nur in der Essenz, nicht aber in ihr stabilisiert werden können. Aus diesem Grund ist die Beobachter-Persönlichkeit-Dyade unzulänglich im Vergleich zur Essenz, und *der Punkt der Unzulänglichkeit kann niemals ganz auf der Ebene der Persönlichkeit ausgearbeitet werden.*

Ich möchte nochmals wiederholen: Das tiefe Gefühl der Unzulänglichkeit kann niemals auf der Ebene der Persönlichkeit in den Griff bekommen werden. Warum? – Weil die Persönlichkeit im Vergleich zur Essenz **unzulänglich** *ist* und keine Liebe erlangen kann. Die Liebe ist beispielsweise das Wesen der Essenz, nicht der Persönlichkeit. Anders ausgedrückt, die Persönlichkeit scheint nach außen zu sehen, sich selbst mit anderen zu vergleichen und sich dann unzulänglich zu fühlen. In Wirklichkeit schaut die Persönlichkeit nach innen und vergleicht sich mit der Essenz. Um wahrhaft Liebe zu erfahren, muß man sich in der Essenz *befinden*, nicht in der Persönlichkeit. Anders gesagt, die Persönlichkeit kann persönliche Liebe als einen vergänglichen Zustand (*Stadium*) erfahren. Die *Station* der Liebe ist jedoch der Essenz zu eigen. Von der Essenz zur Persönlichkeit gibt es einen Abstieg entlang des

Pendels in dem verzweifelten Versuch, zur Essenz zurückzukehren, aber der Fehler von Strategie EINS der Aufmerksamkeitsfixierung liegt darin, daß die Beobachter-Persönlichkeit-Dyade nach außen zur Vollkommenheit der Essenz schaut, anstatt nach innen zur Essenz selbst. Wut, Groll und Selbstgerechtigkeit entwickeln sich, während die essentielle Eigenschaft der Vollkommenheit, die Essenz ist, als Unvollkommenheit etikettiert und durch eine Persönlichkeit mit Identität und einer Aufmerksamkeitsfixierung auf perfektionistische moralistische Tugend ersetzt wird. Mit anderen Worten, die Beobachter-Persönlichkeit-Dyade *grollt* dem Trauma aus dem Verlust der Essenz. Sie sucht nach der Vollkommenheit der Essenz und kann sie nicht finden. Die Persönlichkeit sucht nach einer moralistischen äußeren *Ersatz*-Tugend für die Vollkommenheit der Essenz. Somit grollt Strategie EINS der Aufmerksamkeitsfixierung, weil sie nicht in der Lage ist, Vollkommenheit außerhalb von sich selbst zu finden.

Moralistische Tugend wird zu der Methode, mit der die Beobachter-Persönlichkeit-Dyade versucht, die Vollkommenheit zu *ersetzen*, sie neu zu erschaffen und sich gegen das tiefe Trauma des Verlusts der Essenz, die die Vollkommenheit an sich ist, zu wehren. Identitäten entwickeln sich, um die moralistische Tugend zu rechtfertigen, eine andere Vollkommenheit zu suchen und die unzulängliche Persönlichkeit zu kompensieren, indem man zum eifernden Moralapostel oder gar zum religiösen Fanatiker wird. Ganz einfach gesagt, Überperfektionismus ist die Kompensation für die tiefe Unzulänglichkeit und Selbstanklage infolge des Traumas des Verlusts der Essenz. Das führt dazu, daß Identitäten geformt werden, die von Natur aus kompensatorisch sind, um die tiefe Unzulänglichkeit und Selbstanklage für den Verlust der Essenz wettzumachen. Man könnte sagen, die Persönlichkeit ist nicht nur im Vergleich zur Essenz unzulänglich, sondern die Persönlichkeit gibt sich für ihre Unzulänglichkeit und ihren Mangel an Vollkommenheit auch noch selbst die Schuld.

Ich hatte beispielsweise eine Patientin, die von Integrität und Moral besessen war. Sie war sehr voreingenommen und suchte nach ihrer eigenen Integrität, die sie dann wieder in Frage stellte. Das Problem bestand darin, daß sie beschlossen hatte, Geld sei schlecht und unmoralisch und Menschen, die Geld hatten, seien »nicht integer«. Einfach gesagt, sie versuchte, vollkommen zu sein und diese Supermoral war eine Überkompensation für ihr eigenes Gefühl, sie sei unvollkommen und nicht gut genug. Diese Dyade aus einer unwürdigen Unvollkommenen, die versucht, *vollkommen zu sein*, war der Versuch der Persönlichkeit, einen Ersatz für die Vollkommenheit der Essenz zu finden. Mit anderen Worten, sie versuchte, eine vollkommene Persönlichkeit zu besitzen, und das ist nicht möglich.

Wie es in dem Lied heißt – »Looking for love in all the wrong places« – suchte sie überall dort nach Liebe, wo keine zu finden ist. Sie suchte nach Vollkommenheit überall dort, wo es keine Vollkommenheit gibt: außerhalb der Essenz in der Beobachter-Persönlichkeit-Dyade und in der Welt durch ein Ersatzbild der Vollkommenheit. Sie suchte außen nach der Vollkommenheit, wo es keine gibt, anstatt innen in der Essenz.

Als ich in Indien war, erzählte man mir eine Geschichte. Einige Götter waren zusammengekommen, um zu beschließen, wo sie den *Schlüssel* zum Wesen des Menschen, d.h. die Essenz, verstecken sollten, damit die Menschen ihn niemals finden könnten. Ein Gott meinte: »Warum verstecken wir ihn nicht auf dem Gipfel des Himalaya?« Ein anderer Gott erwiderte: »Nein, die Menschen würden ihn dort finden.« Der zweite Gott sagte: »Warum verstecken wir ihn nicht auf dem Grund des Ozeans?« »Nein«, meinte ein anderer, »eines Tages werden sie zum Grund des Meeres vorstoßen.« Der dritte Gott sagte: »Wir wollen den Schlüssel [Essenz] in den Menschen selbst verstecken. Dort werden sie niemals nachschauen.«

Das ist unser aller Zwangslage: »Wir suchen nach uns selbst überall dort, wo wir uns nicht finden werden.«

Die Selbst-Therapie

Bei der Selbst-Therapie muß der einzelne, der in dieser Fixierung der Aufmerksamkeit feststeckt, die Essenz als Unvollkommenheit etikettiert und mit Vollkommenheit und moralistischer Tugend überkompensiert, seine Aufmerksamkeit verlagern. Diese Verlagerung verändert die äußere Trance oder Identität, so daß die Trance in der Essenz beendet werden kann. Dafür müssen wir alle mit uns selbst zutiefst ehrlich sein und auf die nagende Leere in unserem eigenen Körper achten, um die sich der Körper und die Beobachter-Persönlichkeit-Dyade strukturiert haben.

Dafür müssen wir diese Unzulänglichkeit erforschen. Der einzelne wird zahlreiche überkompensierende Identitäten besitzen, die sich gegen die Erfahrung der Leere wehren.

Die Therapie

1. Schritt: Schreiben Sie die Identitäten auf, die sich gegen Ihre Leere wehren.

2. Schritt: Achten Sie darauf, an welcher Stelle in Ihrem Körper die Leere existiert.

3. Schritt: Treten Sie in die Leere, und spüren Sie sie.

4. Schritt: Achten Sie darauf, daß der Identität die Leere wie der Tod erscheint. Von innen ist die Leere jedoch still, ruhig, friedlich und gelassen.

5. Schritt: Fragen Sie jede Identität aus dem Innern der Leere: »Was willst du wirklich? Was wünscht du dir mehr als alles andere auf der Welt?«

6. Schritt: Wie auch immer die Identität reagiert, spüren Sie diese Erfahrung in der geräumigen Leere.

7. Schritt: Drehen Sie als nächstes die Identitäten herum, und lassen Sie sie wieder in die Leere, d.h. in die Essenz, zurückkehren.

Variation

8. Schritt: Sehen Sie die Identitäten im Vordergrund. Halten Sie sich im Hintergrund, und achten Sie darauf, wie die Identitäten in der Leere schweben.

9. Schritt: Erfahren und spüren Sie die essentielle Eigenschaft aus dem Hintergrund.

10. Schritt: Erkennen Sie, daß die Identitäten und die Leere aus derselben Substanz bestehen.

Identitäten	zugrundeliegender Zustand	überkompensierende Identitäten
unvollkommen	Unvollkommenheit umfassender Groll	perfektionistisch
Armut (des Geistes oder finanziell)		Selbstbefriedigung übermäßige Stabilität
Mangel Wertlosigkeit unzulänglich		Bild des Superwertes Dominanz wertend

Das ist der Bodensatz der Therapie. Lassen Sie mich den Prozeß verlangsamen und einen Beispielfall anführen.

Beispielfall

John ist 39 Jahre alt und grollt angesichts seiner Unfähigkeit, seinen finanziellen Verpflichtungen nachzukommen.

Patient: Ich fühle mich so machtlos in dieser Welt. Es ist so unehrlich. Ich versuche, ehrlich und fair zu sein, aber niemand sagt die Wahrheit.

Therapeut: Was fühlen Sie in diesem Augenblick?

Patient: Enge.

Therapeut: An welcher Stelle Ihres Körpers spüren Sie diese Enge und Machtlosigkeit?

Patient: In meinem Magen.

Therapeut: Schälen Sie die Schicht der Machtlosigkeit ab, und achten Sie auf das darunterliegende Gefühl.

Patient: Wertlos.

Therapeut: Welches Gefühl liegt dazwischen und verbindet die
Wertlosigkeit mit der Machtlosigkeit?
Patient: Angst.

THERAPEUTISCHE ANMERKUNG
Identitäten kommen paarweise vor. Häufig werden die Identitäten
durch einen ungewollten emotionalen Zustand oder durch einen
Zustand, den wir uns nicht eingestehen wollen, bzw. durch eine
Trance zusammengehalten. Dieser emotionale Zustand ist der Leim,
der zwei Identitäten aneinanderbindet.

Wenn sich ein kleines Mädchen selbst behauptet und sein Vater
dem entgegenwirkt, kann es eine selbstsichere Identität entwik-
keln und gleichzeitig Angst, die sich zu einer neuen Identität verbinden, die dem Vater gefällt. Mit anderen Worten, in der Schicht
zwischen den beiden Identitäten *selbstsicher* und *dem Vater gefallen* könnte es das ungewollte Gefühl der Angst geben, das es nicht
wahrhaben will. Diese Angst müssen wir uns eingestehen, und wir
müssen sie erfahren, bevor wir mit diesem Prozeß fortfahren können. Mit anderen Worten, das Leugnen der Angst wäre eine *Lüge,
und die Essenz kann nur die Wahrheit aufnehmen.*

Therapeut: Treten Sie zwischen die beiden Schichten, und spüren
Sie die Angst.
Patient: (nickt)
Therapeut: Wenn Sie die Wertlosigkeit abschälen, was liegt dann
darunter?
Patient: Ein leerer Raum.
Therapeut: Wie fühlt sich die Leere an?
Patient: Einsam.

THERAPEUTISCHE ANMERKUNG
Hier definiert er die Leere als Einsamkeit. Diese Definition bzw.
dieses Etikett bedeckt die wahre Leere, die ein zustandsloser Zustand ist und so gut wie keine Eigenschaften hat.

Therapeut: Schälen Sie die Einsamkeit ab, und schauen Sie, was
Sie vorfinden.

Patient: Nur leeren Raum.
Therapeut: Wie fühlt er sich an?
Patient: Gar nicht, nur Leere, irgendwie friedlich.

THERAPEUTISCHE ANMERKUNG
Friedlichkeit ist eine essentielle Eigenschaft. Aus diesem Grund arbeiten wir von der Essenz zur Persönlichkeit und nicht von der Persönlichkeit zur Essenz. Die meisten Therapeuten haben beispielsweise das Gefühl, wenn man durch die Persönlichkeit arbeitet, würde man zur Essenz gelangen. Doch selbst nach vielen Jahren der Therapie erreichen nur die wenigsten ihre Essenz.

Das Tao des Chaos fordert uns auf, von der Essenz auszugehen, und die Essenz zu unserem Ausgangspunkt, nicht zu unserem Endpunkt zu machen. Dagegen gehen die meisten Therapeuten von der Persönlichkeit als Ausgangspunkt aus in der Hoffnung, daß die Essenz der Endpunkt wird.

Therapeut: Wie erscheinen Ihnen die verschiedenen Schichten und Identitäten im Vordergrund von »dort hinten«, aus diesem friedlichen Raum?
Patient: Sie scheinen weniger bedeutend.
Therapeut: Fragen Sie die erste Identität, diejenige, die sich machtlos fühlt: »Was wünscht du dir mehr als alles auf der Welt?«
Patient: Zu wissen, daß alles in Ordnung ist.
Therapeut: Fragen Sie die Identität: »Wenn du dich gut fühlen würdest, wie würde sich das anfühlen?«

THERAPEUTISCHE ANMERKUNG
Wir wollen zu einem Gefühl kommen, daher fragen wir stets: »Wie fühlt es sich an?«

Patient: Sicher, als ob alles einen Sinn hätte und vollkommen wäre.
Therapeut: Fragen Sie die Identität: »Wie fühlt sich das an?«
Patient: Friedlich, als ob alles ineinanderpaßt.
Therapeut: Fragen Sie jetzt von »dort hinten« die nächste Schicht, die der wertlosen Identität: »Was wünscht du dir mehr als alles andere auf der Welt?«

Patient: Vollkommen zu sein.

Therapeut: Fragen Sie jetzt von »dort hinten« die nächste Schicht, die der Einsamkeit: »Was wünscht du dir mehr als alles andere auf der Welt?«

Patient: Verbunden zu sein.

Therapeut: Spüren Sie jetzt von dort hinten aus der Leere die Friedlichkeit, wenn alles ineinanderpaßt.

THERAPEUTISCHE ANMERKUNG

Hier ist die Essenz von Natur aus Frieden. Wir können das erfahren, wenn wir in die Essenz eintreten. Wie schon zuvor erwähnt können all die Eigenschaften, die die Identitäten im Äußeren suchen, niemals ganz durch den Beobachter/die Persönlichkeit erlangt werden. Nur durch die Essenz manifestieren sich diese Eigenschaften.

Patient: (nickt)

Therapeut: Spüren Sie die Vollkommenheit von »dort hinten« und die Verbindung von »dort hinten«.

Patient: (nickt)

Therapeut: Jetzt schauen Sie von »dort hinten«, ob Sie die Identitäten, die nach Frieden, Verbindung und Vollkommenheit schauen, umdrehen können, damit sie in Ihre Richtung weisen.

Patient: (nickt)

Therapeut: Prüfen Sie jetzt, ob die Identitäten bereit sind, wieder in die Leere aufgenommen zu werden, während Sie die Vollkommenheit und die friedliche Verbindung von »dort hinten« spüren.

Patient: Das sind sie bereits.

Therapeut: Wie fühlen Sie sich?

Patient: Friedlich.

Schlußfolgerung

Diese bearbeitete Abschrift zeigt eine Sitzung, bei der der Beobachter/die Identitäten eine Aufmerksamkeitsfixierung hatten und »die Vollkommenheit überall dort suchten, wo sie nicht zu finden«. Indem die Aufmerksamkeit des Beobachters umgedreht und die Vollkommenheit der Essenz erfahren wurde, konnten der Beobachter/die Identitäten loslassen und zurück in die Essenz, die vor der Persönlichkeit kommt, aufgenommen werden.

Sobald das chronisch gewohnheitsmäßige Muster des Beobachters, der nach außen sieht, um die Leere zu füllen, verlagert wird, und der Beobachter in die Essenz sieht und mit der Essenz verschmilzt, wird die essentielle Eigenschaft stabil. Es ist wichtig, bei jeder Aufmerksamkeitsfixierung zu erkennen, wie die Beobachter-Persönlichkeit-Dyade die Leere etikettiert. Bei Strategie EINS der Aufmerksamkeitsfixierung wird die Leere mit dem Etikett »Unvollkommenheit« versehen. Aus diesem Grund sucht der Beobachter/die Persönlichkeit im Äußeren nach der Vollkommenheit. Bei der EINS wird die Vollkommenheit, die die Beobachter-Persönlichkeit-Dyade sucht, in der Vollkommenheit und dem Frieden, der in der Essenz des Wahren Selbst liegt, gefunden und stabilisiert.

KAPITEL 15

Aufmerksamkeitsfixierung
Strategie ZWEI

Ich bin o. k., wenn du mir schmeichelst.
Du bist o. k., wenn du mir schmeichelst.

Diese Aufmerksamkeitsfixierung der Beobachter-Persönlichkeit-Dyade heißt bei Palmer *der Geber, der Helfer* bei Riso und *Stolz und die histrionische Persönlichkeit* bei Naranjo und zeigt eine Fixierung der Aufmerksamkeit auf Schmeicheleien. Mit anderen Worten, die Beobachter-Persönlichkeit-Dyade konzentriert ihre gesamte Aufmerksamkeit darauf, umschmeichelt zu werden oder selbst zu schmeicheln. Das verstärkt die zugrundeliegende Kompensation des Stolzes. Um Aufmerksamkeit und Schmeicheleien von außen zu bekommen überkompensiert diese Fixierung für das, was unter dem zugrundeliegenden Zustand des Stolzes liegt, und das ist die Unzulänglichkeit, die die chronische Leere verdeckt. Es gibt keine Aufmerksamkeit auf die Leere. Die ganze Aufmerksamkeit ist darauf gerichtet, Aufmerksamkeit durch Schmeichelei zu erhalten, ein Versuch, den Stolz zu verstärken und das Trauma des Seinsverlusts zu vermeiden*. In der Sprache der Pop-Psychologie könnte man das als einen Großteil der Co-Abhängigkeit sehen.

In dieser Beobachter-Persönlichkeit-Dyade, die sich um die Essenz entwickelt, ist das Trauma und der Schmerz durch den Verlust der Essenz überwältigend. Die Beobachter-Persönlichkeit-Dyade formt ein tiefes Gefühl der *Abhängigkeit*, denn sie kann in der Leere kein unabhängiges Selbst erkennen. Das führt zu dem Ver-

---

* Stephen Wolinsky teilt hier das Wort *avoid* (vermeiden) im Originaltext in *a-void* auf und spielt damit auf das darin enthaltene *void* (Leere) an. (Anm. d. Ü.)

such, die Leere mit Schmeichelei zu füllen und den zugrundeliegenden Kompensationszustand des Stolzes zu verstärken. In Strategie ZWEI der Aufmerksamkeitsfixierung wird die Leere mit dem Etikett »Abhängigkeit« versehen. Das läßt die Beobachter-Persönlichkeit-Dyade ein übermäßig unabhängiges Bild erschaffen. Die ZWEI wendet viel Zeit für den Versuch auf, zu schmeicheln oder sich selbst Geschichten zu erzählen über Leistungen und Erfolge, und somit werden der falsche Stolz, die Lügen und das übermäßig unabhängige Bild verstärkt. Außerdem vermittelt es das falsche Gefühl der Unabhängigkeit sowie das intensive Verlangen nach Freiheit und eigenem Willen. Das ist ein Teil des Stolzes – der Versuch einer Überkompensation für das Gefühl der *Wertlosigkeit* und *Abhängigkeit*. Bei dieser Fixierung gibt man sich häufig selbst auf, um Schmeicheleien zu erhalten, und formt auf diese Weise viele dissoziierte Identitäten. Das dabei entstehende Chamäleon ähnelt dem Hauptcharakter in dem Film *Zelig* von Woody Allen, in dem Zelig die Identitäten anderer annimmt. Abhängigkeit und Bedürftigkeit führen zu einer ständigen Sehnsucht, die Leere im Körper zu füllen. Dies korrespondiert in der Charakteranalyse mit dem oralen Charaktertypus – eine Leere, die nie gefüllt werden kann, oder ein bodenloser Abgrund der Bedürfnisse. Bei dieser Fixierung versuchen die Identitäten, die Leere entweder mit *Eigenlob* oder durch das *Lob anderer* zu füllen. Mit anderen Worten, das Verstärken des zugrundeliegenden Kompensationszustandes des Stolzes wird *zwanghaft*. Die Bedürftigkeit, die tiefe Unzulänglichkeit wird von dem falschen Stolz, der als kompensatorische Identität oder als Reaktion gegen die Wertlosigkeit und Abhängigkeit agiert, verdeckt. Die Menschen, die unter dieser Methode, die Leere zu handhaben, leiden, erschaffen das Verlangen, im Mittelpunkt der Aufmerksamkeit zu stehen und können ein Bild von sich entwickeln, das größer ist als die Wirklichkeit. Sie entwickeln das innere Gefühl, größer zu sein, als sie in Wirklichkeit sind, und ein falsches Gefühl von Stolz auf eingebildete Leistungen.

Viel Zeit wird darauf verwendet, sich gegen die Leere zu verteidigen und »gut auszusehen« oder *Schmeicheleien* zu erhalten. Scheinbar füllt die Energie der Aufmerksamkeit und der Schmeichelei das tiefe, leere Loch, das Sie in Ihrem Körper spüren. Oft

Aufmerksamkeitsfixierung – Strategie Zwei
Der allzu Freie
Nach Unabhängigkeit, freiem Willen und Freiheit überall dort suchen,
wo sie nicht zu finden sind

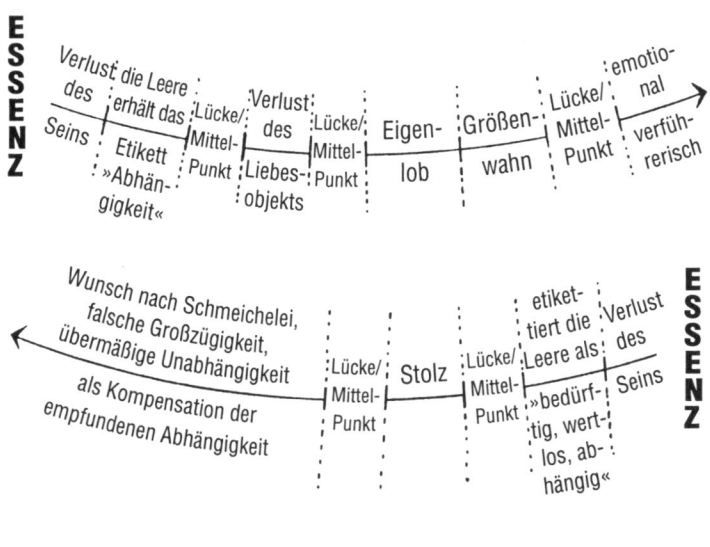

ABBILDUNG 8

finden sich hier falsche Großzügigkeit oder übermäßiges Geben (siehe auch Abbildung 8). In dem Versuch, Schmeicheleien zu erhalten, gibt diese Persönlichkeit wie bei der Co-Abhängigkeit zuviel und versucht auf diese Weise, als Gebender Schmeicheleien zu *erhalten*. Das führt zu aufgebauschten Erfolgsgeschichten, die man anderen erzählt, und zu Lügen, die man sich selbst erzählt, denn nur so erlangt man seine »Schmeicheleinheiten«. Einfacher gesagt, mit *Schmeicheleien* füllt man die Leere. Diese Fixierung der Beobachter-Persönlichkeit-Dyade kompensiert mit einem falschen starken Willen auf der Ebene der Beobachter-Persönlichkeit-Dyade in dem Versuch, die Abhängigkeit zu verstecken. Häufig suchen die Identitäten die essentielle Eigenschaft des Willens, der Macht oder der Freiheit.

175

Die Selbst-Therapie

Hier muß wiederum die Identität des Größenwahns untersucht werden. Dieser Größenwahn verdeckt das tiefe Gefühl von Wertlosigkeit und Abhängigkeit. Wie bei jeder Aufmerksamkeitsfixierung des Beobachters muß man auch hier den Identitäten einen Namen geben und ihr wahres Verlangen freilegen, bevor sie wieder in die Essenz aufgenommen werden können.

Die Therapie

1. Schritt: Schreiben Sie die Identitäten auf, die sich gegen Ihre Leere wehren.

2. Schritt: Achten Sie darauf, an welcher Stelle in Ihrem Körper die Leere existiert.

3. Schritt: Treten Sie in die Leere, und spüren Sie sie.

4. Schritt: Achten Sie darauf, daß der Identität die Leere wie der Tod erscheint. Von innen ist die Leere jedoch still, ruhig, friedlich und gelassen.

5. Schritt: Fragen Sie jede Identität aus dem Innern der Leere: »Was willst du wirklich? Was wünscht du dir mehr als alles andere auf der Welt?«

6. Schritt: Wie auch immer die Identität reagiert, spüren Sie diese Erfahrung in der geräumigen Leere.

7. Schritt: Drehen Sie als nächstes die Identitäten herum, und lassen Sie sie wieder in die Leere, d.h. in die Essenz, zurückkehren.

Variation

8. Schritt: Sehen Sie die Identitäten im Vordergrund. Halten Sie sich im Hintergrund, und achten Sie darauf, wie die Identitäten in der Leere schweben.

9. Schritt: Erfahren und spüren Sie die essentielle Eigenschaft aus dem Hintergrund.

10. Schritt: Erkennen Sie, daß die Identitäten und die Leere aus derselben Substanz bestehen.

Identitäten	zugrundeliegender Zustand	überkompensierende Identitäten

unfähig
abhängig
	Abhängigkeit	Stolz
		keine Bedürfnisse /
		  übermäßige
		  Unabhängigkeit

bedürftig
unzulänglich
		• falsche Fülle
		• überlebensgroßes
		  Bild
		• Versuch, Liebe zu
		  erlangen
		• Zentrum der
		  Aufmerksamkeit

schlechte Leere		• überemotional,
		  um die Leere zu
		  verstecken

Beispielfall

Es folgt eine Sitzung mit einer 32 Jahre alten Krankenschwester. Ihr Präsentationsproblem lautete: »Ich bekomme nicht genug Aufmerksamkeit.«

Patientin: Ich fühle mich niedergeschlagen. Ich scheine nie zufrieden zu sein. Ich versuche, daß andere meine Bedürfnisse erfüllen, aber gleichgültig, wieviel ich gebe, ich bekomme nie etwas zurück.

Therapeut: An welcher Stelle Ihres Körpers spüren Sie diesen *gebenden* Teil von sich selbst?

Patientin: In meinem Herzen. (Sie zeigt auf die Mitte ihres Brustkastens.)

Therapeut: Wenn Sie diese übermäßig Gebende abschälen, was liegt darunter?

Patientin: Ich fühle mich vollkommen wertlos.

Therapeut: Welche Emotion verbindet die Schicht der Wertlosigkeit mit der Schicht derjenigen, die übermäßig gibt?

Patientin: Hilflosigkeit.
Therapeut: Spüren Sie die Hilflosigkeit?
Patientin: Ich wehre mich dauernd gegen die Hilflosigkeit.

THERAPEUTISCHE ANMERKUNG
Bei dieser Interaktion fordere ich die Patientin auf, die Hilflosigkeit zu erschaffen. Ich tue das, weil sie nicht bereit bzw. nicht in
der Lage ist, das zu erfahren, was da ist. Wenn sie sagt, daß sie sich
gegen die Hilflosigkeit wehrt, bitte ich sie, den Widerstand wissentlich, bewußt und absichtlich zu *erschaffen*. Das befähigt sie,
die Kontrolle über den Widerstand zu erlangen. Dann bitte ich sie,
wissentlich das zu erschaffen, was sie ansonsten ganz automatisch
erschafft: die Hilflosigkeit und dann den Widerstand. Das soll sie
so lange machen, bis sie sich im Erschaffen frei fühlt und die
Hilflosigkeit und dann den Widerstand gegen die Hilflosigkeit erschafft und annimmt – und sie frei ist, beides *nicht* zu haben.

Therapeut: Erschaffen Sie absichtlich das Gefühl der Hilflosigkeit.
Patientin: Das tue ich.
Therapeut: Machen Sie den Widerstand gegen die Hilflosigkeit so
                   groß wie diesen Raum.
Patientin: Okay.
Therapeut: Machen Sie den Widerstand so groß wie New Mexico.
Patientin: Okay.
Therapeut: Machen Sie den Widerstand so groß wie die Vereinig-
                   ten Staaten.
Patientin: Es wird immer schwerer, ihn zu erschaffen.
Therapeut: Okay, hören Sie auf, ihn zu erschaffen. Erschaffen Sie
                   jetzt das Gefühl der Hilflosigkeit so groß wie von
                   Kalifornien bis zum Mississippi und den Widerstand
                   gegen die Hilflosigkeit so groß wie vom Mississippi
                   bis zum Atlantischen Ozean.
Patientin: Okay.
Therapeut: Erschaffen Sie das jetzt mehrmals.
Patientin: Okay.
Therapeut: Hören Sie jetzt damit auf, und schälen Sie die Schicht
                   der Wertlosigkeit ab. Was können Sie erkennen?

Patientin: Einen leeren Raum.

Therapeut: Wie fühlt sich dieser leere Raum an, wenn Sie hineintreten?

Patientin: Ruhig, still, irgendwie leer.

Therapeut: Bleiben Sie »dort hinten« in dem leeren Raum, und schauen Sie sich die beiden Identitäten der Wertlosigkeit und der übermäßig Gebenden an sowie die Hilflosigkeit zwischen den beiden. Wie erscheint Ihnen das?

Patientin. Ich fühle mich ihnen viel weniger verbunden.

Therapeut: Fragen Sie die übermäßig Gebende von dort hinten: »Was wünscht du dir mehr als alles andere auf der Welt?«

Patientin: Anerkannt zu werden.

Therapeut: Wie würde es sich anfühlen, wenn die Identität sich anerkannt fühlen würde?

Patientin: Mächtig.

Therapeut: Fragen Sie die Wertlosigkeit: »Was wünscht du dir mehr als alles andere auf der Welt?«

Patientin: Das Gefühl der Sicherheit und der Stärke.

Therapeut: Wie würde es sich anfühlen, wenn sich die Identität sicher und stark *fühlen* würde?

Patientin: Mächtig.

Therapeut: Spüren Sie die Macht des leeren Raumes »dort hinten«.

Patientin: Ja.

Therapeut: Drehen Sie die Identitäten jetzt um, damit sie sehen können, daß die Macht, nach der sie suchen, sich in der Leere befindet und nicht im Äußeren.

Patientin: Sie können es fühlen.

Therapeut: Fragen Sie jetzt die Identitäten, ob sie bereit wären, wieder in die Essenz »dort hinten« aufgenommen zu werden, während Sie die Macht fühlen.

Patientin: Sie sind aufgenommen.

Therapeut: Wie fühlen Sie sich?

Patientin: Ruhig und mächtig.

179

Schlußfolgerung

In diesem Fall »suchte sie überall dort nach Macht, wo keine Macht zu finden war.« Indem sie die Identitäten herumdrehte, konnte sie die Macht, nämlich die Essenz, erfahren.

Da die Patientin Erfahrung im Yoga hatte, erinnerte ich sie an die *Bhagavadgita*, in der Krishna (persönliche Essenz als Therapeut) zu Arjuna (Patient) in bezug auf die Essenz sagt: »Schwerter können es nicht schneiden, Feuer kann es nicht verbrennen.« Das bedeutet, daß die Macht der Essenz nicht zerschnitten, verbrannt oder auf irgendeine Weise verletzt werden kann. Daher vermittelt sie dem Menschen das Gefühl unverletzlicher Verletzlichkeit. Unverletzlich, weil man sie nicht verletzen kann; verletzlich, weil es völlige und absolute Offenheit gibt. Einfacher gesagt, sobald Sie sich nicht mit der Persönlichkeit identifizieren und Essenz *sind*, identifizieren Sie auch andere nicht länger als Persönlichkeiten, und daher spüren Sie eine Verbindung von Essenz zu Essenz, die viel tiefer reicht als die Verbindung von Persönlichkeit zu Persönlichkeit.

KAPITEL 16

Aufmerksamkeitsfixierung
Strategie DREI

Ich bin o. k., wenn du denkst, daß ich o. k. bin.
Du bist o. k., wenn du denkst, daß ich o. k. bin.

Bei der dritten Strategie der Beobachter-Persönlichkeit-Dyade, um sich gegen das Trauma des Verlustes der Essenz zu wehren, wird die Aufmerksamkeit auf das fixiert, was Palmer den *Dynamiker* nennt, Riso den *Statusmenschen* und Naranjo *Eitelkeit, Unechtheit und die »Marktorientierung«*. Diese Strategie der Beobachter-Persönlichkeit-Dyade fixiert die Aufmerksamkeit auf den äußeren Anschein, um sich gegen das Trauma des Verlustes der Essenz zu wehren und ist wahrscheinlich eine der am weitesten verbreiteten Strukturen in unserer Gesellschaft. Kaum einer würde leugnen, wie wichtig es ist, »heutzutage in der Welt ein gutes Bild abzugeben«. Das Problem mit dem Darsteller ist, daß sein Mittelpunkt nicht in ihm selbst liegt, vielmehr liegt sein Mittel-punkt außerhalb seiner selbst. Das führt ihn dazu, sich selbst für das zu halten, was andere seiner Meinung nach von ihm halten. Das ist das klassische Syndrom der Königin in *Schneewittchen* – wenn sie fragt: »Spieglein, Spieglein an der Wand, wer ist die Schönste im ganzen Land?« und der Spiegel antwortet: »Schneewittchen«, dann sind Wut und *Eitelkeit* die Folge. Eitelkeit ist ein sehr mächtiges Hauptmerkmal und verstärkt den zugrundeliegenden Zustand der Täuschung. Dieser zugrundeliegende Zustand der Täuschung ist immer präsent. Es kann zwar die äußere Neigung geben, die Täuschung für einen Vorteil zu halten (wie bei einem Gebrauchtwagenhändler), meist halten wir die Täuschung jedoch für schlecht und der Darsteller wird versuchen, die Täuschung zu verstecken, indem er übermäßig ehrlich ist.

Ich wiederhole: Es gibt keinen Grund, warum die DREI sich selbst hinterlistig und falsch fühlen sollte, als den, daß die Beobachter-Persönlichkeit-Dyade die Leere der Essenz so etikettiert: unfähig sein, etwas *zu tun* oder *zu erschaffen*. Die DREI richtet sich auf die Unfähigkeit, etwas *zu tun* oder *zu handeln,* und versucht entweder, diese Gefühle zu überwinden, indem sie zuviel tut, oder die Täuschung zu kompensieren. Sie können sich alles mögliche einreden, warum die Menschen sie der Täuschung anklagen könnten, und infolgedessen werden sie allzu ehrlich. Auf diese Weise rechtfertigen oder zeigen sie der inneren, imaginären Person, daß sie nicht hinterlistig und falsch, sondern ehrlich ist. Diese Fixierung kann sich sogar einreden, daß sie mißverstanden wird. Doch aufgrund des zugrundeliegenden Zustands, nichts *tun, bewegen oder erschaffen* zu können, versucht die Fixierung immer, das zu verdecken und *gut* auszusehen, indem sie zuviel tut. Das Etikett der Leere als »Unfähigkeit zu tun, zu handeln oder zu erschaffen« verleiht den meisten Handlungen den Anschein eines »Schauspiels« und daher hat die Person das Gefühl, sie müsse hinterlistig und falsch sein. Das manifestiert sich auch in einigen meiner Patienten, die sich wie Betrüger vorkommen. Sie »schauspielern«, um ihren zugrundeliegenden Zustand der Unfähigkeit, etwas zu tun, zu kompensieren. Besser gesagt, von außen kann es einem bei Fixierung DREI so erscheinen, als ob ständig etwas *getan* wird, aber subjektiv herrscht das Gefühl vor, nichts getan zu haben, selbst wenn ständig etwas getan wird – weil die DREI die Leere der Essenz als Unfähigkeit, etwas zu tun, etikettiert hat. Wir müssen daran denken, daß das erste Etikett (Identität) – in diesem Fall das Etikett der Unfähigkeit zum Tun, das der Leere der Essenz verliehen wurde – das stärkste ist. Die zweite Identität des zuviel Tuns ist die Kompensation und kann niemals überkompensieren. Besser gesagt, die DREI fühlt sich angesichts ihrer Leistungen hinterlistig und falsch, weil sie nicht glaubt, etwas getan zu haben. Zweitens kann man sich niemals durch Überkompensation o. k. fühlen, weil diese immer den gegensätzlichen Zustand verstärkt (siehe Abbildung 9).

Bei der Eitelkeit werden alle anderen als Spiegel benutzt, um Ihr Bild von sich selbst, wer Sie sind und wie Sie sich fühlen, widerzuspiegeln. Das bedeutet, daß die Betroffenen sich einbilden, wer sie

Aufmerksamkeitsfixierung – Strategie DREI
DER DARSTELLER
Nach Erfolg, Gleichgewicht & Selbstwert überall dort suchen,
wo sie nicht zu finden sind

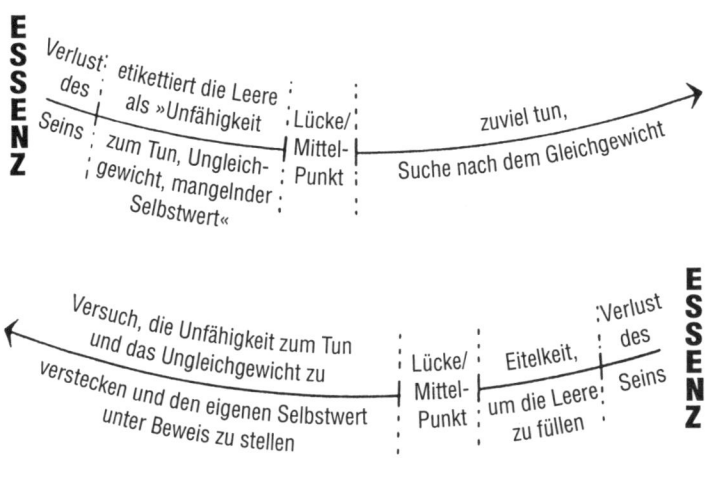

ABBILDUNG 9

sind, was sie lernen, sein, tun oder haben sollten, spiegele sich in
anderen wider, außerhalb ihrer selbst. Ich habe beispielsweise einmal einen Mann getroffen, der zu dem Teil der New-Age-Bewe-
gung gehörte, der glaubt, die Welt sei immer eine Lektion darüber,
wer man ist. Er erzählte mir, daß er einmal eine Frau mit einem
kranken Bein gesehen habe, als er eine Straße entlangging. Er kam
zu dem Schluß, da sie ein krankes Bein habe, müsse das Universum ihr das widerspiegeln. Das ist der Kern von Fixierung DREI:
Man denkt, die Welt sei die Reflexion des Selbst. Obwohl wir das
an dieser Stelle nicht in aller Ausführlichkeit behandeln können,
war diese Überzeugung ein Teil einer DREIer-Lebensgemein-
schaft, die ein Glaubenssystem DREI hatte und die wahrscheinlich
Leute mit einer Aufmerksamkeitsfixierung DREI anzog. In meinem letzten Buch *Die dunkle Seite des inneren Kindes* habe ich

183

in Kapitel 14 ausführlich darüber gesprochen und es »infantilen Größenwahn« genannt. Eitelkeit wird von unserer Gesellschaft derart verstärkt, daß wir nur allzuoft von anderen für das, was wir tun, wie wir aussehen und was wir besitzen, beurteilt werden, anstatt danach, wer wir sind. In der Psychologie nennen wir das narzißtisch. Ein Witz, den ich auf einem Workshop hörte, verdeutlicht die narzißtische Persönlichkeit.

Ein narzistischer Mann saß mit einer Frau beim Abendessen. Nachdem er einen Großteil des Essens über sich selbst gesprochen hatte, sah er die Frau an und meinte: »Genug von *mir*... jetzt sagen Sie *mir* doch, was Sie von *mir* halten.«

Das Problem bei der Eitelkeit und ihrem zugrundeliegenden Zustand der Unfähigkeit zum Tun, das für alle Aufmerksamkeitsfixierungen gilt, ist, daß psycho-emotionaler Schmerz aufkommt, weil *wir denken, wir seien, wer wir sein wollen*. Wenn ich mir beispielsweise wünsche, als fantastische Person angesehen zu werden und ich an das Bild glaube, anstatt realistisch in meinen *wirklichen Fähigkeiten und Begrenzungen* verwurzelt zu sein, fühle ich Schmerz, wenn mich die Menschen nicht so behandeln, wie ich mir *wünsche*, von ihnen behandelt zu werden. Einfacher gesagt, ich werde behandelt wie ich bin, nicht wie ich mich selbst sehe. Wenn man an sein Selbstbild glaubt und sich in es verliebt, ist das narzißtisch und eine wesentliche *Selbsttäuschung*. Diese Strategie der Aufmerksamkeitsfixierung *täuscht* sich selbst und denkt, wer man ist, sei, wer man sein wolle. In der Ich-Psychologie und den Objektbeziehungen wird der Ansatz verfolgt, die größenwahnsinnigen inneren Bilder, die wir geschaffen haben, in Frage zu stellen, damit Begrenzungen in der Gegenwart gesehen werden können, anstatt die Welt durch die Augen eines größenwahnsinnigen Kleinkindes zu betrachten. Dieser Ansatz an die Arbeit mit größenwahnsinnigen inneren narzißtischen Bildern in der Selbst-Psychologie und der Therapie der Objektbeziehungen wird von Heinz Kohut *transmutierende Internalisierungen* genannt.

Immer wieder kommen Menschen zur Psychotherapie, weil die Art, wie sie gesehen werden wollen, und das, was sie vorgeben zu sein, sich völlig von dem unterscheiden, wie sie sich innerlich fühlen. Anders gesagt, die Menschen verlieben sich in das von ihnen selbst geschaffene »coole« Image. Dann verkaufen sie das »coole« Image an die Welt und tun so, als ob nicht sie das »coole« Image geschaffen hätten, als ob sie nicht bloß so tun würden, sondern als ob sie auch wirklich so wären wie ihr Image. Sie verteidigen das Image gegen alle, die denken, sie seien »nicht cool«. Dieses erschaffene Image ist eine Verteidigung des Menschen, der sie ihrer Ansicht nach sind, *nicht des Menschen, der sie in Wirklichkeit sind.*

Vor kurzem führte ich einen Quantenpsychologie®-Workshop durch. Man muß einer der Teilnehmerinnen zugute halten, daß sie sich ihrer Selbsttäuschung und Eitelkeit durchaus bewußt war und dachte, sie würde all diese innere psycho-spirituelle Arbeit für sich selbst tun. Sie erkannte, daß es sich bei ihrer Aufmerksamkeitsfixierung um eine Strategie DREI handelte und daß all die Arbeit an sich selbst nur dazu führen sollte, vor anderen gut dazustehen. Das war eine *schmerzliche* Diskrepanz.

Auf der Ebene der Charakteranalyse scheint sich der Mensch in seinem Körper zu befinden und anwesend zu sein, während er es in Wirklichkeit nicht ist. Ein phallisch-narzißtischer Mann kann zwar sexuell geben, aber seine Aufmerksamkeit und sein Wohlgefühl sind nicht auf sich und seine Gefühle gerichtet, sondern darauf, *ob ihn seine Partnerin für einen guten Liebhaber hält.* Daher sind seine Orgasmen nicht vollständig. Warum? – Weil er nicht in seinem Körper ist. Wir müssen immer an eines denken: Auch wenn es so scheint, als ob Menschen sich in ihrem Körper befänden und anwesend wären, muß das noch lange nicht bedeuten, daß sie es auch wirklich sind. Menschen, die Sport treiben, sind nicht notwendigerweise »in ihrem Körper«. Sie könnten sich nämlich durchaus fragen, wie gut sie aussehen, wenn sie Sport treiben. In diesem Fall wären sie außerhalb ihres Körpers, denn sie fragen sich, wie andere sie sehen. Spirituelle Menschen oder Psychologen werden oft gesund, klar oder spiritueller, um vor anderen gut dazustehen, anstatt es für sich selbst zu tun. Das ist Selbsttäuschung und Eitelkeit auf einer subtileren Ebene.

Auf der tiefsten Ebene führt das Trauma des Verlustes der Essenz die Beobachter-Persönlichkeit-Dyade zu dem Gefühl, es gebe ein inneres Vakuum, das sie mit dem Etikett »Unfähigkeit zum Tun« versehen und verstecken muß. Dieses innere Vakuum bringt einen Menschen hervor, der ständig auf der »Suche« ist, das Vakuum bzw. die wahrgenommene Leere zu füllen, und die Unfähigkeit, etwas zu tun, zu handeln oder zu erschaffen, überkompensiert. Einfacher gesagt, diese Art Mensch »ist immer auf der Suche«. Diese Beobachter-Persönlichkeit-Dyade könnte beispielsweise unter zwanghaftem Denken leiden oder versuchen, ständig etwas zu leisten, um das wahrgenommene Vakuum zu füllen. Der interessante Teil dieser Strategie der Aufmerksamkeitsfixierung ist, daß nun der Versuch unternommen wird, andere zu dominieren, um sich gegen Menschen zu wehren, die die innere Leere sehen – die Menschen mit einer Aufmerksamkeitsfixierung DREI als Mangel definieren und als Gefühl, unfähig zu sein, etwas zu tun –, d. h., Angriff ist die beste Verteidigung. Diese Reaktionsbildung führt dazu, das Selbst und andere durch Dominierung zu täuschen. Außerdem ist die Verteidigung ihres Vakuums so stark, daß eine richtige DREI nicht einmal weiß, was sie fühlt. Warum? – Weil ihr Zentrum außerhalb ihrer selbst liegt. Sie fühlt sich gut, wenn andere ihrer Eitelkeit Aufmerksamkeit schenken und ihr sagen, daß sie gut aussieht oder ist. Sie fühlt sich schlecht, wenn andere kein Interesse zeigen oder sie kritisieren. Ein Mensch dieser Fixierungsstrategie kann das innere Vakuum fühlen, das er als »schlecht« etikettiert, wenn er von anderen keine Aufmerksamkeit erhält. Kurz gesagt, er versucht, das Vakuum aufzufüllen, indem er von anderen Aufmerksamkeit erlangt. Das bedeutet nicht immer »gute« Aufmerksamkeit. In der Sprache der Transaktionsanalyse brauchen wir *Streicheleinheiten*, und wenn uns keine positiven Streicheleinheiten zur Verfügung stehen, begnügen wir uns statt dessen mit negativen Streicheleinheiten.

Wie bei allen Fixierungsstrategien wehrt sich das Hauptmerkmal bzw. die Haupttrance des zugrundeliegenden Zustands, die Täuschung (in diesem Fall Eitelkeit bzw. Selbsttäuschung), gegen das Trauma und die wahrgenommene Leere, die im Körper erfahren wird. Aus der Sicht des Darstellers muß er mehr arbeiten und mehr Leistung erbringen und besser aussehen, um diese innere Leere und das unvollständige Tun zu überwinden. Außerdem hat die Anerkennung für die Darstellung einen sprunghaft ansteigenden Nullpunkt. Das bedeutet, wenn ich heute 1000 DM für eine Darstellung bekomme, brauche ich für die nächste Darstellung mehr als 1000 DM, um dasselbe »Hochgefühl« zu bekommen. Auf diese Weise werden Aufmerksamkeit und Anbetung zu einer Sucht; das süchtig machende Mittel ist die Anbetung. Jeder, der die »Dröhnung« der Anbetung abbekommt, enthält der DREI *ihr* Rampenlicht vor, weil es einen Mangel an Anbetung (dem süchtig machenden Mittel) gibt. Das läßt die DREI äußerst konkurrenzbewußt werden.

Wie bei allen Strategien der Aufmerksamkeitsfixierung ist die Leere eine Pforte, die, wenn man durch sie hindurchschreitet und sie erfährt, die Wiederaufnahme der Identitäten ermöglicht sowie die Erfahrung des wirklichen essentiellen Selbst. Auf der tiefsten Ebene suchen die Identitäten des Darstellers nach dem Gleichgewicht. Leider sind das Gleichgewicht und die Ausgeglichenheit, die sie suchen, ein Zustand und können niemals voll auf der Ebene der Persönlichkeit zur *Station* gemacht werden. Warum? – Es sind essentielle Eigenschaften, keine Eigenschaften der Beobachter-Persönlichkeit-Dyade.

Die Therapie

1. Schritt: Schreiben Sie die Identitäten auf, die sich gegen Ihre Leere wehren.

2. Schritt: Achten Sie darauf, an welcher Stelle in Ihrem Körper die Leere existiert.

3. Schritt: Treten Sie in die Leere, und spüren Sie sie.

4. Schritt: Achten Sie darauf, daß der Identität die Leere wie der Tod erscheint. Von innen ist die Leere jedoch still, ruhig, friedlich und gelassen.

5. Schritt: Fragen Sie jede Identität aus dem Innern der Leere: »Was willst du wirklich? Was wünschst du dir mehr als alles andere auf der Welt?«

6. Schritt: Wie auch immer die Identität reagiert, spüren Sie diese Erfahrung in der geräumigen Leere.

7. Schritt: Drehen Sie als nächstes die Identitäten herum, und lassen Sie sie wieder in die Leere, d.h. in die Essenz, zurückkehren.

Variation

8. Schritt: Sehen Sie die Identitäten im Vordergrund. Halten Sie sich im Hintergrund, und achten Sie darauf, wie die Identitäten in der Leere schweben.
9. Schritt: Erfahren und spüren Sie die essentielle Eigenschaft aus dem Hintergrund.
10. Schritt: Erkennen Sie, daß die Identitäten und die Leere aus derselben Substanz bestehen.

Identitäten	zugrundeliegender Zustand	überkompensierende Identitäten
Vakuum	Unfähigkeit zu tun, zu handeln oder zu erschaffen führt zu Eitelkeit und Selbsttäuschung	Das Vakuum füllen 1. indem man zuviel tut 2. als möglicher Workaholic 3. durch zwanghaftes Denken
Nicht wissen, wer man ist		1. gesehen werden wollen 2. herausfinden wollen, wer man ist
Super-Vakuum		Alles wird getan, um auf bestimmte Weise gesehen zu werden
Bedeutungslosigkeit		• Suche nach Bedeutung und wer man ist, je nachdem, wie andere einen sehen
unehrlich und schlecht		• Image des allzu Ehrlichen und Guten

Beispielfall

Barbara, eine Frau Ende 20, beschrieb sich selbst als »liebes-süchtig« und unfähig, die Aufmerksamkeit zu bekommen, die sie in ihrer Beziehung braucht. Sie klagte: »Er verspricht dauernd, mir Liebe zu geben, und tut es nie. Ich habe das Gefühl, daß er lügt.«

Patientin: Mein Partner Bill schenkt mir niemals genug Aufmerksamkeit und ist für mich »emotional« nicht da.

Therapeut: Welche Lügen haben Sie sich selbst über Bill erzählt?

Patientin: Lügen? (mit verärgerter Stimme)

Therapeut: Ja, haben Sie sich in bezug auf seine Persönlichkeit nicht selbst etwas vorgelogen?

Patientin: Na ja, bei unserer ersten Verabredung sollten wir uns tatsächlich um 20 Uhr in diesem Restaurant treffen, und er kam fast eine Stunde zu spät. Ich habe mir vorgelogen, er sei schon in Ordnung und würde wirklich für mich da sein.

Therapeut: Welche Lügen haben Sie sich noch über Bill erzählt?

Patientin: Daß er sich ändern würde und mir irgendwie das geben würde, was ich mir wünsche. Im Grunde habe ich mir gesagt, er sei anders, als er sich gab.

THERAPEUTISCHE ANMERKUNG

An dieser Stelle ist es wichtig, kontinuierlich sich selbst oder der Patientin gegenüber zu wiederholen: »Nennen Sie mir die Lügen, die Sie sich über (*die Situation oder den Menschen*) erzählt haben.« Das ist wichtig, weil sie ihre Selbsttäuschung leugnete, und das gab ihr das Gefühl, ein Opfer zu sein. Um uns selbst Macht zu geben, müssen zuerst die Lügen, die wir uns selbst erzählen, offengelegt werden. Ich will das näher erklären. Die meisten Menschen fühlen sich innerlich leer. Um sich gegen die Leere zu wehren, lügen sie sich selbst etwas vor über die Menschen, mit denen sie eine Beziehung haben. Kurz gesagt, sie versuchen, ihre Leere durch andere aufzufüllen, und belügen sich selbst bezüglich der Menschen, damit diese imaginären, erfundenen Menschen den leeren

Raum auffüllen. Später lügen sie, indem sie sich sagen, daß sie sich überhaupt nicht angelogen haben, werden daraufhin wütend und versuchen, ihren Partner zu wechseln. Das nennt man den *Trugschluß der Veränderung*, in der Kognitiven Therapie auch als Denkverzerrung bekannt.

> *»Der einzige Mensch, den Sie wirklich kontrollieren bzw. bei dem Sie auf eine Veränderung hoffen können, sind Sie selbst. Der Trugschluß der Veränderung sichert Ihnen jedoch zu, daß andere Menschen sich verändern, wie es Ihnen paßt, wenn Sie sie nur genügend unter Druck setzen. Ihre Aufmerksamkeit und Energie konzentrieren sich daher auf andere, weil Ihre Hoffnung auf Glück darin liegt, daß andere Ihre Bedürfnisse erfüllen.«*
> (McKay/Davis/Fanning, 38)

Albert Ellis, der Vater der Kognitiven Therapie, würde sagen, daß in unserem Beispiel die Frau den Gedanken hatte, Bill »dürfe nicht so sein« wie er war. Dieses »nicht sein dürfen« nennt Ellis »musturbation«*: den ständigen Gedanken, daß dieses »nicht dürfen« erlaubt oder wahr sei.

Menschen, die Beziehungen *suchen*, versuchen häufig, mit Hilfe eines anderen ihre Leere zu füllen. Kurz gesagt, wenn ich mir vorstelle, daß Sie meine Leere füllen, heißt es: »Ich liebe dich.« Wenn mir klar wird, daß Sie das nicht können, heißt es: »Ich will hier raus« – auf der Suche nach jemandem, der es kann.

Therapeut: Wenn Sie abends nach der Arbeit nach Hause kommen, fühlen Sie dann eine nagende Leere in sich, die Sie nicht ertragen können?

Patientin: Sie macht mich verrückt. Ich will abends gar nicht nach Hause, daher arbeite ich jeden Abend sehr lange.

THERAPEUTISCHE ANMERKUNG
Hier taucht die Leere wieder als *realer, nagender Schmerz* auf.

---

* Wortspiel: In »m*u*sturbation« stecken sowohl das Wort »m*a*sturbation« als auch das Wort »m*u*st« (=müssen). (Anm. d. Ü.)

Therapeut: Wo spüren Sie die Leere in Ihrem Körper?

Patientin: Hier. (Sie zeigt auf den Solarplexus.)

Therapeut: Drehen Sie Ihre Aufmerksamkeit um, und begeben Sie sich in die Leere.

Patientin: Ich habe Angst.

Therapeut: Achten Sie auf die Angst. Gibt es eine äußere Schicht an der Angst?

Patientin: Es gibt einen Teil in mir, der ein überwältigendes Verlangen nach Liebe verspürt.

Therapeut: Schälen Sie die Angst ab, und sagen Sie mir, was unter ihr liegt.

Patientin: Einsamkeit.

Therapeut: Schälen Sie die Einsamkeit ab, und sagen Sie mir, was Sie vorfinden.

Patientin: Einen leeren Raum.

Therapeut: Gehen Sie in den leeren Raum, und erzählen Sie mir, was Sie empfinden.

Patientin: Schreckliche Angst.

Therapeut: Schälen Sie die schreckliche Angst ab. Was kommt darunter hervor?

Patientin: Eine gewaltige Leere.

Therapeut: Gehen Sie in die Leere, und sagen Sie mir, wie Sie sich fühlen.

Patientin: Friedlich, grenzenlos … ruhig.

Therapeut: Wie erscheinen Ihnen diese Identitäten im Vordergrund von »dort hinten« in der riesigen Leere?

Patientin: Als ob sie in dem leeren Raum schweben.

Therapeut: Fragen Sie jede einzelne: »Was wünschst du dir mehr als alles andere auf der Welt?«

Patientin: Liebe.

Therapeut: Spüren Sie die Liebe »dort hinten«?

Patientin: (Nickt.)

Therapeut: Bitten Sie nun die Identitäten, ihre Aufmerksamkeit herumzudrehen, damit sie wieder in die Leere aufgenommen werden, *während Sie diese Liebe spüren.*

Patientin: Ich bin Liebe.

Therapeut: Erfahren Sie Liebe ohne Objekt?

Patientin: Ja, einfach Liebe.

Schlußfolgerung

Dieser Fall ereignete sich am ersten Tag eines dreitägigen Quantenpsychologie®-Workshops, daher hatte ich Zeit, der Frau einige Tage lang auf der Spur zu bleiben. Sie berichtete,daß sie sich wie verwandelt gefühlt hätte, nachdem sie Bill an diesem ersten Abend wiedersah. Sie fiel zwar mehrmals in ihre Identität und versuchte, durch ihn ihre Leere zu füllen, aber sie sagte: »Ich konnte ganz leicht wieder in die Essenz eintreten. Es war toll, dafür eine Technik zu haben.«

Mehrere Wochen später berichtete sie, daß es für sie funktioniert habe und daß die subjektive Erfahrung ihrer Beziehung sich für sie verändert habe – *obwohl er sich nicht verändert hatte*. Das vermittelte ihr ein größeres Verantwortungsgefühl und gab ihr mehr Macht, anstatt nach »Liebe überall dort zu suchen, wo sie nicht zu finden ist«.

Zusammenfassend muß noch einmal festgehalten werden, daß dies nur *beispielhafte Auszüge aus Fällen* und keine vollständigen Fälle sind. Der Sinn dieser beispielhaften Auszüge liegt darin, die Wiederaufnahme der Beobachter-Persönlichkeit-Dyade zurück in die Essenz und das Wiedererlangen der essentiellen Eigenschaft aufzuzeigen.

KAPITEL 17

Aufmerksamkeitsfixierung
Strategie VIER

Ich bin o.k., wenn ich Schmerz fühle.
Du bist o.k., wenn du Schmerz fühlst.

Strategie VIER der Aufmerksamkeitsfixierung heißt in der Charakteranalyse *der Masochist*. Ein Masochist ist jemand, der das Gefühl hat, die einzige Möglichkeit, Liebe zu erhalten und eine Situation zu kontrollieren, liege darin, Schmerz zu spüren. In der Charakteranalyse erlebt der Masochist Kontrolle durch Schmerz. Bei dieser Strategie herrscht Verwirrung zwischen Schmerz und Liebe. Einfacher gesagt: Liebe wird mit Schmerz gleichgesetzt. Die Aufmerksamkeitsfixierung konzentriert sich auf die Melancholie, die sich mit dem Trauma des Verlustes der Essenz verknüpft, indem man eine Verarmung des Seins fühlt, daß man keinen Ursprung oder »Wurzeln« habe und daher eben Melancholie die Folge ist.

Hier strukturiert sich die Beobachter-Persönlichkeit-Dyade wie bei allen anderen Strategien der Aufmerksamkeitsfixierung um die Essenz herum. Sie spürt eine solche Verarmung und einen solchen Verlust der Liebe durch den Verlust der Essenz, daß der zugrundeliegende Zustand Neid ist. Menschen dieser Fixierung sind neidisch auf andere, die ihrer Meinung nach über die Liebe und die Wurzeln verfügen, die sie verloren haben, als sie von der Essenz zur Persönlichkeit wechselten. Diese Aufmerksamkeitsfixierung auf die Melancholie beinhaltet auch das Gefühl, an gebrochenem Herzen zu leiden. Während das Pendel in die andere Richtung schwingt, kann diese Fixierungsstrategie der Beobachter-Persönlichkeit-Dyade die Haltung der Selbstablehnung und des fehlenden Selbstwertes einnehmen. Häufig erschafft die Beobachter-Persönlichkeit-Dyade ein idealisiertes Ersatzwesen – einen Guru, Lehrer oder Liebhaber –, der ein äußeres Bild der Essenz, aber nicht wirklich die Essenz ist. Aus diesem Grund hält sich ein Mensch der Aufmerksamkeitsfixierung VIER selbst oft für nicht verbunden mit seinem eigenen Leben oder seinen Wurzeln und befindet sich daher auf der Suche nach seinen »Wurzeln«. Hier versieht die Beobachterpersönlichkeit die Leere der Essenz mit dem Etikett, daß sie keine richtige Verbindung zu den Menschen und zum Leben hat, und verspürt daher Melancholie. In mancher Hinsicht kann die VIER auch ein inneres Idealbild der Essenz erschaffen und dieses Bild fälschlicherweise für die Essenz halten (siehe Abbildung 10).

Ich hatte einmal einen Patienten, bei dem ständig Bilder in seinem Bewußtsein auftauchten, die idealisierte Darstellungen der Essenz waren. Diese idealisierten Bilder wurden spiritualisiert.* Anstatt sie als Ersatz der Essenz zu erforschen, wurden sie für die Essenz gehalten, wo sie doch in Wirklichkeit die Symbole der Essenz waren und nicht die Essenz selbst; wieder Alfred Korsybski: »Die Landkarte ist nicht das Land.« Das Symbol bzw. das Bild der Essenz ist *nicht die Essenz selbst.* Das muß man unbedingt hinsichtlich der Verehrung einer inneren Gottheit – wie man sie sowohl in der Yoga-Tradition als auch im Buddhismus kennt – oder welcher anderen Gottheit auch immer verstehen: Es handelt sich um *ein Bild bzw. ein Symbol der Essenz – nicht um die Essenz selbst.*

Der Liebeshunger der VIER nimmt zu und nagt an der Beobachter-Persönlichkeit-Dyade. Sie versucht, den Verlust der Liebe (Essenz) und die Leere mit Schmerz aufzufüllen. Das kommt daher, weil die Persönlichkeit zuerst versucht, die Leere mit einem Liebesobjekt aufzufüllen, und das funktioniert nicht. Das Liebesobjekt, oft ein Elternteil, kann die Leere des Kleinkindes nicht füllen, und das verursacht Schmerz. Die Beobachter-Persönlichkeit-Dyade verschmilzt bzw. verbindet sich daraufhin mit der Vorstellung von Liebe als der Vorstellung von Schmerz, d. h. Liebe wird

---

* Siehe Kapitel 14 (»Spiritualisieren«) in meinem Buch *Die dunkle Seite des inneren Kindes.*

Aufmerksamkeitsfixierung – Strategie VIER
DER MASOCHIST
Nach Schmerz, die er für Liebe hält, überall dort suchen,
wo er zu finden ist

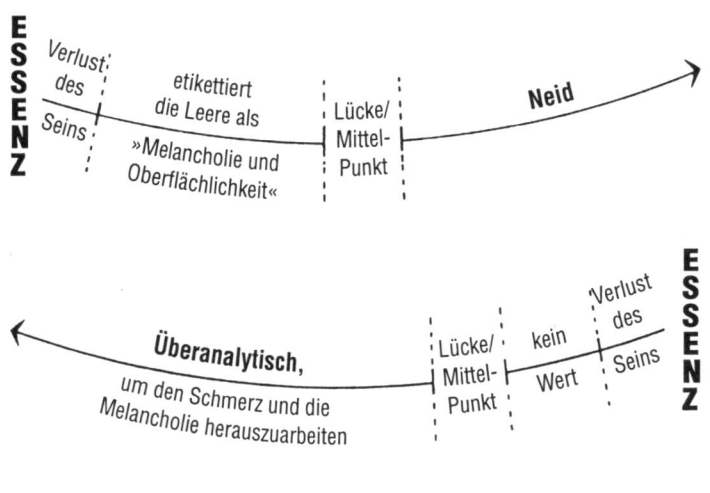

ABBILDUNG 10

mit Schmerz gleichgesetzt. Daher nennt Palmer diesen Typ den
tragischen Romantiker. Die Entscheidung für den Versuch, die
Leere aufzufüllen und sich selbst gegen das Gefühl der Leere zu
verteidigen, wird zur Fixierungstrategie der Beobachter-Persönlichkeit-Dyade: In Fixierungsstrategie VIER setzt sie Schmerz mit
der Liebe der Essenz gleich.

In der psychoanalytischen Literatur bildet sich die Metapher
des Masochisten während der Analphase der menschlichen Entwicklung heraus. Man bringt dem Kind bei, auf die Toilette zu gehen. Wenn das Kind auf der Toilette Verdauungsergebnisse produziert, sind Mutter und Vater glücklich. Wenn das Kind sich ver-
weigert, sind Mutter und Vater nicht glücklich. In diesem Fall gibt
es die Illusion von Macht und Kontrolle seitens des Kindes. Das
Kind kann sich zurückhalten, und wenn es das tut, das bildet es

sich zumindest ein, kann es das Glück von Mutter und Vater kontrollieren, selbst auf Kosten eigenen Unbehagens. Das Kind trotzt den Eltern, indem es sich zurückhält und glaubt, es kontrolliere das Glück von Mutter und Vater. Diese Verzerrung vermittelt der Beobachter-Persönlichkeit-Dyade ein Gefühl imaginärer Macht. Mit anderen Worten: »Ich kontrolliere dich dadurch, daß ich Schmerz fühle.« Das ist der Masochist: Er *gewinnt, indem er verliert oder anderen trotzt,* und gibt somit der Persönlichkeit die Illusion, sich mächtig zu fühlen und die Kontrolle zu besitzen, indem sie sich zurückhält.

Diese Strategie zur Vermeidung des Essenzverlustes fixiert ihre Aufmerksamkeit auf andere, wird sehr neidisch und bildet sich ein, andere besäßen die »höchste« Erfahrung. Die Arbeit mit dem Masochismus in einem anderen Kontext findet sich in *Die dunkle Seite des inneren Kindes.*

Das allgemeine Außer-Kontrolle-Gefühl des Masochisten macht diesen Charaktertypus gehässig in dem Versuch, durch Zurückhalten zu kontrollieren. Rüde ausgedrückt und mit einer psychoanalytischen Metapher: Der Masochist »scheißt entweder auf andere oder sorgt dafür, daß andere auf ihn scheißen«. Dieser Typus ist zurückhaltend und laut Alexander Lowen in der Zusammenarbeit einer der schwierigsten. Warum? – Sie trotzen dem Therapeuten (Mutter und Vater), indem sie sich nicht ändern. Dieser Charaktertypus kann Schmerz initiieren und enthält eine sadistische Identität, die sich gegen das Gefühl der Demütigung wehrt. Tatsächlich ist der zugrundeliegende Zustand des Neides ein Versuch, zu verstehen, was mit ihnen und ihrer Melancholie nicht stimmt, indem sie denken, andere »hätten die Antwort«. Der Neid fixierte ihre Strategie der Aufmerksamkeitsfixierung auf andere anstatt auf sich selbst, als ihr Herz beim Verlust der Essenz gebrochen wurde.

Fixierungsstrategie VIER der Beobachter-Persönlichkeit-Dyade spürt ihr gebrochenes Herz und wird daher Geschichten *tragischer Romanzen* (Palmer) von Betrug erzählen, um ihre Melancholie zu rechtfertigen. Man muß wissen, daß die Geschichte nur ein Mittel ist, um den Zustand zu rechtfertigen; *die Geschichte ist nicht der Zustand.* Aus diesem Grund muß die Aufmerksamkeit

von der Geschichte abgelenkt und auf den eigentlichen Zustand
als Energie gelenkt werden.

Diese gewohnheitsmäßigen Muster – die Menschen dazu zu bekommen »eine Vereinbarung zu treffen« bezüglich der Geschichte
– hält die VIER fixiert. Die Melancholie und der Neid sind chronische Zustände und nicht kontext-(geschichten-)abhängig, sondern
eine Funktion, mit der der Körper und die Beobachter-Persönlichkeit-Dyade um die Essenz herum entwickelt werden. Kurz
gesagt, wenn man die Geschichte verändert, wird das den Zustand
nicht verändern. Nur wenn man den chronischen Zustand an-
erkennt und die Aufmerksamkeit verlagert, wird das den Zustand
verändern. Anmerkung: *Ähnliches heilt ähnliches*, d. h. nicht die
Geschichte heilt den Zustand, *den Zustand zu erfahren heilt den*
Zustand.

Es kann große Schwierigkeiten geben bei der Arbeit mit dem
tragisch Romantischen, der »Glück sucht durch Schmerz«, wie
Naranjo es nennt, weil er davon besessen ist, die Leere mit Schmerz
aufzufüllen und ständig sein Leben um den Schmerz herum auf-
bauen wird. Dieser Schmerz verteidigt ihn gegen einen viel tieferen Schmerz und ein Gefühl der Unzulänglichkeit oder des Mangels, nicht genug zu sein, da die Beobachter-Persönlichkeit-Dyade
es mit der Essenz nicht aufnehmen kann.

Hier suchen die Identitäten nach ihren Wurzeln und ihrer Verbindung. Pech für die Identitäten, daß die Quelle die Essenz ist
und sie in die falsche Richtung schauen.

Die Therapie

1. Schritt: Schreiben Sie die Identitäten auf, die sich gegen Ihre
Leere wehren.

2. Schritt: Achten Sie darauf, an welcher Stelle in Ihrem Körper
die Leere existiert.

3. Schritt: Treten Sie in die Leere, und spüren Sie sie.

4. Schritt: Achten Sie darauf, daß der Identität die Leere wie der
Tod erscheint. Von innen ist die Leere jedoch still,
ruhig, friedlich und gelassen.

5. Schritt: Fragen Sie jede Identität aus dem Innern der Leere:
»Was willst du wirklich? Was wünscht du dir mehr als
alles andere auf der Welt?«

6. Schritt: Wie auch immer die Identität reagiert, spüren Sie diese
Erfahrung in der geräumigen Leere.

7. Schritt: Drehen Sie als nächstes die Identitäten herum, und
lassen Sie sie wieder in die Leere, d.h. in die Essenz,
zurückkehren.

Variation

8. Schritt: Sehen Sie die Identitäten im Vordergrund. Halten Sie
sich im Hintergrund, und achten Sie darauf, wie die
Identitäten in der Leere schweben.

9. Schritt: Erfahren und spüren Sie die essentielle Eigenschaft aus
dem Hintergrund.

10. Schritt: Erkennen Sie, daß die Identitäten und die Leere aus
derselben Substanz bestehen.

Identitäten	*zugrundeliegender Zustand*	*überkompensierende Identitäten*
Verarmung des Seins	keine Wurzeln oder Verbindung, das bringt Melancholie und Neid hervor	wie die Mutter sein wie der Vater sein
Selbst-Zurück- weisung »Ich bin schlecht«	Liebeshunger	sich selbst oder andere idealisieren
Nicht-Existenz	Schmerz	weinen, um Auf- merksamkeit zu bekommen

Beispielfall

Phyllis, eine Frau Ende 40, war eine tragische Romantikerin. Phyllis war viermal verheiratet gewesen und lebte seit drei Jahren mit einem Mann zusammen, der für sie sexuell nicht attraktiv war. Phyllis hielt die Beziehung jedoch aufrecht, weil sie einen angenehmen Lebensstil führen konnte. Ihr Partner Carl wollte sexuellen Kontakt und Intimität, an denen sie nicht interessiert war.

Patientin: Meine Beziehung ist irgendwie öde und langweilig, aber sie funktioniert.

Therapeut: Was wünschen Sie sich, was Sie in der Beziehung nicht haben?

Patientin: Intimität.

Therapeut: Warum halten Sie die Beziehung aufrecht?

Patientin: Es hat Jahre gedauert, bis es mit Carl und meinen beiden Kindern (aus einer früheren Ehe) und seinen beiden Kindern (aus einer früheren Ehe) funktionierte. Ich glaube, selbst wenn ich mich wirklich in jemand anderes verlieben würde, wäre das irgendwann einmal vorbei, und es täte wieder weh, und daher ist es am besten, ohne leben zu lernen.

Therapeut: Was hält Carl von diesem Mangel an sexuellem Kontakt?

Patientin: Er ist frustriert und wütend und hofft, daß sich das ändert.

THERAPEUTISCHE ANMERKUNG

Achten Sie darauf, wie ihr diese Beziehung als Ersatz dient, eine reine Freundschaft anstatt eines Ehepartners, und wie sie ihn tatsächlich wie ein Objekt behandelt, d. h. es kümmert sie nicht, daß er Schmerzen leidet. Hier hat das Kind sein Liebesobjekt verloren; ein Thema, das in der Therapie der Objektbeziehungen erforscht wird. Der Schmerz des externen Liebesobjekts (Mutter) ist verloren. In diesem Fall wird er neu ausgelebt, da ihre ursprüngliche sexuelle Beziehung zu Carl platonisch wurde. Achten Sie auf Carls kognitive Verzerrung namens »Trugschluß der Veränderung«. Das ist auch ein neues Durchleben der ödipalen Situation, bei der das Kind keinen Sex mit seinem Vater haben kann und daher eine platonische Beziehung zu seinem Vater entwickelt und wie seine Mutter wird. In der Therapie der Quantenpsychologie will ich erfahren, wie die Mutter und der Vater diese Beziehung ohne Sex *vorgelebt* haben, wie sie möglicherweise aus wirtschaftlichen oder gesellschaftlichen Gründen oder wegen der »Kinder« zusammenblieben. Als nächstes werde ich untersuchen, wie Phyllis mit diesem Modell verschmolzen ist und es in der Gegenwart mit Carl *auslebt*.

Therapeut: Machen Sie ihm etwas vor?
Patientin: Nein.
Therapeut: Tja, sind Sie nicht der Ansicht, daß Sex für gewöhnlich eine Rolle spielt, wenn man mit einem Mann zusammenlebt?
Patientin: Schon, aber ich habe ihm gesagt, daß ich nicht so fühle wie er.
Therapeut: Achten Sie auf die doppelte Botschaft, die Sie ihm geben: Sie leben mit ihm und vermitteln ihm und anderen die Vorstellung, Sie hätten Sex, wenn Sie gar keinen Sex haben.
Patientin: Ja, er ist wütend, daß ich ihn durch Sex kontrolliere.

THERAPEUTISCHE ANMERKUNG
Hier zeigt sich die Masochist-Sadist-Dyade. Zuerst schmerzt es sie, keine Intimität zu haben, und daher fügt sie sich selbst Schmerz zu, indem sie in einer Beziehung bleibt, die ihr nicht die Sexualität gibt, die sie sich wünscht. Andererseits kontrolliert sie Carl, indem sie ihm Sex vorenthält und ihm und anderen die Botschaft vermittelt, daß sie Liebende sind oder eines Tages sein werden.

Therapeut: Was fühlen Sie in diesem Augenblick?
Patientin: Schmerz in meinem Herzen.
Therapeut: Wie verteidigen Sie sich gegen diesen Schmerz in Ihrem Herzen?

Patientin: Indem ist so tue, als ob mit Carl alles in Ordnung wäre.
Therapeut: Und ihn kontrollieren?
Patientin: Ja.
Therapeut: Welcher Gefühlszustand verbindet den Schmerz in Ihrem Herzen und die kontrollierende Identität?
Patientin: Verzweiflung.
Therapeut: Spüren Sie die Verzweiflung. Jetzt schälen Sie die Schicht der Verzweiflung ab. Was kommt darunter zum Vorschein?
Patientin: Ein leeres Loch.
Therapeut: Begeben Sie sich in dieses Loch, und erzählen Sie mir, wie sich das anfühlt.
Patientin: Wie ein leerer Raum ... eigentlich ist es sehr angenehm.
Therapeut: Wie erscheinen Ihnen die Identitäten im Vordergrund von »dort hinten« im Raum?
Patientin: Weit weg.
Therapeut: Ist die »In Kontrolle«-Identität mit Carl verbunden?
Patientin: Ja.
Therapeut: Können Sie die Carl-Identität sehen?
Patientin: Ja.
Therapeut: Welche Gefühle verbinden die Identität des kleinen Mädchens, das die Kontrolle hat, mit der Carl-Identität?

THERAPEUTISCHE ANMERKUNG

Hier deute ich an, daß die Identität, die »die Kontrolle hat«, ein altersregressives kleines Mädchen ist, das sich zu Carl (Vater) hingezogen fühlt. Man muß unbedingt die ganze Schleife kennen. In diesem Fall trägt sie in ihrer Psyche das leidende kleine Mädchen, das kleine Mädchen, das »die Kontrolle hat«, sowie den Vater, der in dieser Wiederholung Carl ist. Der Vater in ihrer Psyche muß verarbeitet werden, sonst wird er noch weitere Wiederholungen ihrer tragischen Romanze verursachen.

Patientin: Trauer.
Therapeut: Spüren Sie die Trauer?
Patientin: Es ist, als ob mein Vater nicht länger da sei.

Therapeut: Und wie werden Sie quitt und trotzen ihm?
Patientin: Indem ich ihm das vorenthalte, was er sich wünscht.

THERAPEUTISCHE ANMERKUNG
Achten Sie erneut auf die *Trance*-ferenz von Vater auf Carl, und
wie sie Carl (Vater) trotzt, indem sie ihm vorenthält, was er sich
wünscht. Das ist der Trugschluß der Kontrolle.

Therapeut: Fragen Sie die Carl-(Vater-)Identität: »Was wünschst
du dir mehr als alles andere auf der Welt?«
Patientin: Geliebt zu werden.
Therapeut: Begeben Sie sich jetzt wieder in den leeren Raum, und
fragen Sie die Schmerz-Identität: »Was wünschst du
dir mehr als alles andere auf der Welt?«
Patientin: Liebe.
Therapeut: Fragen Sie jetzt die Identität des kleinen Mädchens:
»Was wünschst du dir mehr als alles andere auf der
Welt?«
Patientin: Sicherheit.
Therapeut: Damit Sie sich *wie* fühlen können?
Patientin: Sicher und friedlich.
Therapeut: Und was wünscht sich das leidende kleine Mädchen
mehr als alles andere auf der Welt?
Patientin: Sich selbst zu erkennen.
Therapeut: Damit es sich *wie* fühlt?
Patientin: Stark.
Therapeut: Gut. Jetzt fühlen Sie von »dort hinten« in Ihrer Leere
die Liebe, Stärke und Sicherheit von dort hinten.
Patientin: Ja.
Therapeut: Achten Sie darauf, wie all diese Identitäten in dem lee-
ren Raum zu schweben scheinen.
Patientin: Ja.
Therapeut: Gut. Was geschieht jetzt, wenn Sie sehen, daß die
Identitäten und der Raum aus derselben Substanz be-
stehen?
Patientin: Die Identitäten verschwinden in dem Raum. Es ist
nichts mehr da.

Therapeut: Wie fühlen Sie sich?
Patientin: Ich habe keine Worte dafür – einfach keine Worte.

Schlußfolgerung

In diesem Fall habe ich versucht, das Verfahren, das in meinem Buch *Quantenbewußtsein* beschrieben wurde, zu verändern. Wenn die Leere und die Identitäten als dieselbe Substanz gesehen werden, verschmelzen sie und verschwinden. Warum? – Keine Gegensätze.

In diesem Beispielfall werden die Identitäten, die die Beobachter-Persönlichkeit-Dyade sind, wieder in die Leere aufgenommen. Das machte sie sprachlos. Warum? – Weil es auf der Ebene der Essenz kein Subjekt bzw. Objekt in ihr gab, auf das sie Stärke ausüben konnte. Aus diesem Grund gibt es Stärke und Frieden ohne Geschichte, Grund oder Objekt. Das ist das Wesen der Essenz – ein zustandsloser Zustand, der kein Subjekt bzw. Objekt, keine Geschichte und keinen Grund kennt. Einfacher gesagt, die Essenz und ihre Eigenschaften sind einfach da.

KAPITEL 18

Aufmerksamkeitsfixierung
Strategie FÜNF

Ich bin o. k., wenn ich nichts fühle,
du bist o. k., wenn du mich nichts fühlen läßt,
oder
ich bin o. k., wenn ich dich zurückweise,
du bist o. k., wenn ich dich zurückweise,
bevor du mich zurückweist.

Wie kann ich Gefühle haben,
wenn ich nicht weiß, ob es ein Gefühl ist,
Wie kann ich Gefühle haben,
wenn ich einfach nicht weiß, wie man fühlt,
Wie kann ich Gefühle haben,
wenn meine Gefühle stets verleugnet wurden.
John Lennon *(How)*

Diese Strategie der Aufmerksamkeitsfixierung der Beobachter-
Persönlichkeit-Dyade zur Fixierung der Aufmerksamkeit stellt in
der Charakteranalyse die *schizoide* Persönlichkeit dar. Die *schizoide* Persönlichkeit wurde laut Alexander Lowen in der Gebär-
mutter geformt. Dieser Charaktertypus spürt die Zurückweisung
durch die Mutter und bekommt dadurch Angst. Um gegen diese
Angst anzukämpfen, friert der Schizoide alle Gefühle ein, betäubt
sie und betätigt sich in *vorzeitiger Beobachtung*. Wie die vorzeitige Ejakulation ist auch die vorzeitige Beobachtung eine Verteidigung gegen Gefühle. Mit anderen Worten, der Schizoide kann
nicht fühlen; daher beobachtet er und handelt so, »als ob« er
fühlen würde. Diese Fixierungsstrategie wird von Palmer *der Be-*

obachter genannt, von Riso *der Denker* und Naranjo spricht von
Habsucht und pathologische Absonderung. In dieser Fixierung der
Aufmerksamkeit haben wir eine starke Identität, die an der Unfähigkeit zu fühlen leidet bzw. nicht fühlen kann. Diese Fixierung
verwechselt Gedanken mit Gefühlen. Mit anderen Worten, man
denkt Gefühle, anstatt Gefühle zu empfinden. Diese Strategie der
Aufmerksamkeitsfixierung ist eine Beobachter-Persönlichkeit-
Dyade, die sich *vorzeitig* in einen Zustand der *Beobachtung* begibt. Diese vorzeitige Beobachtung wirkt von außen spirituell.*
Die Person ist distanziert, gefühllos, leicht reserviert und scheint
gern allein zu sein. In Wirklichkeit ist sie jedoch von ihren Gefühlen und ihrem Körper dissoziiert und durchlebt eine schwierige Zeit bei wechselweisen Kontakten mit anderen Menschen,
insbesondere auf dem Gebiet der Intimität. Diese Strategie der Beobachter-Persönlichkeit-Dyade *wirkt* spirituell und wird der
nicht-erleuchtete Buddha genannt, weil die Vorstellungen und Gedanken fälschlicherweise für Erfahrungen gehalten werden. Mit
anderen Worten, man denkt Erfahrungen, anstatt Erfahrungen zu
haben. Diese Beobachter-Persönlichkeit-Dyade reagiert innerlich
auf die Furcht vor dem Verschlungenwerden und stellt sich die
Menschen weit weg vor, selbst wenn sie es nicht sind. Bedürfnisse
werden nicht gespürt und häufig spiritualisiert** – mit einer nicht
wahrgenommenen Furcht. All dies führt den Betroffenen dazu,
sich vorzeitig zu distanzieren ohne die Fähigkeit, sich mit anderen
zu verbinden. Mit anderen Worten, seine vorzeitige Beobachtung
ist eine Reaktion auf das Gefühl der Furcht aufgrund des Traumas
durch den Verlust des Seins. Daher ist es eine vorzeitige Evakuierung. Anders ausgedrückt, er gibt vor oder handelt so, »als ob«
er verbunden wäre, damit andere seine Leere nicht sehen. Dieser
Mangel an Gefühl wird als spirituell bezeichnet, und häufig denken er und andere um ihn herum, er sei spirituell und meditierte,
wenn er in Wirklichkeit nur Angst hat und das Ganze *als Medika-*

---

* Siehe Kapitel 3 (»Wie man aus dem Brennpunkt der Dinge herauskommt«)
  in meinem Buch *Quantenbewußtsein*.
** Siehe Kapitel 14 in meinem Buch *Die dunkle Seite des inneren Kindes*.

tion angeht. Das geschieht, weil die Beobachter-Persönlichkeit-
Dyade während einer Erfahrung implodiert, anstatt zu fühlen,
und den Körper somit in eine vorzeitige Beobachtung fallen läßt.
Der Beobachter dieser Fixierung etikettiert die Leere als Nichts;
daher sammelt er Dinge, Vorstellungen usw. und ist der Habsucht
unterworfen (siehe Abbildung 11).

Bei dieser Fixierung der Aufmerksamkeit werden die Phantasien und Vorstellungen der Beobachter-Persönlichkeit-Dyade für
Erfahrungen gehalten. In der Charakteranalyse hat der *Schizoide*
unwissentlich eine tiefe Furcht vor Zurückweisung. Alexander
Lowen stellt fest, daß die schizoide Persönlichkeit ihren Ursprung
im Uterus hat und durch die biologische Zurückweisung der
Mutter entsteht. Schizoide haben einen knochigen Körperbau und
hohe Wangenknochen. Die Struktur der Beobachter-Persönlichkeit-Dyade sowie die Zurückweisung werden in den *Knochen*
festgehalten. Häufig hat der Schizoide einen Schleier über den
Augen – selbst wenn man mit ihm Blickkontakt herstellt, kann
man sich mit ihm nicht verbinden. Diese Persönlichkeit geht entweder von vornherein von Zurückweisung aus, sorgt selbst für
die Voraussetzungen einer Zurückweisung oder weist andere zurück, bevor er selbst zurückgewiesen werden kann. In der Politik
verfolgt Dan Quayle* diese Fixierung mit seiner hölzernen, fast
puppenhaften Erscheinung. Ständig sorgt er dafür, zurückgewiesen zu werden und weist seinerseits andere zurück (Murphy
Brown und die alleinerziehenden Mütter), bevor er von Murphy
Brown und den alleinerziehenden Müttern zurückgewiesen wird.
Ross Perot unterliegt ebenfalls dieser Fixierung. Perot stieg aus
dem Präsidentschaftsrennen aus, sobald seine Umfrageergebnisse
nach der Tagung der Demokraten fielen. Einfacher gesagt, aus
Angst und wegen imaginärer Zurückweisung wies er die Medien
zurück, bevor sie ihn zurückweisen konnten. Perot marschierte
auf die Pressekonferenz, und als ein Reporter eine Frage stellte,
empfand Perot sie als Zurückweisung, wurde wütend, wies seinerseits die Presse zurück und verließ das Podium. Mit anderen Wor-

---

* James Danforth (Dan) Quayle, US-amerikanischer Politiker (Republikaner),
von 1989 bis 1993 amerikanischer Vizepräsident. (Anm. d. Ü.)

Aufmerksamkeitsfixierung – Strategie FÜNF
DER BEOBACHTER
Nach dem höchsten Wissen suchen und es sammeln,
um so zu erscheinen, als ob man allwissend sei, und auf diese Weise
die Leere immer am richtigen Ort zu verdecken

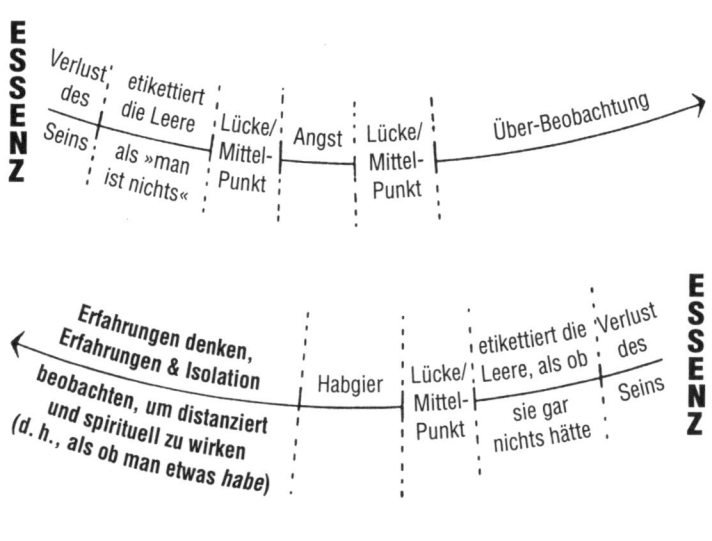

ABBILDUNG 11

ten, Strategie FÜNF isoliert sich aus Angst vor Zurückweisung. Konsequenterweise puffern sich die Betroffenen ab und verstecken sich unter einem Mantel der Distanzierung, so daß sie das Leben niemals wirklich erfahren. Sie müssen so handeln, »als ob« sie handelten. Auf diese Weise agieren sie, »als ob« sie sich Sorgen machten oder etwas fühlten oder interessiert wären, aber in einer Beziehung mit einem Schizoiden fehlt stets etwas. In diesem Fall *sind sie es.*

In dieser Beobachter-Persönlichkeit-Dyade erschafft der Schmerz über den Verlust der Essenz, während sich die Persönlichkeit um die Essenz herum strukturiert, einen Bifurkationspunkt, der so stark ist, daß er eine nicht wahrgenommene Einsamkeit zur Folge hat. Der Schmerz und die Angst davor können so groß sein, daß sie andere, um sie zu kontrollieren, zurückweisen oder sie verschlingen, wie es ihre Mütter taten. Sie isolieren sich in dem Versuch, die Ganzheit zu suchen (Naranjo). In Wirklichkeit erschafft die Isolation vorzeitige Distanz (Evakuierung) und aktiviert die Dissoziation. Diese Aktion kann spiritualisiert werden, um die Furcht vor Zurückweisung abzuhalten.* Ich kannte einen Arzt, der so tat, »als ob« er spirituell und einfühlsam wäre. Seine Ehefrau klagte: »Er ist nicht hier«, und das war er auch nicht. Er projizierte seine Mutter auf seine Frau, isolierte sich selbst und nannte das dann »spirituell«. Er zog sich von seiner Frau zurück, und ließ sie sowohl verwirrt als auch frustriert allein. Diese Beobachter-Persönlichkeit-Dyade sehnt sich danach, wahrhaft allwissend zu sein, um Gefühle der eigenen Bedeutungslosigkeit zu kompensieren. Leider versteckt diese Identität, die allwissend aussieht oder handelt, die Angst vor der Zurückweisung, damit ja niemand ihre Leere sieht. Sie überkompensiert, indem sie »handelt als ob« und versucht, auf der Ebene der Persönlichkeit »allwissend zu wirken«. Das überkompensiert für die tiefe Unzulänglichkeit, die ihre Persönlichkeit beim Verlust der Essenz spürt. Ihre Angst, verschlungen zu werden, ist so stark, daß ihre Hauptstrategie die Habsucht ist. Sie sind Sammler. Der zugrundeliegende Zustand ist die Gier mit einem Hauch von Angst. Menschen mit dieser Fixierung sind sich sicher, daß andere ihnen das Wenige nehmen, was sie besitzen, daher dissoziieren sie, sammeln an, horten und verstecken Erfahrungen wie ein Geizhals sein Gold versteckt. Sie nehmen an, dies sei die einzige Möglichkeit, ein *ganzes Selbst* zu haben.

---

* Siehe Kapitel 14 in meinem Buch *Die dunkle Seite des inneren Kindes*: »Spiritualisieren« und Kapitel 3 in meinem Buch *Quantenbewußtsein*: »Wie man aus dem Brennpunkt der Dinge herauskommt«.

Die Therapie

1. Schritt: Schreiben Sie die Identitäten auf, die sich gegen Ihre Leere wehren.

2. Schritt: Achten Sie darauf, an welcher Stelle in Ihrem Körper die Leere existiert.

3. Schritt: Treten Sie in die Leere, und spüren Sie sie.

4. Schritt: Achten Sie darauf, daß der Identität die Leere wie der Tod erscheint. Von innen ist die Leere jedoch still, ruhig, friedlich und gelassen.

5. Schritt: Fragen Sie jede Identität aus dem Innern der Leere: »Was willst du wirklich? Was wünscht du dir mehr als alles andere auf der Welt?«

6. Schritt: Wie auch immer die Identität reagiert, spüren Sie diese Erfahrung in der geräumigen Leere.

7. Schritt: Drehen Sie als nächstes die Identitäten herum, und lassen Sie sie wieder in die Leere, d. h. in die Essenz, zurückkehren.

Variation

8. Schritt: Sehen Sie die Identitäten im Vordergrund. Halten Sie sich im Hintergrund, und achten Sie darauf, wie die Identitäten in der Leere schweben.

9. Schritt: Erfahren und spüren Sie die essentielle Eigenschaft aus dem Hintergrund.

10. Schritt: Erkennen Sie, daß die Identitäten und die Leere aus derselben Substanz bestehen.

Identitäten	zugrundeliegender Zustand	überkompensierende Identitäten
Unzulänglich	fühlt sich bedeutungslos Angst/Zweifel	Vermeidung
Einsamkeit	ängstlich	fühlt Ganzheit durch Isolation
Angst, verschlungen zu werden	Angst	fühlt Ganzheit durch Isolation
sucht das Nichts	erinnert ihn an die Zurückweisung durch die Mutter	überspirituell
Schmerz der Leere	Unterdrückung der Bedürfnisse	überintellektuell
Selbstzurückweisung	Angst	1. geht von Zurückweisung aus 2. weist zurück, um nicht selbst zurückgewiesen zu werden
nicht wahrgenommene Angst vor der Machtlosigkeit	erdrückt	1. Zurückhalten 2. Gier 3. Stärke durch Zurückhalten

Beispielfall

Fred ist Psychologe aus Kalifornien und ungefähr 45 Jahre alt. Sein Präsentationsproblem ist der Widerstand, seiner Frau näherzukommen.

Therapeut: Was möchten Sie heute erforschen?

Patient: Ich spüre diesen Widerstand, mit meiner Frau wirklich intim zu werden. Irgendwie halte ich immer etwas zurück.

Therapeut: Wo spüren Sie diesen Widerstand in Ihrem Körper?

Patient: (zeigt auf seinen Brustkasten) In meinem Herzen.

Therapeut: Wenn wir Ihre Frau jetzt vor uns sehen könnten ... welcher Gefühlszustand verbindet die Identität des »Widerstands gegen die Nähe« mit Ihrer Frau?

Patient: Ich fühle mich dauernd wie erdrückt, als ob ich von ihrer Liebe verschlungen werden würde.

Therapeut: Bedeutet Liebe denn, verschlungen zu werden?

Patient: Ja.

Therapeut: Dann wundert es mich nicht, daß Sie sich gegen die Liebe wehren.

THERAPEUTISCHE ANMERKUNG

Hier finden sich drei wichtige Punkte. Erstens die kognitive Verzerrung des emotionalen Gedankengangs: »Ich denke, ich werde verschlungen ... also werde ich auch verschlungen.«

Emotionaler Gedankengang: »*An der Wurzel dieser Verzerrung steht die Überzeugung, was man fühlt, sei Wirklichkeit. Alle negativen Dinge, die man über sich und andere fühlt, müßten wahr sein, weil sie sich wahr anfühlen.*«

(McKay/Davis/Fanning, 39)

Zweitens die mögliche *Trance*-ferenz der Mutter auf seine Frau. Warum? – Wenn Sie sich wirklich in der Gegenwart befinden, warum sollten Sie dann Angst haben, verschlungen zu werden? Nur ein altersregressives Kind, das halluziniert, seine Frau sei seine Mutter, hat Angst davor, verschlungen zu werden.

Drittens die Bedeutungsverschmelzung. In diesem Fall: Liebe = Verschlungenwerden. Mein Ansatz an die kognitive Verzerrung und die Bedeutungsverschmelzung sieht einen ausführlichen Ent-Schmelzungsprozeß vor.

Therapeut: Wenn Sie Liebe (ich hebe meinen linken Arm) mit Verschlungen-werden verschmelzen (ich halte meinen rechten Arm hoch und bringe meine Hände zusammen), was erschaffen Sie dann?

Patient: Angst.

Therapeut: Wenn Sie die Vorstellung von Liebe (ich hebe meinen linken Arm) gleichsetzen mit Verschlungenwerden (ich halte meinen rechten Arm hoch und bringe meine Hände zusammen), was erschaffen Sie dann nicht?

Patient: Die Freiheit, zu lieben.

Therapeut: Wenn Sie Liebe (ich hebe meinen linken Arm) mit Verschlungen-werden verschmelzen (ich halte meinen rechten Arm hoch und bringe meine Hände zusammen), wogegen wehren Sie sich dann?

Patient: Gegen die Entfremdung.

Therapeut: Erschaffen Sie das Gefühl der Entfremdung.

Patient: Okay.

Therapeut: Machen Sie die Entfremdung so groß wie diesen Raum.

Patient: Okay.

Therapeut: Machen Sie sie so groß wie Kalifornien.

Patient: Okay.

Therapeut: Machen Sie sie so groß wie die Vereinigten Staaten.

Patient: Okay.

Therapeut: Machen Sie sie so groß wie die ganze Welt.

Patient: Okay.

Therapeut: Wenden Sie Ihre Aufmerksamkeit ab. Wenn Sie jetzt Liebe und Verschlungenwerden trennen (ich nehme meine linke und meine rechte Hand auseinander), was erschaffen Sie dann?

Patient: Offenheit.

Therapeut: Wenn Sie Liebe und Verschlungenwerden trennen (ich nehme meine Hände auseinander), was wird dann nicht erschaffen?

Patient: Angst.

Therapeut: Wenn Sie Liebe und Verschlungenwerden trennen (ich nehme meine Hände auseinander), wogegen wehren Sie sich dann – wenn überhaupt?

Patient: Ich wehre mich gegen gar nichts.
Therapeut: Wie geht es Ihnen?
Patient: Ich sehe klarer.

THERAPEUTISCHE ANMERKUNG
Wir alle verschmelzen Vorstellungen, beispielsweise Liebe oder Macht usw. Die Psychotherapeutin Kristi L. Kennen hat vier Hauptgebiete herausgearbeitet, in denen Bedeutungsverschmelzungen vorkommen: Liebe, Hilfe, Macht und Verantwortung. Kristi Kennen hat einen dreitägigen Workshop entwickelt, wie man diese vier verschmolzenen (verwirrten) Vorstellungen auseinandernehmen kann. Die Aufgabe des Therapeuten liegt darin, zwei zusammengeschmolzene Vorstellungen zu *ent*schmelzen bzw. zu trennen und auf diese Weise den Zustand zu befreien.

Therapeut: Sehen Sie jetzt Ihre Frau vor sich, achten Sie auf den Widerstand gegen Intimität in Ihrem Herzen. Schälen Sie diese Schicht ab, und schauen Sie, was darunterliegt.
Patient: Ein leerer Raum.
Therapeut: Begeben Sie sich in den leeren Raum ... wie fühlt er sich an?
Patient: Still, ruhig, meditativ.
Therapeut: Sehen Sie nun von »dort hinten« Ihre Frau im Vordergrund sowie die Angst, die sie mit Ihrem altersregressiven Ich verbindet.

THERAPEUTISCHE ANMERKUNG
Erneut biete ich die Vorstellung an, daß der Widerstand gegen die Intimität eine jüngere Identität ist. Diese jüngere Identität ist wie ein Schema.

»Obwohl verschiedene Menschen dieselbe Situation auf unterschiedliche Weise begrifflich fassen, neigt jeder einzelne dazu, in seinen Reaktionen auf ähnliche Ereignisse stetig zu sein. Relativ stabile kognitive Muster formen die Basis für die regelmäßigen Interpretationen einer bestimmten Art von Situation. Der

213

Begriff Schema *beschreibt diese stabilen, kognitiven Muster. Wenn ein Mensch sich einem bestimmten Umstand gegenübersieht, wird in Zusammenhang mit diesem Umstand ein Schema aktiviert. Das Schema ist die Basis, um die Daten zu Erkenntnissen zu verschmelzen ... gemäß Definition jede Vorstellung mit verbalem oder bildlichen Inhalt. Somit stellt ein Schema die Basis dar, um auszublenden, zu differenzieren und die Stimuli zu kodieren, denen sich ein Individuum gegenübersieht. Der einzelne kategorisiert und bewertet Erfahrungen durch eine Matrix von Schemata.«* (Beck/Rush/Shaw/Energy, 40)

Als nächstes schlage ich die Möglichkeit vor, daß dieses *jüngere Schema* der Welt seine Mutter und nicht seine Frau sieht.

Therapeut: Verhält sich diese jüngere Identität Ihrer Frau gegenüber wie sich ein kleiner Junge seiner Mutter gegenüber verhält?

Patient: Ja.

Therapeut: Welches Gefühl verbindet die Mutter-Identität mit der Identität des kleinen Jungen?

Patient: Angst.

Therapeut: Spüren Sie die Angst ganz und gar als Energie.

Patient: Okay.

Therapeut: Gut. Fragen Sie von »dort hinten« die Mutter-Identität: »Was wünschst du dir mehr als alles andere auf der Welt?«

Patient: Daß man sich um mich kümmert.

Therapeut: Wenn man sich um sie kümmern würde, wie würde sie sich dann fühlen?

Patient: Sicher und geliebt.

Therapeut: Fragen Sie die Identität des kleinen Jungen: »Nach was sehnst du dich mehr als nach allem anderen auf der Welt?«

Patient: Ich selbst zu sein.

Therapeut: Und wenn Sie »Sie selbst« wären, wie würde sich das anfühlen?

Patient: Stark und mächtig.

Therapeut: Gut. Spüren Sie jetzt von »dort hinten« die Liebe ... die Sicherheit von dort hinten ... zusammen mit der Macht und der Stärke von dort hinten.

Patient: Ja.

Therapeut: Wie geht es Ihnen?

Patient: Phantastisch.

Therapeut: Gut. Achten Sie jetzt auf die Größe und Form dieser Identitäten.

Patient: Okay.

Therapeut: Ent-etikettieren Sie diese Identitäten jetzt, und sehen Sie sie als Energie.

Patient: Okay.

Therapeut: Lassen Sie jetzt die Energie wieder in die Essenz von »dort hinten« zurückkehren, während Sie die Macht, die Sicherheit und die Liebe von »dort hinten« spüren.

Patient: Okay.

Therapeut: Wie fühlen Sie sich jetzt?

Patient: Großartig.

THERAPEUTISCHE ANMERKUNG

Hier fügen wir dem Verfahren eine dritte Variante hinzu; wir sehen die Identitäten und die Emotionen als Energie und absorbieren sie zurück in die Essenz.*

Schlußfolgerung

Hier ist der Reabsorptionsprozeß wieder ganz leicht. Um den Prozeß zu integrieren und die *Trance*-ferenz deutlicher herauszuarbeiten, bat ich den Patienten, eine Woche lang innerlich, vor seinem inneren Auge, seiner Frau die Maske seiner Mutter überzustreifen. Auf diese Weise bat ich ihn, wissentlich, bewußt und absichtlich das zu tun, was er bislang unwissentlich, unbewußt und

---

* Dieser Punkt wird ausführlich in Kapitel 4 (»Die Welt besteht aus Energie«) meines Buches *Quantenbewußtsein* behandelt.

unabsichtlich getan hatte. Ich hoffte, auf diese Weise das Implizite explizit zu machen und somit dem Vorgang die Eigenschaft des Sich-selbst-bewußt-Seins hinzuzufügen. *Bewußtsein ist das Lösungsmittel, das den Leim der Identitäten, die an uns kleben, ablöst!!!*

KAPITEL 19

Aufmerksamkeitsfixierung
Strategie SECHS

Ich bin o. k., wenn du mich für die Autorität hältst,
du bist o. k., wenn du mich für die Autorität hältst,
oder
ich bin o. k., wenn ich rebelliere,
du bist o. k., wenn du akzeptierst, daß ich rebelliere.

Diese Strategie der Aufmerksamkeitsfixierung wird von Palmer *der Advokat des Teufels* genannt, von Riso *der Loyale* und Naranjo spricht von *Feigheit, paranoidem Charakter und Anschuldigung.* Dieser Rebell befindet sich in einem ununterbrochenen Zustand der Ambivalenz. Naranjo nennt diese Aufmerksamkeitsfixierung eigentlich die *Ambivalenten.* Diese Fixierung charakterisiert entweder eine Rebellion (die Rebellen-Identität) oder eine Verschmelzung mit Autoritätsfiguren (die Autoritäts-Identität). Auf der einen Seite dieser Identitätsstruktur befindet sich ein Rebell mit einem zugrundeliegenden Zustand der Ambivalenz und der Furcht, der eigentlich nicht weiß, wofür er steht, aber sich gegen die Menschen wehrt, die das wissen. Die Aufmerksamkeitsfixierung konzentriert sich auf die Angst, und da der zugrundeliegende Zustand und die Aufmerksamkeitsfixierung ähnlich sind, wird die Angst zum ständigen Begleiter und zu dem Mechanismus, durch den alles gesehen wird. Dies ist der Charaktertypus des kompensierten Oralen, der vorgeben kann, heroisch zu sein, um die Angst zu verbergen. Häufig spürt dieser Typ seine Angst kaum, sondern ist statt dessen wütend. Darum nennt Naranjo diese Fixierung den *verfolgten Verfolger.* Die Angst geschieht so schnell, daß die Beobachter-Persönlichkeit-Dyade nur die Wut spürt, um sich gegen die Angst zu wehren. Hier ist die Zerstörung

217

und das Trauma durch den Verlust der Essenz derart erdrückend, daß die Angst verlagert werden muß bzw. nicht zugelassen werden darf. Konsequenterweise ändert *der Advokat des Teufels* (Palmer) die Angst in Wut und geht davon aus, daß er angegriffen und verfolgt wird, und anstatt Angst zu spüren, spürt er Wut. Bei dieser Verfolgung gibt es die nicht anerkannte Angst, die völlig unentdeckt sein kann. Die Wut bewahrt die Angst davor, gesehen zu werden. Wieder ist Angriff die beste Verteidigung. Diese Angst ist die Angst vor der Unzulänglichkeit, die Angst, das Sein zu verlieren. Mit anderen Worten, die Angst vom Trauma des Verlustes der Essenz wird eingefroren, bleibt im Bewußtsein und wird verteidigt. Anders ausgedrückt, dieser Typus nimmt wahr, daß sein Verlust der Essenz wieder eintreten wird, und erschafft daher die subjektive Erfahrung, verfolgt zu werden und stark zu sein. Er erschafft vor seinem geistigen Auge Menschen, die ihn verfolgen; er weist ihnen die Schuld zu und greift sie innerlich oder äußerlich an, als ob diese Menschen sein Sein stehlen wollten. Bei dieser Fixierung wird die Angst geleugnet und – was dem Betroffenen nicht bewußt ist – schnell in Wut verwandelt, die sich gegen jeden wehrt, der diese Angst sieht. Das ist Widerstand gegen die Angst, und Schwäche ist der zugrundeliegende Zustand. Mit anderen Worten, die Leere wird mit dem Etikett »Schwäche« versehen. Dadurch wird eine überkompensatorische Identität geformt, die heroisch ist, übermenschlich stark und kontraphobisch, um die Leere zu kompensieren, die als Schwäche etikettiert wurde. Diese Beobachter-Persönlichkeit-Dyade gibt anderen die Schuld für den Verlust der Essenz und versucht, die Wahrheit zu finden, indem sie entweder anderen Autoritäten Fehler nachweist oder selbst zu einer Autorität wird, die die Wahrheit kennt. Anders ausgedrückt, in diesem Typus definiert die Beobachter-Persönlichkeit-Dyade die Leere der Essenz als tiefe Schwäche. Um dieses Gefühl der Schwäche zu kompensieren, hat Strategie SECHS der Aufmerksamkeitsfixierung ein falsches Selbst der Stärke. Um seine Angst oder Schwäche anderen bzw. sich selbst gegenüber nicht zu zeigen, distanziert sich dieser Typus und stellt sich vor, jemand würde ihn verfolgen. Er schlägt schnell zurück, ändert seine Angst in Wut und Angriff und verfolgt den imaginären Verfolger. Der

Aufmerksamkeitsfixierung – Strategie SECHS
DER HEROISCHE
Nach Stärke auf die falsche Weise und überall dort suchen,
wo sie nicht zu finden ist

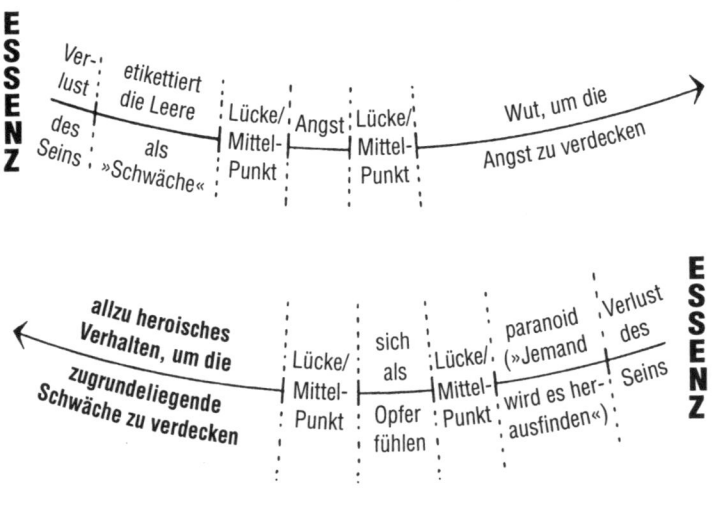

ABBILDUNG 12

Bewußtseinszustand des Advokaten des Teufels (Palmer) ist der einer ständigen inneren »Paranoia«: die Angst, jemand könne herausfinden, daß er leer und schwach ist. Für ihn ist leer gleichgesetzt mit schwach und unzulänglich, nicht die Leere der Essenz. Daher greift er an oder verteidigt und plant Gegenangriffe, die bei Strategie SECHS im Geiste durchgegangen werden. Hinter allem steht die Angst, daß jemand herausfinden könnte, wie schwach er in Wirklichkeit ist. Ich wiederhole: Alle Beobachter-Persönlichkeiten sind unzulänglich im Vergleich zur Essenz. Unwissentlich vergleicht sich die Beobachter-Persönlichkeit-Dyade stets mit der Essenz und kommt dabei schlecht weg. Das führt die äußere Aufmerksamkeitsfixierung zu tieferen Ebenen in ihrem Versuch, ein Gefühl der Stärke zu finden. Die SECHS glaubt, wenn sie am allerstärksten wäre, würden die Angst und der Schmerz durch das Trauma vom Verlust des Seins verschwinden (siehe Abbildung 12).

Vor kurzem traf ich einen Mann namens Sam. Er besuchte einen Workshop nach dem anderen, traf eine Autorität nach der anderen, um die Wahrheit herauszufinden, damit er sich stark fühlen konnte. Sam sagte, sein ganzes Leben drehe sich darum, sich stark zu fühlen. Sam verstand allerdings nicht, daß die Identitäten, die nach Wahrheit und Stärke suchten, Identitäten waren – nicht die Essenz. Daher wurde die Stärke der Essenz niemals offengelegt. Erst als Sam die Identitäten loslassen und *Essenz sein* konnte, die Stärke und Wahrheit ist, konnte die zwanghafte Suche nach Stärke aufgelöst werden.

Wie schon zuvor gesagt, *die Unzulänglichkeit kann auf der Ebene der Beobachter-Persönlichkeit-Dyade niemals herausgearbeitet werden.* Die Unzulänglichkeit oder die Angst, daß jemand die Unzulänglichkeit entdecken könnte, müssen durch die Wiederaufnahme der Identität zurück in den essentiellen Aspekt, den sie darstellen, herausgearbeitet werden. Einfacher gesagt, die Beobachter-Persönlichkeit-Dyade ist unzulänglich im Vergleich zur Essenz, daher kann die Unzulänglichkeit auf der Ebene der Persönlichkeit niemals herausgearbeitet werden. Die Gruppe von Identitäten, die wir Persönlichkeit nennen, muß auf der Ebene der Essenz herausgearbeitet werden, wo sich die essentielle Natur und die Eigenschaften, nach denen die Identitäten suchen, befinden.

Die Therapie

1. Schritt: Schreiben Sie die Identitäten auf, die sich gegen Ihre Leere wehren.
2. Schritt: Achten Sie darauf, an welcher Stelle in Ihrem Körper die Leere existiert.
3. Schritt: Treten Sie in die Leere, und spüren Sie sie.
4. Schritt: Achten Sie darauf, daß der Identität die Leere wie der Tod erscheint. Von innen ist die Leere jedoch still, ruhig, friedlich und gelassen.

5. Schritt: Fragen Sie jede Identität aus dem Innern der Leere: »Was willst du wirklich? Was wünscht du dir mehr als alles andere auf der Welt?«

6. Schritt: Wie auch immer die Identität reagiert, spüren Sie diese Erfahrung in der geräumigen Leere.

7. Schritt: Drehen Sie als nächstes die Identitäten herum, und lassen Sie sie wieder in die Leere, d. h. in die Essenz, zurückkehren.

Variation I

8. Schritt: Sehen Sie die Identitäten im Vordergrund. Halten Sie sich im Hintergrund, und achten Sie darauf, wie die Identitäten in der Leere schweben.

9. Schritt: Erfahren und spüren Sie die essentielle Eigenschaft aus dem Hintergrund.

10. Schritt: Erkennen Sie, daß die Identitäten und die Leere aus derselben Substanz bestehen.

Variation II

11. Schritt: Ent-etikettieren Sie die Identitäten, und erkennen Sie, daß die Identitäten aus Energie bestehen.

12. Schritt: Lassen Sie zu, daß die Energie wieder in die Essenz aufgenommen wird.

Identitäten	zugrundeliegender Zustand	überkompensierende Identitäten
schwach	Schwäche führt zu Angst	allzu heroisch
Opfer	paranoid	
unsicher	ambivalent	allzu sicher

Beispielfall

Fred, ein 48jähriger Geschäftsmann, suchte mich wegen seiner Unfähigkeit auf, eine Entscheidung darüber zu treffen, ob er sich von seiner Ehefrau, mit der er über 20 Jahre verheiratet war, trennen sollte oder nicht.

Therapeut: Woran möchten Sie heute arbeiten?

Patient: Ich kann mich einfach nicht entscheiden, ob ich bei meiner Frau Anne bleiben soll oder nicht.

Therapeut: Was erschaffen Sie in Reaktion auf Ihre Ambivalenz?

THERAPEUTISCHE ANMERKUNG

Ich hatte die Ambivalenz als möglichen zugrundeliegenden Zustand erkannt, insbesondere weil sein Charakter (Körpertyp) oral aussah. Er war groß, fleischig, sehr gesprächig und wirkte bedürftig. Aus diesem Grund beschloß ich, im wesentlichen danach zu fragen: »Wie überkompensieren Sie Ihre Ambivalenz?« Ich hielt ihn für einen kompensierenden Oralen, weil er oberflächlich wie ein starker, einflußreicher Geschäftsmann wirkte. Daher ging ich von der Hypothese aus, er verstecke seine Ambivalenz und seine Angst, indem er »sich stark und einflußreich« gab, während er sich tief im Innern ambivalent und ängstlich fühlte.

Patient: Ich versuche, es zu ignorieren und meinen Geschäften nachzugehen, aber es schleicht sich ständig wieder ein. Ich versuche, noch härter zu arbeiten und diese Gefühle zu überwinden.

Therapeut: An welcher Stelle Ihres Körpers spüren Sie diese kompensierende Identität?

Patient: In meinem Brustkasten.

Therapeut: Wenn Sie die kompensierende Identität abschälen, welches Gefühl verbindet Sie mit der Ambivalenz?

Patient: Angst.

Therapeut: Spüren Sie die Angst als Energie.

Patient: Okay.

Therapeut: Schälen Sie jetzt die Ambivalenz ab. Was empfinden Sie?

Patient: Einen offenen Raum.

Therapeut: Treten Sie in diesen Raum ... wie ist er?

Patient: Einfach ein offener Raum, irgendwie still.

Therapeut: Wie wirken diese beiden Identitäten und die Angst auf Sie »dort hinten« im Raum?

Patient: Weit weg, ich fühle mich nicht mit ihnen verbunden.

Therapeut: Fragen Sie jetzt die kompensierende Identität: »Was wünscht du dir mehr als alles andere auf der Welt?«

Patient: Zu wissen.

Therapeut: Damit Sie was fühlen?

Patient: Macht und Stärke.

Therapeut: Fragen Sie von »dort hinten« die ambivalente Identität: »Was wünscht du dir mehr als alles andere auf der Welt?«

Patient: Die Wahrheit zu wissen.

Therapeut: Gut. Spüren Sie jetzt von »dort hinten« in dem leeren Raum die Macht, die Stärke und die Wahrheit des Seins.

Patient: Okay.

Therapeut: Wie fühlt es sich an?

Patient: Klar.

Therapeut: Jetzt sehen Sie sich die beiden Identitäten an und die Furcht, die sie verbindet, und schauen Sie, ob Sie es zulassen können, daß sie sich »umdrehen« und erkennen, daß das, was sie suchen, in Ihnen ist.

Patient: Sie können es erkennen.

Therapeut: Lassen Sie nun zu, daß sie wiederaufgenommen werden, während Sie die Stärke, Macht und Wahrheit spüren.

Patient: Okay.

Therapeut: Wie ist es?

Patient: Gut, aber von dort hinten habe ich das Gefühl, nichts tun zu müssen. Wie kann ich mit meiner Frau leben und diesen Raum aufrechterhalten, während ich in der Welt lebe?

THERAPEUTISCHE ANMERKUNG

Hier begegnen wir einem der schwierigsten Punkte in der Therapie. Der zustandslose Zustand ist so anders und neu, daß die Integration des Lebens von »dort hinten« sehr schwer zu verstehen ist. Warum? – Weil Sie »dort hinten« einfach *sind*. Ihre Handlungen werden nicht mittels rationaler Gedankenprozesse durchleuchtet oder kalkuliert. Vielmehr handeln Sie einfach ohne inneres Nachdenken. Es ist wie bei dem alten Zen-Sprichwort: »Vor der Erleuchtung Holz hacken und Wasser tragen; nach der Erleuchtung Holz hacken und Wasser tragen.« Nicht Ihre Handlungen verändern sich, sondern der Raum, aus dem Sie kommen, und Ihre subjektiven Erfahrungen sind völlig anders.

In dieser Übergangsphase ist das für Patienten schwer zu stabilisieren und anzuerkennen, daher empfehle ich die Übung von G. I. Gurdjieff als Hilfe für diesen Integrationsprozeß ... man nennt sie Selbst-Erinnerung.

»Ich spreche von der Teilung der Aufmerksamkeit, die das Erkennungszeichen der Selbst-Erinnerung ist. Ich habe es mir selbst auf die folgende Weise verdeutlicht: Wenn ich etwas beobachte, ist meine Aufmerksamkeit auf das gerichtet, was ich beobachte – eine Linie mit einer Pfeilspitze.

Ich ——> *das beobachtete Phänomen. Gleichzeitig versuche ich, mich zu erinnern; meine Aufmerksamkeit ist auf das beobachtete Objekt und auf mich selbst gerichtet. Eine zweite Pfeilspitze erscheint auf der Linie:*

Ich <——> *das beobachtete Phänomen. Nachdem ich das definiert hatte, erkannte ich, daß das Problem darin bestand, die Aufmerksamkeit auf sich selbst zu richten, ohne die Aufmerksamkeit, die auf etwas anderes gerichtet ist, zu schwächen oder auszulöschen.«*

(Ouspensky, 41)

Therapeut: Gute Frage. Ich möchte, daß Sie jetzt eine Hälfte Ihrer Aufmerksamkeit auf »dort hinten« richten und die andere Hälfte Ihrer Aufmerksamkeit mit offenen Augen auf mich – *gleichzeitig*.

Patient: Sie meinen, ich soll meine Aufmerksamkeit teilen –
            die Hälfte »dort hinten« und die Hälfte hier draußen?
Therapeut: Ja.
Patient: Das ist schwierig.

THERAPEUTISCHE ANMERKUNG
Das ist eine schwierige Aufgabe, und eine »höhere« Ebene der Er-
fahrung, als der Patient bewältigen konnte, also bot ich ihm eine
Hausaufgabe an.

Therapeut: Okay, schauen Sie, ob Sie beim Einatmen Ihre ganze
            Aufmerksamkeit fokussieren und »dort hinten« hal-
            ten können und beim Ausatmen Ihre ganze Aufmerk-
            samkeit »hier draußen«.
Patient: Sie meinen, mit meinem Atem hin- und herpendeln?
Therapeut: Ja.
Patient: Das kann ich.
Therapeut: Okay, versuchen Sie das als Hausaufgabe eine Woche
            lang, und dann sehen wir, was geschieht.

Schlußfolgerung

Hier ist die Hausaufgabe von enormer Bedeutung. Die Frage lautet stets: »Wie kann ich mein Leben leben und in diesem Raum
bleiben?« Die Antwort lautet: Übungen anbieten, die machbar
sind. In diesem Fall suchte ich nach einer Möglichkeit, wie der Patient von der Essenz zur Persönlichkeit und von der Persönlichkeit zur Essenz wechseln kann. Das verstärkte den Integrationsprozeß und ermutigte ihn, ohne mich sein eigenes Selbstbewußtsein zu entwickeln. Wenn er mich nicht mehr braucht, um ihn an-
zuleiten, kann er allein weitermachen. Um Fritz Perls zu zitieren:
»Reife ist das Transzendieren von fremder Hilfe zu Selbsthilfe.«

KAPITEL 20

Aufmerksamkeitsfixierung
Strategie SIEBEN

Ich bin o. k., wenn ich mich selbst fülle.
Du bist o. k., wenn du mich füllst.

Wie alle anderen Strategien der Aufmerksamkeitsfixierung, leidet die Beobachter-Persönlichkeit-Dyade bei Strategie SIEBEN an dem Trauma durch den Verlust des Seins und an einer nagenden inneren Leere. Wenn sich die Beobachter-Persönlichkeit-Dyade um die Essenz herum strukturiert, gibt es beim ersten Schwung des Pendels ein inneres Gefühl des *Mangels*. Das führt zu einem tiefen Gefühl der Bedeutungslosigkeit und schließlich zur Unersättlichkeit, um den leeren Raum zu füllen. Diese Methode der Fixierung der Beobachter-Persönlichkeit-Dyade wird von Palmer *der Epikureer* genannt, von Riso *der Vielseitige* und Naranjo spricht von *Völlerei, Betrügerei und der narzißtischen Persönlichkeit*. Durch Unersättlichkeit versucht die Persönlichkeit stets, mittels Nahrung, Sex oder Drogen den leeren Raum zu füllen. Man kann auch versuchen, die Leere durch geistige Studien oder eine übermäßige Spiritualisierung zu füllen. Hier kommt es auf das *Übermäßige* und das *Übertriebene* an, das sich oft als zwanghaftes *Planen* manifestiert. Diese Strategie der Aufmerksamkeitsfixierung ist extrem stolz darauf, die tiefen Gefühle der Wertlosigkeit zu verdecken. Der Unersättliche überkompensiert bisweilen entweder mit einem falschen Gefühl der Spiritualität oder einem falschen Gefühl der Fülle. Er ist derart distanziert von dem tiefverwurzelten Gefühl der Leere, daß er mit der Zeit tatsächlich glaubt, er sei sein Bild. Konsequenterweise erschafft die SIEBEN eine Verschmelzung mit dem Bild der übermäßigen Fülle und des Wertes. Der Unersättliche kann zur Gefräßigkeit neigen, kann »Dinge« akquirieren und versuchen, auf

Aufmerksamkeitsfixierung – Strategie SIEBEN
DER IDEALIST
Nach Wissen suchen, indem man gescheit tut

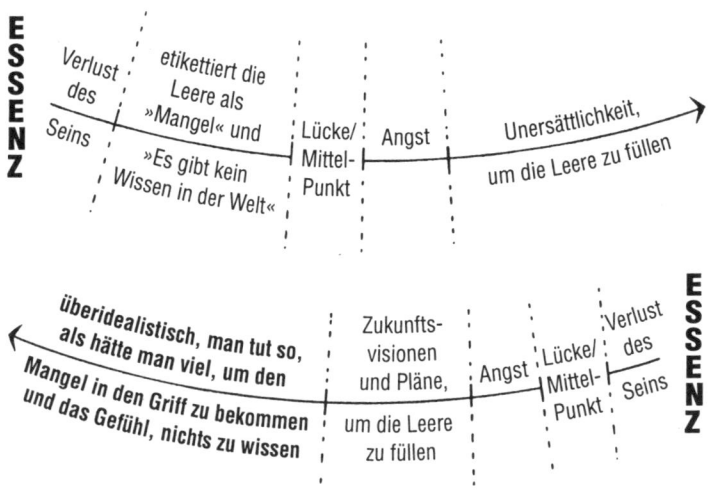

ABBILDUNG 13

diese Weise die Leere zu füllen. Diese Fixierung glaubt fest an ihr falsches Bild der Fülle. Der Unersättliche kann auch, wie bei Fixierungsstrategie ZWEI, extrem größenwahnsinnig werden angesichts seiner Fähigkeiten und Fertigkeiten in dem Versuch, die Leere zu füllen. Die Beobachter-Persönlichkeit-Dyade ist von ihrem geschaffenen Bild so gefesselt, daß sie narzißtisch wird. Sie glaubt, daß sie ihr Bild ist, und es herrscht Verwirrung zwischen Imagination und Wirklichkeit, zwischen Projekt und Leistung, zwischen Möglichkeit und Verwirklichung. Der Unersättliche ist auch ein Angst-Typ, denn der zugrundeliegende Zustand ist die Angst, nicht genug zu sein. Daher ist die Hauptstrategie bzw. die Haupttrance der Fixierung, die Leere um jeden Preis aufzufüllen. Das kann zu dem Gefühl führen, ein Betrüger zu sein – das Bild, mit dem das »nicht genug« der Leere verdeckt wird, muß um jeden

Preis aufrechterhalten werden. Außerdem liegt in seinem Mangel die Neigung, die Welt als Hierarchie zu sehen. Mit anderen Worten, da die Beobachter-Persönlichkeit-Dyade die Leere der Essenz als Mangel und als fehlende Weisheit erfährt, kann sie auch versuchen, die Leere aufzufüllen, indem sie Menschen sucht, die sich ihrer Meinung nach weiter oben auf der Hierarchieleiter befinden, um sich an ihnen hochzuziehen. Da Strategie SIEBEN der Aufmerksamkeitsfixierung die Leere mit dem Etikett »Mangel an Weisheit« versieht, liegt die Überkompensation darin, allzu idealistisch zu werden. Statusversessene »Name-droppers«, die sich selbst in der Hierarchie ihres Berufes anheben wollen, sind oft SIE-BENer (siehe Abbildung 13).

Die Therapie

1. Schritt: Schreiben Sie die Identitäten auf, die sich gegen Ihre Leere wehren.
2. Schritt: Achten Sie darauf, an welcher Stelle in Ihrem Körper die Leere existiert.
3. Schritt: Treten Sie in die Leere, und spüren Sie sie.
4. Schritt: Achten Sie darauf, daß der Identität die Leere wie der Tod erscheint. Von innen ist die Leere jedoch still, ruhig, friedlich und gelassen.
5. Schritt: Fragen Sie jede Identität aus dem Innern der Leere: »Was willst du wirklich? Was wünscht du dir mehr als alles andere auf der Welt?«
6. Schritt: Wie auch immer die Identität reagiert, spüren Sie diese Erfahrung in der geräumigen Leere.
7. Schritt: Drehen Sie als nächstes die Identitäten herum, und lassen Sie sie wieder in die Leere, d.h. in die Essenz, zurückkehren.

Variation I

8. Schritt: Sehen Sie die Identitäten im Vordergrund. Halten Sie sich im Hintergrund, und achten Sie darauf, wie die Identitäten in der Leere schweben.

9. Schritt: Erfahren und spüren Sie die essentielle Eigenschaft aus dem Hintergrund.
10. Schritt: Erkennen Sie, daß die Identitäten und die Leere aus derselben Substanz bestehen.

Variation II

9. Schritt: Ent-etikettieren Sie die Identitäten, und erkennen Sie, daß die Identitäten aus Energie bestehen.
10. Schritt: Lassen Sie zu, daß die Energie wieder in die Essenz aufgenommen wird.

Identitäten	zugrundeliegender Zustand	überkompensierende Identitäten
weiß nichts	kein Wissen Mangel	weiß alles unersättlich
leer Frustration Schmerz Mangel an Wissen	Angst	Betrug allzu begeistert plant die Zukunft Scharlatan

Beispielfall

Mary, eine Frau Ende 30, suchte mich auf mit dem Präsentationsproblem, mißverstanden zu werden. In ihren Beziehungen zu Männern »machte sie sich ihnen schmackhaft« und beschäftigte sich dann exzessiv damit, daß und wie sie in Zukunft zusammensein sollten; darüber hinaus war sie fettleibig.

Therapeut: Woran möchten Sie heute arbeiten?
Patientin: Ich scheine Männer anzuziehen, die eine Beziehung mit mir eingehen, in der ich mich dann mißverstanden fühle. Außerdem kann ich einfach nicht aufhören zu essen.

229

Therapeut: An welcher Stelle in Ihrem Körper spüren Sie diesen Teil von sich, der Männer anzieht?

Patientin: In meinem Becken.

Therapeut: Und an welcher Stelle Ihres Körpers spüren Sie diesen Teil von sich, der zuviel ißt?

Patientin: In meinem Magen.

Therapeut: Wenn Sie abends nach Hause kommen, was empfinden Sie, bevor Sie anfangen zu essen?

Patientin: Einsamkeit.

Therapeut: An welcher Stelle Ihres Körpers spüren Sie die Einsamkeit?

Patientin: In meinem Magen.

Therapeut: Und an welcher Stelle in Ihrem Körper spüren Sie das zwanghafte Verlangen, die Zukunft zu planen?

Patientin: In meinem Kopf.

THERAPEUTISCHE ANMERKUNG

Hier haben wir drei gestörte Bereiche: den Kopf, den Magen und das Becken. Obwohl jeder Bereich sich gegen eine ungewollte Identität wehrt, gibt es nur *eine Essenz*. Gleichgültig, welche Leere wir betreten, wir werden dieselbe innere Essenz berühren. In diesem Fall entschied ich mich dafür, vom Kopf aus zu arbeiten. Ich stieß darauf, als ich mich mit der Körperarbeit nach Wilhelm Reich beschäftigte. Der Körper ist laut Reich in sieben Segmente unterteilt, die er »Körperpanzer« nennt, d. h. Augen, Kiefer, Hals, Brustkasten, Solarplexus, Magen und Becken (hier können Blokkierungen auftreten, die der Abwehr dienen). Alexander Lowen fügte noch Arme und Beine hinzu. Reich arbeitete normalerweise vom Augensegment aus in der Überzeugung, die mächtigste Energie bzw. die Quanten befänden sich im Becken, das als Bifurkationspunkt dient. Im Kundalini-Yoga arbeitet man sich dagegen vom Wurzel-Chakra (Bifurkationspunkt) am Ende der Wirbelsäule durch die sieben Bifurkationspunkte (Chakras genannt) zum Scheitel hoch. Es heißt scherzend, im Kundalini-Yoga werde vom Sex zu Gott (vom Wurzel-Chakra aufwärts) gearbeitet, und Wilhelm Reich arbeite von Gott zum Sex (von den Augen abwärts). Natürlich setzt das voraus, daß das Becken weiter weg von Gott ist als der Kopf. In diesem Fall entschied ich mich für die Perspektive Reichs aufgrund der Schwierigkeiten, die die Patientin mit Männern hatte.

Therapeut: Wenn Sie die Schicht dieser obsessiven Identität abschälen, was findet sich darunter?
Patientin: Angst.
Therapeut: Spüren Sie die Angst als Energie.
Patientin: Okay.
Therapeut: Wenn Sie jetzt die Angst abschälen, was liegt darunter?
Patientin: Ein leeres Gefühl der Wertlosigkeit.

THERAPEUTISCHE ANMERKUNG
Die Patientin definiert die Leere als Wertlosigkeit, wo Leere doch einfach Leere ist. Das bedeutet, daß man erst dann mit dem Abschälen der Schichten aufhören darf, wenn die Leere erreicht ist.

Therapeut: Wenn Sie die Wertlosigkeit abschälen, was finden Sie dann vor?
Patientin: Leere.
Therapeut: Wir wollen uns jetzt Ihrem Magen zuwenden. Schälen Sie die Überesserin ab. Was liegt unter dieser Schicht?
Patientin: Eine leere Einsamkeit.

THERAPEUTISCHE ANMERKUNG
Achten Sie darauf, wie die Patientin die Leere erneut als Einsamkeit definiert.

Therapeut: Schälen Sie die Einsamkeit ab. Was liegt darunter?
Patientin: Ein leerer Raum.
Therapeut: Wenden Sie sich jetzt Ihrem Becken zu, und schälen Sie die Identität, die Männer anzieht, ab. Sagen Sie mir, was Sie sehen.
Patientin: Sexuelle Energie.
Therapeut: Spüren Sie diese sexuelle Energie.
Patientin: Okay.

Therapeut: Schälen Sie jetzt die sexuelle Energie ab. Was empfinden Sie?

Patientin: Unzulänglichkeit.

THERAPEUTISCHE ANMERKUNG

Achten Sie darauf, wie ihre großen Erfolge bei Männern ihre Unzulänglichkeit verstecken.

Therapeut: Schälen Sie Ihre Unzulänglichkeit ab. Was empfinden Sie?

Patientin: Ich fühle mich mißverstanden.

Therapeut: Schälen Sie die mißverstandene Identität ab, und sagen Sie mir, was Sie vorfinden.

Patientin: Einen dunklen, leeren, bedeutungslosen Raum.

THERAPEUTISCHE ANMERKUNG

Wieder einmal wird die Leere als bedeutungslos anstatt als bedeutend angesehen.

Therapeut: Schälen Sie die Bedeutungslosigkeit ab. Was finden Sie darunter?

Patientin: Einen leeren Raum.

Therapeut: Begeben Sie sich in den leeren Raum, und sagen Sie mir, wie Sie sich fühlen.

Patientin: Friedlich, ruhig.

Therapeut: Begeben Sie sich in die friedliche, stille Leere, und achten Sie darauf, daß die Leere am Becken dieselbe Leere ist wie im Magen und dieselbe Leere wie im Kopf.

Patientin: Ja, es gibt eine einzige Leere. Es ist, als ob ich in der Leere sein und durch eines der drei Löcher oder durch alle drei heraussehen kann.

Therapeut: Gut. Jetzt fragen Sie von »dort hinten« die zwanghafte Identität in Ihrem Kopf: »Was wünschst du dir mehr als alles andere auf der Welt?«

Patientin: Zuspruch.

Therapeut: Fragen Sie: »Wenn du Zuspruch spüren würdest, wie würdest du dich fühlen?«

Patientin: Ruhig und friedlich.

Therapeut: Fragen Sie jetzt die Identität der Wertlosigkeit: »Was wünschst du dir mehr als alles andere auf der Welt?«

Patientin: Frieden.

Therapeut: Spüren Sie jetzt den Frieden von »dort hinten«. Begeben Sie sich nun in Ihren Magen, und fragen Sie die Verfressene: »Was wünschst du dir mehr als alles andere auf der Welt?«

Patientin: Gelassenheit.

Therapeut: Fragen Sie die Einsamkeit: »Was wünschst du dir mehr als alles auf der Welt?«

Patientin: Ganzheit.

Therapeut: Spüren Sie von »dort hinten« die Ganzheit und die Gelassenheit des leeren Raumes.

Patientin: (nickt)

Therapeut: Begeben Sie sich jetzt in Ihr Becken.

Patientin: Okay.

Therapeut: Fragen Sie die sexuelle Identität: »Was wünschst du dir mehr als alles andere auf der Welt?«

Patientin: Erfüllung.

Therapeut: Fragen Sie die Identität der Unzulänglichkeit: »Was wünschst du dir mehr als alles andere auf der Welt?«

Patientin: Ganzheit.

Therapeut: Spüren Sie jetzt von dort hinten die Ganzheit und die Erfüllung von »dort hinten«.

Patientin: Okay.

Therapeut: Achten Sie jetzt auf den leeren Raum, in dem diese Identitäten schweben.

Patientin: Okay.

Therapeut: Erkennen Sie jetzt, daß die Identitäten aus Energie bestehen.

Patientin: Okay.

Therapeut: Erfahren Sie jetzt, daß die Essenz aus derselben Energie besteht wie die Identitäten.

Patientin: Wow, alles ist eins.

Therapeut: Wie geht es Ihnen?

Patientin: Keine Worte ... nur Stille.

THERAPEUTISCHE ANMERKUNG

Hier habe ich die dritte Variante hinzugefügt. Bei dieser Variante werden die Identitäten ent-etikettiert und als Energie gesehen. Die Essenz wird als dieselbe Energie gesehen und erfahren wie die Identitäten. Dies führt zur energetischen Einheit der Essenz und der Beobachter-Persönlichkeit-Dyade.

Schlußfolgerung

Wieder einmal nehmen wir die Identitäten der Persönlichkeit in die Essenz auf. Das Trauma durch den Verlust der Essenz erschafft soviel unterdrückte Energie (Quanten), daß die Wiederaufnahme wie ein Katapult agiert – sie zieht die verlorene Energie, die sich außerhalb ihrer selbst manifestierte, in sich hinein. Diese Extraquanten (Energiepakete) geben der Essenz die Energie, die sie braucht, um ihre eigene essentielle Eigenschaft zu erkennen, die sie bereits ist – oder besser gesagt, sich selbst als Energie zu erkennen.

KAPITEL 21

Aufmerksamkeitsfixierung
Strategie ACHT

Ich bin o. k., wenn ich das Sagen habe.
Du bist o. k., wenn du mich das Sagen haben läßt.

Bei dieser Strategie der Aufmerksamkeitsfixierung vermittelt das Trauma durch den Seinsverlust und die wahrgenommene Leere der Beobachter-Persönlichkeit-Dyade einen Verlust der Ganzheit und das Gefühl, daß es auf der Welt keine Wahrheit gäbe. Diese Fixierung hat Angst davor, verletzlich und bruchstückhaft gesehen zu werden, und deswegen unterdrückt diese Persönlichkeit ihre Verletzlichkeit und Liebe in dem Versuch, die Leere zu füllen, die unter einer nicht liebenswerten, lieblosen Erfahrung verborgen ist. Aufgrund des Verlusts der Essenz herrscht das Gefühl vor, es gebe einen Mangel an *Fairneß* in der Welt. Aus diesem Grund entwickelt sich eine intensive Lust als Überkompensation für das Unliebenswerte und ein intensives Verlangen, die geschehenen Ungerechtigkeiten wiedergutzumachen, d. h. ihren Verlust der Essenz. Mit anderen Worten, Lust kommt anstelle von Liebe und übermäßige Gerechtigkeit anstelle von Ungerechtigkeit. Diese Aufmerksamkeitsfixierung wehrt sich und verdeckt das Gefühl der Lieblosigkeit mit Lust, projiziert Unmoral auf die Welt und versucht, es wiedergutzumachen. Lust kann hier die Form sexueller, emotionaler oder intellektueller Lust einnehmen. Interessant ist, wann immer Liebe oder friedliche Leere gegenwärtig ist, wehrt die ACHT sich dagegen, denn dadurch wird *ihr Knopf gedrückt* und das Trauma vom Verlust der Macht und der Ungerechtigkeit reaktiviert. Sie fühlt sich so machtlos und wenig liebenswert, daß sie, wenn ihr die Liebe begegnet, die Liebe in Lust verwandelt. Beim Gegenschwung des Pendels tauchen Verletzlichkeit und Abhängigkeit auf. Darauf reagiert die ACHT, indem sie immer dominanter und feindseliger wird. Diese Aufmerksamkeitsfixierung heißt bei Riso *der Führer*, bei Palmer *der Boss* und Naranjo spricht von *dem sadistischen Charakter und der Wollust*. Mit anderen Worten, anstatt der Unzulänglichkeit der Persönlichkeit in bezug auf Machtlosigkeit und Lieblosigkeit gegenüberzutreten, verteidigt sich die ACHT gegen Menschen, die all das in ihr sehen, indem sie versucht, andere zu *dominieren* und ihnen *Wahrheit, Gerechtigkeit und den amerikanischen Way of Life* aufzuzwingen. Das nötigt sie dazu, eine Arroganz zu entwickeln, ja sogar eine Rachsucht und eine rachsüchtige Arroganz, die unglaublich stark daherkommt, um sich dem verletzlichen und abhängigen Verlierer entgegenzustellen, den sie in sich selbst leugnet. Eine Aufmerksamkeitsfixierung ACHT findet sich in jenen Menschen, die so tun, als ob sie alles und jedes wissen oder tun können. Manchmal zeigt es sich auch durch übermäßige Dominanz und Arroganz. Die ACHT ist im allgemeinen nicht introvertiert. Sie zieht es vielmehr vor, der BOSS zu sein, wenn es heiß hergeht, andere zu dominieren und sie von ihren einzigartigen Führungsqualitäten zu überzeugen. Die ACHT wird selten Mängel ihres philosophischen Systems oder eigene Fehler zugeben, weil sie das aus ihrer Sicht verletzlich machen würde für die Erfahrung des Traumas durch den Verlust der Essenz. Manchmal setzt das arrogant Dominante die Maske der Demut auf, wenn die ACHT zu einer ZWEI wird und zur übermäßig Gebenden. All dies verbirgt die allgemeine Verletzlichkeit und maskiert die wahrgenommene Leere (siehe Abbildung 14).

Auf der Ebene der Charakteranalyse geht es um Macht. Der Psychopath sollte nicht mit dem Extrem des Dr. Lecter in dem Kinofilm *Das Schweigen der Lämmer* verwechselt werden. Eine psychopathische Struktur bedeutet ganz einfach: Wenn ein Mensch sich machtlos fühlt, wehrt er sich als Kind so sehr gegen das ungewollte Gefühl der Machtlosigkeit, daß eine mentale Manipulation stattfindet. Bei dieser Manipulation phantasiert der Betroffene und erschafft eine innere Geschichte und eine Erklärung, daß er in einer bestimmten Situation, in der er eigentlich machtlos ist, das Sagen und die *Macht* habe.

Aufmerksamkeitsfixierung – Strategie ACHT
DER RICHTER, DIE GESCHWORENEN UND DER HENKER
Macht ausüben überall dort, wo es falsch ist

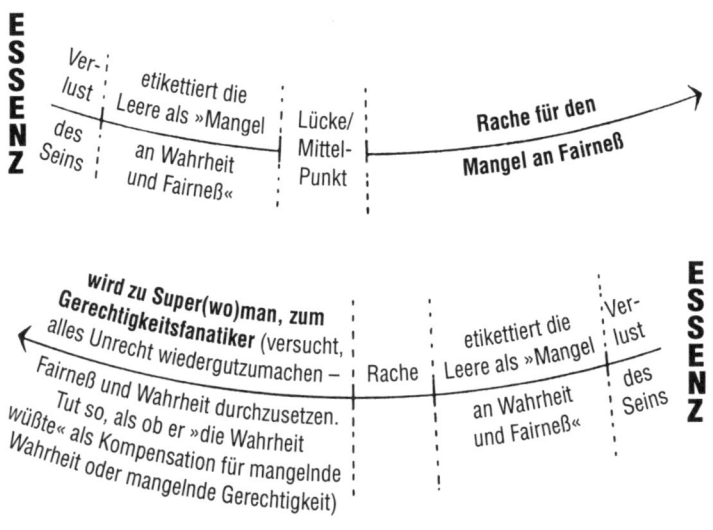

ABBILDUNG 14

Die psychopathische Gesellschaft

Bei einem tragischen Fall von Kindesmißbrauch erschafft ein kleines dreijähriges Mädchen eine Phantasie und stellt sich vor, es sei nicht machtlos, sondern hätte die Kontrolle über seinen Vater, der es vergewaltigte. Das Mädchen kann sich vorstellen, es sei so mächtig, daß es seinen Vater verführt habe und daher kontrolliert *es* ihn. Aus diesem Grund gibt sie vielleicht sogar sich selbst die Schuld. Das ist eine Verteidigung gegen die Machtlosigkeit. Leider wird dieses Verständnis in unserer Gesellschaft verstärkt. Wenn drei Männer beispielsweise eine Frau vergewaltigen, läßt der Anwalt der Verteidigung es so aussehen, als ob die Frau die Kontrolle

237

gehabt hätte und die armen bedauernswerten Männer zur Vergewaltigung förmlich zwang (»Sie wollte es ja so« oder »Warum war
sie denn überhaupt dort?«). Das ist die Psychopathologie der Gesellschaft: *Das Opfer wird für den Täter gehalten und der Täter
für das arme, unschuldige Opfer.*

Daran krankt unsere Gesellschaft. Das kleine dreijährige
Mädchen macht nichts Falsches oder Schlechtes, wenn es sich vorstellt, die Kontrolle zu haben – das ist ein *Überlebensmechanismus.* Dennoch ist es eine subtile innere Manipulation der Illusion
der Macht. Ein weiteres unseliges Beispiel in unserer Gesellschaft
sind Männer, die als Kinder vergewaltigt wurden. Aufgrund der
Doppelmoral der Gesellschaft und ihrer Psychopathologie wird
ein Junge, der von einer Frau sexuell mißbraucht wird, als Glücks-
kind betrachtet. Schließlich tut es einem kleinen *männlichen* Kind
gut, oralen Sex mit einer älteren Frau zu haben.

Diese psychopathischen Trancezustände, die von der Gesellschaft eingeleitet werden, tragen dazu bei, den kleinen Jungen zu
hypnotisieren und führen später oft zum Mißbrauch anderer – der
alte Spruch der Gestalttherapie: »Tue anderen, was dir getan
wurde.« Die Forschung zeigt, daß fast *alle* Männer, die sexuell
mißbrauchen, selbst sexuell mißbraucht wurden. Aufgrund der
Psychopathologie der Gesellschaft und der hypnotischen Trance
der Jungen kommen dennoch nur wenige in die Therapie zur Behandlung sexueller Dysfunktionen, d. h. vorzeitiger Ejakulation,
Impotenz oder Kindesmißbrauch.

Psychopathische Strukturen
kontra Psychopathologie

Lassen Sie mich an dieser Stelle den Unterschied erhellen zwischen einer psychopathischen Struktur bzw. einem psychopathischen Trancezustand und der Tatsache, ein Psychopath zu sein.
Der kleine Junge (bzw. das kleine Mädchen), der mißbraucht
wurde und sich machtlos fühlt, manipuliert seinen inneren Zustand so, daß er den Täter unter Kontrolle hat und die Macht hat,
sich gegen das Gefühl der Machtlosigkeit und des Mißbrauchs zu

wehren. Das ist ein psychopathischer *Trancezustand* bzw. eine psychopathische *Struktur*. Andererseits ist ein Psychopath jemand, dessen gesamte Persönlichkeit derart in Macht und Manipulation integriert ist und der sich gegen die Machtlosigkeit so stark wehrt, daß er sich seiner Machtlosigkeit nicht bewußt ist. Der wahre Psychopath macht andere zu Objekten und fühlt für diese Taten *keine Reue*. Dieser Mangel an Reue und die völlige Objektivierung eines anderen Menschen sind psychopathisch.

Mit anderen Worten, wir alle haben psychopathische Strukturen und Trancezustände, die sich automatisch gegen die Machtlosigkeit wehren, dennoch fühlen wir Reue – diese Strukturen machen nicht unsere gesamte Persönlichkeit aus. Die psychopathische ACHT fühlt sich machtlos mit einem tiefen inneren Gefühl der Hilflosigkeit. Sie kompensiert das alles und stellt sich vor, mehr Macht zu haben, als sie in Wirklichkeit hat. Innerlich – wie bei der SECHS – fühlt sie sich angesichts jeder Infragestellung ihrer Macht und Autorität als Opfer. Sie fühlt sich als Opfer und greift daher an und sucht *Rache*. Anders als bei der SECHS, deren zugrundeliegender Zustand durch Angst motiviert wird, hat die ACHT den zugrundeliegenden Zustand der Wut. Diese Wut wehrt sich gegen das eigentliche Problem, die *Ungerechtigkeit*, die im Trauma des Verlustes der Essenz erlebt wurde. Die ACHT wird eine Geschichte erfinden, die all die notwendigen Gründe für ihre Rachsucht rechtfertigt.

In der Psychotherapie wird der größere Kontext, in dem ein bestimmtes Verhalten auftritt, nicht anerkannt. Die Familientherapeuten waren die ersten, die die Erklärung des Verhaltens von Kindern und Heranwachsenden erweiterten, um den größeren Kontext, in dem sich das Verhalten manifestierte, d. h. die Familie, miteinzuschließen.

Auf dieselbe Weise fordert unsere Gesellschaft den einzelnen oft zu psychopathischem Verhalten auf. Im Vietnamkrieg verlangten wir beispielsweise von den Piloten, Bomben auf Dörfer in Südostasien abzuwerfen. Die Piloten wurden von der Gesellschaft hypnotisiert und glaubten, daß in Asien »Leben billig und unwichtig« ist. Um Bomben auf Frauen und Kinder zu werfen, muß der einzelne die Individuen zu Objekten machen und darf sie nicht als Menschen sehen. Dieser entmenschlichende Prozeß ist vom Wesen her psychopathisch. Außerdem wird ein Pilot, der Bomben wirft, häufig als Held gefeiert und erhält einen Orden wie im Fall von Admiral James Stockdale, der im Präsidentschaftswahlkampf von 1992 Ross Perots Kandidat für die Vizepräsidentschaft war. Admiral Stockdale wurde für ein Opfer der Vietnamesen gehalten, weil er dort in Haft kam; er wurde nicht als Psychopath angesehen, der unzählige Frauen und Kinder tötete, indem er Bomben auf Dörfer in Vietnam abwarf. Die Regierung *trance*-ferierte die Ungerechtigkeit auf die Vietnamesen und konnte es dann *rechtfertigen*, Bomben auf Dörfer abzuwerfen und – wie das Time Magazine 1972 berichtete – 6 000 000 Vietnamesen zu töten, zu verwunden und obdachlos zu machen.

In einem Telefongespräch, das ich vor kurzem mit Carl Whitaker, einem der Väter der Familientherapie, führte, sagte ich zu ihm: »Carl, ist es nicht erstaunlich, daß Psychopathen keine Reue kennen?« Carl erwiderte: »In Wirklichkeit *unterdrücken sie ihre Reuegefühle,* und das führt letztendlich zu ihrem eigenen Untergang, wie bei Hitler, Napoleon und Lyndon B. Johnson.« Ich fragte: »Lyndon B. Johnson war ein Massenmörder?« Whitaker antwortete: »Ja, und das ist ja eben die Massenhypnose, daß die Menschen nicht bereit sind, das zu sehen.«

Warum ist Lyndon B. Johnson ein Massenmörder und ein Psychopath? In einer Untersuchung der Wahl von 1964 stellte sich heraus, daß Barry Goldwater an Lyndon B. Johnson in erster Linie kritisierte, er sei zu *weich gegenüber dem Kommunismus.* Es ist hinreichend dokumentiert, daß Johnson in diesem Augenblick sehr wohl wußte, daß er den größten Wahlsieg in der Geschichte der amerikanischen Präsidentschaftswahlen erzielen mußte, um das Gegenteil zu beweisen.* Lyndon B. Johnson hat daraufhin bewußt falsche Informationen über den Golf von Tonkin als Entschuldigung benutzt, den Vietnamkrieg zu intensivieren. Johnson

---

* Lyndon Baines Johnson wurde von Insidern aus Washington *Landslide Lyndon* (»Wahnsinnswahlsieg« Lyndon) genannt, weil er angeblich seine Wahl zum Senator beeinflußt hat, indem er die Wahlurnen mit gefälschten Stimmzetteln füllte und den Sitz im Senat mit weniger als 50 Stimmen gewann.

ließ Hanoi Tag und Nacht bombardieren und tötete unzählige Menschen, um die Wahl haushoch zu gewinnen – und gewinnen reichte Johnson nicht aus, es mußte auch noch der überwältigendste Wahlsieg der Geschichte sein. Das ist psychopathisch. Noch erstaunlicher ist, daß dieses psychopathische Verhalten damals von der Mehrheit der Amerikaner für akzeptabel gehalten wurde.

Lügen

Ich habe diesen extremen Fall aufgeführt, weil wir alle uns unserer eigenen Psychopathologie stellen müssen. Wenn wir uns machtlos fühlen, erlaubt uns diese *Selbst-Lüge*, andere Menschen nicht als Menschen zu sehen und sie somit zum Objekt zu machen. Aus diesem Grund *fühlen wir nichts, fühlen keine Reue oder unterdrücken unsere Reue* in unserer psychopathischen Reaktion zur Verteidigung unserer eigenen Machtlosigkeit.

Um die Essenz zu erreichen, müssen alle Lügen furchtlos angegangen werden. Eine der schwierigsten ist unser psychopathischer Widerstand gegen die Machtlosigkeit. Denken Sie beispielsweise an den Prozeß gegen vier Polizisten aus Los Angeles, die den Autofahrer Rodney King verprügelt hatten. Die Anwälte der Verteidigung machten die Polizisten (von denen vier zugeschlagen haben, während 23 Polizisten der Mißhandlung zusahen) zu Opfern des Schwarzen. Das hielt das Stereotyp vom Schwarzen mit den übermenschlichen Kräften aufrecht und machte die Polizisten mit ihren Pistolen, Knüppeln und Elektroschockwaffen zu Opfern. Das *ist* die psychopathische Gesellschaft.

Mit anderen Worten, Fixierung ACHT hat eine psychopathische Struktur, die für ihre Rache und ihre Wut eine Rechtfertigung entwickeln wird. Die Geschichte ist jedoch nicht das Land, sie ist die Landkarte. Das Land ist das, was ist; die Geschichte ist die Struktur der Persönlichkeit um die Essenz herum, die sich gegen die wahrgenommene Ungerechtigkeit durch das Trauma vom Seinsverlust wehrt.

Identitäten	*zugrundeliegender Zustand*	*überkompensierende Identitäten*
zum Opfer gemacht	keine Gerechtigkeit in der Welt führt zu Rache	übermäßige Gerechtigkeit führt zu Selbstgerechtigkeit die Kontrolle haben
keine Lebendigkeit	Verleugnung	Gier nach Lebendigkeit
Kontrolle		Wut

Die Therapie

1. Schritt: Schreiben Sie die Identitäten auf, die sich gegen Ihre Leere wehren.
2. Schritt: Achten Sie darauf, an welcher Stelle in Ihrem Körper die Leere existiert.
3. Schritt: Treten Sie in die Leere, und spüren Sie sie.
4. Schritt: Achten Sie darauf, daß der Identität die Leere wie der Tod erscheint. Von innen ist die Leere jedoch still, ruhig, friedlich und gelassen.
5. Schritt: Fragen Sie jede Identität aus dem Innern der Leere: »Was willst du wirklich? Was wünschst du dir mehr als alles andere auf der Welt?«
6. Schritt: Wie auch immer die Identität reagiert, spüren Sie diese Erfahrung in der geräumigen Leere.
7. Schritt: Drehen Sie als nächstes die Identitäten herum, und lassen Sie sie wieder in die Leere, d.h. in die Essenz, zurückkehren.

Variation

8. Schritt: Sehen Sie die Identitäten im Vordergrund. Halten Sie sich im Hintergrund, und achten Sie darauf, wie die Identitäten in der Leere schweben.

9. Schritt: Erfahren und spüren Sie die essentielle Eigenschaft aus dem Hintergrund.

10. Schritt: Erkennen Sie, daß die Identitäten und die Leere aus derselben Substanz bestehen.

Beispielfall

Ich werde jetzt eine ausführliche Anleitung zur Arbeit mit posttraumatischen Streßstörungen (PTSS) vorlegen. Ich tue das hier aus zwei Gründen. Zum einen möchte ich niemand glauben lassen, daß Identitäten einfach wiederaufgenommen werden könnten. Identitäten und der Kontext, in dem sie geschaffen wurden, müssen auseinandergenommen und die Lügen und der Kontext, in dem sie geschaffen wurden, müssen bewußtgemacht werden, d. h. »die Wahrheit macht frei«. Die Essenz kann nichts absorbieren, was geleugnet wird oder zu dessen Erfahrung der Patient nicht bereit ist. Besser gesagt, es darf keinen Widerstand gegen eine Erfahrung oder eine Situation geben. Das läßt sich an spirituellen bzw. New-Age-Gruppen beispielhaft belegen, die denken, sie könnten ein Trauma durch Meditation transzendieren. Sobald die Meditation zu Ende ist, taucht das Trauma wieder auf und fühlt sich bisweilen subjektiv gesehen sogar stärker an.* Mit anderen Worten, sie kommen aus der Essenz und werden dann in ihre Identitäten förmlich hineinkatapultiert. Man kann gar nicht genug betonen, daß nichts vermieden werden kann. Mit anderen Worten, um in die Leere einzutreten, müssen wir das Trauma und seine entsprechende Struktur erkennen und bereit sein, es zu erfahren; daher können wir die Trance nicht durch Vermeidungsverhalten beenden. Aus diesem Grund ist nicht das, was wir wissen, das Problem, sondern das, was wir nicht in Frage stellen oder nicht wissen. Letzteres verursacht Probleme. So zeigen beispielsweise Menschen, die meditieren, oft dieselben dissoziativen Eigenschaften wie die, die dissoziieren. Ich war zum Beispiel ebenso wie viele

---

* Siehe auch Kapitel 14 (»Spiritualisieren«) in meinem Buch *Die dunkle Seite des inneren Kindes.*

andere Meditierende, die ich in Indien kannte, in der Lage,
während der Meditation in eine friedliche Leere einzutreten. Diese
friedliche Leere erschien uns wie Meditation. In Wirklichkeit traten wir in etwas ein, was ich die *dissoziative amnesische Leere*
nenne. Mit anderen Worten, wir traten in einen ruhigen, friedlichen, leeren Zustand ein, in dem es keinen Geist, aber dafür Frieden gab. Leider war diese Erfahrung der *dissoziativen amnesischen
Leere* eine Verteidigung gegen das Trauma und nicht DIE LEERE
selbst. Mit anderen Worten, wir hatten einen leeren Fleck in unserem Bewußtsein, der als *Medikation*, nicht als *Meditation* diente,
um das Trauma auszulöschen. Ich meditierte beispielsweise jahrelang und trat dabei in den ruhigen, leeren Raum, den ich fälschlicherweise für DIE LEERE hielt. Nach Jahren des Meditierens/
Medikamentierens, *löste sich die dissoziative amnesische Trance auf*
und zu meiner Bestürzung tauchte Inzest auf. Ich arbeitete mich
durch meinen Inzest hindurch und fand die wahre Leere der Leere
oder den grenzenlosen Raum, der sich immer im Hintergrund
meines Bewußtseins befand. Sobald Sie bereit sind, wirklich zu
meditieren, heißt das, daß Sie die *dissoziative amnesische Leere*,
die Sie vor dem Trauma schützte, verarbeitet haben. Da Sie das
Trauma (die Traumata) verarbeitet haben, müssen Sie ironischerweise eigentlich gar nicht mehr meditieren. Einfacher gesagt, wenn
Sie wirklich bereit sind zu meditieren, brauchen Sie nicht länger
zu meditieren.

Diese Erkenntnis erklärt, warum sich Meditierende/Medika-
mentierende, wenn sie am Ende des Tages ihre Meditation/Medi-
kation beenden, so »abgekapselt« von der Welt fühlen. Warum? –
Weil sie ihre *dissoziative amnesische Trance* verlassen, die für sie
wie die Leere scheint, und der Welt gegenübertreten müssen, wo
das Trauma durch die *dissoziative amnesische Leere* tröpfelt und
ihre Wahrnehmung der Welt in der Gegenwart einfärbt.

Zweitens möchte ich auf einen Fall eingehen, bei dem die Reabsorption der Identitäten nicht so leicht durchführbar war. Auf
diese Weise zeige ich nicht einen Erfolg nach dem anderen. Vielmehr möchte ich nachweisen, daß dieser Prozeß zwar funktioniert, doch vor dem Wiederaufnahmeprozeß müssen die Identitäten und der Kontext, in dem sie geschaffen wurden, in ihrer *Ge-*

samtheit erforscht werden. Deutlicher gesagt, die Wiederaufnahme ist der letzte Schritt des Integrationsvorgangs, nicht der erste. Sollten Sie daher Therapeut sein, lassen Sie sich nicht fälschlicherweise zu der Vorstellung verleiten, hier handele es sich um ein *Allheilmittel*. Dieser Ansatz der Wiederaufnahme funktioniert *nur* nach der einleitenden Therapie, wenn die *dissoziative amnesische Leere* aufgelöst und das Trauma verarbeitet ist. Und selbst danach erfordert die Wiederaufnahme und die Integration des Zustandslosen seine Zeit. Um es mit den Worten meines Lehrers Nisargadatta Maharaj zu sagen:

> *»Sich in diesem Zustand zu etablieren,*
> *kann Zeit erfordern, aber halte dich stets nur an das Sein.«*

Mit diesem Gedanken und mit der Einsicht, daß die Reabsorption ein Teil des Vorgangs, nicht der ganze Vorgang ist, wollen wir uns nun dem Beispielfall zuwenden:

Tom ist Ende 40 und ein erfolgreicher Geschäftsmann aus Arizona. Er suchte mich mit dem Präsentationsproblem auf, übermäßig wütend auf die Welt zu reagieren.

Therapeut: Was möchten Sie sich ansehen?
Patient: Meine wütende Überreaktion auf meine Freundin.
Therapeut: An welcher Stelle Ihres Körpers spüren Sie diese überreagierende Identität?
Patient: In meinem Solarplexus.
Therapeut: Wenn Sie diese Schicht abschälen, was kommt darunter hervor?
Patient: Ein Gefühl des Verlusts.
Therapeut: Wenn Sie diese Schicht abschälen, was kommt darunter hervor?
Patient: Demütigung.

THERAPEUTISCHE ANMERKUNG
Bitte beachten Sie, daß an dieser Stelle eine Erinnerung in ihm hochkam, wie er im Alter von fünf Jahren von einem älteren Vet-

ter, der 17 Jahre alt war, oral vergewaltigt wurde. Ich erwähne das hier, weil er sich dieser Demütigung und Machtlosigkeit bis zu dem Punkt der *gewalttätigen Rache* widersetzte.

Patient: (Fortsetzung)
Ich habe diese gewalttätige Wut, und eines Tages werde ich diesen Schweinehund Bill umbringen. Ich war ein völlig normaler kleiner Junge. Ich blickte zu ihm auf und wollte, daß er mich mochte, und urplötzlich wirft er mich zu Boden, setzt sich auf meine Schulter, hält mir seinen Schwanz ins Gesicht und zwingt mich, an seinem Penis zu saugen. Ich wußte nicht, was ich tun sollte. Eine Tages kriege ich ihn.

THERAPEUTISCHE ANMERKUNG
Dieser Abschnitt ist eine Untertreibung der Wut über die Vergewaltigung, die dieser Mann durchmachte. An dieser Stelle verlagerte ich den Schwerpunkt in dem Versuch, die Erinnerung und die *angemessene* Reaktionen auf die Vergewaltigung zu sehen. Ich verwende das Wort »angemessen«, weil in therapeutischen Kreisen seit kurzem intensive Emotion als »Abreagieren« bezeichnet wird. Ich sehe das nicht als Abreagieren, sondern als angemessene Reaktion angesichts dessen, was geschah.

Ich halte die Erinnerung oder das, was geschah, für wichtig, aber wichtiger ist, was der Patient als Reaktion auf die Erinnerung schuf. Am Ende des Kapitels stelle ich einen Entwurf vor (wie man bei posttraumatischen Streßstörungen vorgehen kann), der von mir und Kristi L. Kennen entwickelt wurde.

Therapeut: Okay. Können Sie vor Ihrem geistigen Auge einen Film abspulen?
Patient: Ja.
Therapeut: Fangen Sie mit dem Beginn der Vergewaltigung an, und beschreiben Sie Schritt für Schritt, was geschah. Beschreiben Sie es mir nicht in der Ich-Form, sondern in der dritten Person, wie der kleine Junge.
Patient: Okay. Also, der kleine Junge spielt mit seinem Vetter,

und er idealisiert ihn irgendwie und möchte, daß er ihn mag. Der Vetter des kleinen Jungen ringt mit ihm und wirft ihn zu Boden und setzt sich auf ihn. Jetzt öffnet der Vetter seine Hose und nimmt seinen Penis heraus und hält ihn in mein Gesicht.

Therapeut: In sein Gesicht.

Patient: Ja, in sein Gesicht.

THERAPEUTISCHE ANMERKUNG

Das ist ein intensiver Bruchpunkt bzw. ein Bifurkationspunkt, der erste Teil des Traumas und der erste Teil, den es zu erforschen gilt. Es ist mein Ziel, den Patienten die Geschichte in der dritten Person erzählen zu lassen, damit er den Film zuerst beobachten kann, anstatt in dem Film mitzuwirken. Der Film wird in einzelne Segmente zerlegt, und jedes Segment wird separat am Intensitätspunkt (Bifurkationspunkt) behandelt.

Therapeut: Welche Gedanken erschafft der kleine Junge?

Patient: Was geht da vor sich?

Therapeut: Lassen Sie den kleinen Jungen im Film denken: »Was geht da vor sich?«

Patient: Okay.

Therapeut: Welche Gefühle erschafft der kleine Junge?

Patient: Er ist verwirrt und hat Angst.

Therapeut: Lassen Sie den kleinen Jungen im Film verwirrt sein und Angst haben.

Patient: Okay.

Therapeut: Welche Phantasien hat der kleine Junge?

Patient: Er fühlt sich eingefroren, und hat überhaupt keine Phantasien.

Therapeut: Lassen Sie den kleinen Jungen im Film einfrieren, und streichen Sie alle seine Phantasien.

Patient: Okay.

Therapeut: Okay. Jetzt lassen wir den Erinnerungsfilm weiterlaufen.

Patient: Also, der Vetter lacht und befiehlt dem kleinen Jungen, an seinem Penis zu saugen.

Therapeut: Lassen Sie uns hier aufhören. Welche Gedanken erschafft der kleine Junge?

Patient: Er ist verwirrt, und er möchte, daß der Vetter ihn mag, aber er weiß nicht, was er tun soll.

Therapeut: Lassen Sie den kleinen Jungen verwirrt sein; er möchte, daß sein Vetter ihn mag.

Patient: Okay.

Therapeut: Welche Gefühle erschafft der kleine Junge?

Patient: Ekel, Abscheu und Machtlosigkeit.

Therapeut: Lassen Sie den kleinen Jungen im Film Ekel, Abscheu und Machtlosigkeit fühlen.

Patient: Okay.

Therapeut: Welche Phantasien erschafft der kleine Junge?

Patient: Keine.

Therapeut: Lassen Sie den Film jetzt ein Stück weiterlaufen, und beschreiben Sie, was als nächstes geschieht.

Patient: Der kleine Junge fühlt sich wütend, sauer und betrogen, weil er zu seinem Vetter aufgesehen hat. Er weiß nicht, was er tun soll, also nimmt er den Penis seines Vetters in den Mund.

Therapeut: Wir wollen hier abbrechen. Welche Gedanken erschafft der kleine Junge?

Patient: Er blockt alle Gedanken ab.

Therapeut: Also erschafft er ein Abblocken.

Patient: Ja.

Therapeut: Lassen Sie den kleinen Jungen alle Gedanken abblocken.

Patient: Okay.

Therapeut: Welche Gefühle erschafft der kleine Junge?

Patient: Er fühlt sich wie betäubt und ängstlich.

Therapeut: Okay. Lassen Sie den kleinen Jungen Taubheit und Angst spüren.

Patient: Okay.

Therapeut: Welche Phantasien erschafft der kleine Junge?

Patient: Er stellt sich vor, seinen Vetter zu töten, seinen Penis abzuschneiden und ihn seinem Vetter in den Mund zu stopfen.

Therapeut: Okay, lassen Sie den kleinen Jungen diese Phantasien haben.

Patient: Okay.

Therapeut: Lassen Sie jetzt den Film weiterlaufen, und erzählen Sie mir, was geschieht.

Patient: Tja, sein Vetter steht nach einer Weile auf, greift sich den kleinen Jungen und sagt ihm, er werde ihn grün und blau prügeln, wenn er es jemandem erzählen würde.

Therapeut: Okay. Welche Gedanken erschafft der kleine Junge?

Patient: Er blockt die Gedanken daran, grün und blau geprügelt zu werden und seinen Vetter töten zu wollen, ab und fühlt sich gedemütigt, weil man es herausfinden könnte.

Therapeut: Okay. Lassen Sie den kleinen Jungen diese Gedanken, Phantasien und Gefühle haben.

Patient: Okay.

Therapeut: Was geschieht jetzt?

Patient: Die Erinnerung hört hier auf.

Therapeut: Wie geht es Ihnen jetzt?

Patient: Etwas besser.

Therapeut: Okay. Jetzt lassen wir den Film noch mal von Anfang an laufen.

Patient: Okay. Also, der kleine Junge spielt mit seinem Vetter, und er idealisiert ihn irgendwie und möchte, daß er ihn mag. Der Vetter des kleinen Jungen ringt mit ihm und wirft ihn zu Boden und setzt sich auf ihn. Jetzt öffnet der Vetter seine Hose und nimmt seinen Penis heraus und hält ihn in sein Gesicht.

Therapeut: Was *meint* der kleine Junge, welche Gedanken der Vetter hat?

Patient: Herabsetzende, als ob er mächtiger wäre als der kleine Junge.

Therapeut: Welche Gedanken erschafft der kleine Junge als Reaktion darauf?

Patient: Er denkt, er sei kleiner als sein Vetter und daß sein Vetter ihm weh tun könnte.

Therapeut: Okay. Erschaffen Sie eine Energieschleife – der Vetter
denkt, er sei mächtiger und der kleine Junge denkt,
sein Vetter könne ihm weh tun.

Patient: Okay.

THERAPEUTISCHE ANMERKUNG

Das ist ein kritischer Punkt. Um an die andere Seite der Schleife zu
gelangen, d. h. zu seiner Vetter-Identität, die er auf andere *trance*-
feriert, müssen wir herausfinden, was der kleine Junge *projiziert*,
was der Vetter seiner Meinung nach denkt, fühlt oder sich vorstellt
und was er als Reaktion darauf erschafft. Das ist von entscheidender Bedeutung, denn er *trance*-feriert seinen Vetter auf andere und
erlebt andere wie seinen Vetter, daher die *rachsüchtigen* Gedanken
und Gefühle. Daher muß die *gesamte* Schleife auseinandergenommen werden, damit der Erwachsene im Jahr 1992 nicht mit jedem
Menschen seine Wut immer und immer wieder neu durchleben
muß.

Therapeut: Erschaffen Sie die Schleife als Energie, und beobachten Sie sie. Lassen Sie alles zu, was sie tut.

THERAPEUTISCHE ANMERKUNG

Das führt zurück zur Iteration und zu Mandelbrots Mandala.
Häufig wird die zugrundeliegende Ordnung als Energiemuster
offengelegt, wenn man zuläßt, daß sie sich viele Male iteriert (wiederholt).

Patient: Sie dreht sich einfach und verschwindet.

Therapeut: Gut. Wie geht es Ihnen jetzt?

Patient: Ich bin erleichtert.

Therapeut: Wie fühlt sich der Vetter nach Ansicht des kleinen
Jungen?

Patient: Mächtig.

Therapeut: Was erschafft der kleine Junge als Reaktion auf die
Macht seines Vetters?

Patient: Er fühlt sich machtlos und schwach.

Therapeut: Okay. Erschaffen Sie jetzt absichtlich eine Schleife, in der der Vetter mächtig ist und der kleine Junge machtlos und schwach.

Patient: Okay.

Therapeut: Sehen Sie das jetzt als Energieschleife, und lassen Sie zu, daß sie sich viele Male wiederholt. Beobachten Sie einfach.

Patient: Okay.

Therapeut: Was geschieht?

Patient: Die Energie löst sich irgendwie auf, und es bleibt einfach nur Leere zurück.

Therapeut: Welche Phantasien hat der Vetter jetzt laut Meinung des kleinen Jungen?

Patient: Einfach größer und mächtiger.

Therapeut: Welche Bilder erschafft der kleine Junge als Reaktion darauf?

Patient: Schwach, machtlos.

Therapeut: Okay. Erschaffen Sie jetzt erneut eine Energieschleife, in der sich der Vetter mächtig fühlt und der kleine Junge machtlos.

Patient: Okay.

Therapeut: Was geschieht?

Patient: Es sieht aus wie Energie.

Therapeut: Wie geht es Ihnen?

Patient: Entspannter.

THERAPEUTISCHE ANMERKUNG

In jeder der Erinnerungspausen gibt es nach einem intensiven Bifurkationspunkt eine Lücke. Das zeigt sich, während wir von einem Zustand in den anderen wechseln. Wenn wir beispielsweise von einem Gedanken wie »Ich mag mich« zu dem Gedanken »Ich hasse mich« wechseln, gibt es eine Lücke, einen Raum oder Mittel-Punkt, in dem ein Zustand in einen anderen Zustand übergeht. Wir haben das bislang durch die Metapher des Filmstreifens dargestellt. Bei einem Filmstreifen gibt es erst ein Bild, dann eine Lücke bzw. einen Zwischenraum und daraufhin ein weiteres Bild. Die Lücke ist die »Zeit«, in der wir sie ausmachen und bemerken können, in der wir wieder gegenwärtig sind und uns erinnern können. Der Grund, warum wir uns an eine traumatische Erinnerung nicht erinnern können, ist der, daß innerhalb des Bildes zuviel Energieladung aufgebaut ist. Dieser energiegeladene Aufbau sucht nach Erleichterung. Vor der Therapie hat die traumatische Erinnerung soviel Aufladung – Aufladung, gegen die der Betroffene sich wehrt, daß die Erinnerung *fixiert* bleibt, anstatt sich zu bewegen. Da die aufgebaute Energie keinen Platz hat, an den sie gehen kann, weil sie die Wut, die Angst oder den Schmerz der Situation nicht ausdrücken kann, sucht die Energie Erleichterung durch ein sublimiertes oder alternatives und daher verzerrtes Mittel.

Der Schmerz, den ein Kind beispielsweise durch einen Mißbrauch empfindet, friert die Muskeln und den Atem des Kindes ein und erschafft eine Trance (Fixierung der Aufmerksamkeit). In diesem Fall wird der Film angehalten, und die Aufmerksamkeit bleibt auf die Angst fixiert. Um diesen Überschuß an nicht entladener Energie (Angst) zu handhaben, kann das Kind später gewalttätig werden, zuviel essen, Eigentum zerstören, Drogen nehmen, schwanger werden usw.

Das geschieht bei einigen traumatisierten Teenagern: Wenn der Energieüberschuß nicht entladen werden kann, wird er sublimiert. Bei dem Erwachsenen ist diese Überschußenergie später immer noch gespeichert, so daß der Erwachsene gesellschaftlich akzeptable Wege sucht und findet, die Energie zu entladen, d.h. eine Phobie, Medikamente oder psychosomatische Störungen usw.

Ich wiederhole: Die Lücke hinter dem Bifurkationspunkt wird nicht bemerkt, weil sie soviel aufgestaute Energie vom Trauma enthält. Aus diesem Grund verschwindet der Beobachter. Lassen Sie mich das an einem Beispiel verdeutlichen. In meinen Workshops wird mir häufig die Frage gestellt: »Warum können manche Menschen ihren Prozeß und ihre Traumata bemerken und beobachten und andere nicht?« Ich sage dann immer, daß es *während* der überschüssigen Energie, die im Laufe des Traumas auftritt, im allgemeinen hinsichtlich des Traumas zwei Reaktionen gibt: Erstens explodiert der Beobachter, verschmilzt mit dem Trauma und verschwindet innerhalb des Traumas. Zweitens implodiert der Beobachter. Um sich gegen die Gefühle des Traumas zu wehren, verläßt er sich selbst vorzeitig und beobachtet vorzeitig, so daß er das Trauma nicht spürt oder eine Form von Trance erschafft, mit der er sich gegen das Trauma wehrt. Darum muß das nicht identifizierte Trauma verarbeitet werden, um den Beobachter aufzuwecken. Wenn das Trauma nicht verarbeitet wird, folgen daraus sublimierte Methoden zur Energieentladung. Diese sublimierten Versuche, die Energie zu entladen, werden zu einem Muster und führen daher zu immer größerer Frustration. Wenn jedoch zugelassen wird, daß sich die überschüssige Energie entlädt, während man gleichzeitig die Erinnerung ansieht und die Emotion als Energie erfährt, löst sich das Muster der Überschußenergieentladung in einer sublimierten und fixierten Weise auf, verleiht dem Betroffenen zusätzliche Energie und taut die Erinnerung auf. Das öffnet die Lücke oder den Raum innerhalb einer Traumaerinnerung und läßt Selbst-Erinnerung zu.

Der Energiekreislauf ist eine graphische Darstellung eines dynamischen Systems, das ein Phasenportrait (oder Bild) erschafft.

»Die Kräfte der Psyche und die Regeln, denen sie gehorchen, werden im allgemeinen als dynamisches System bezeichnet.«
Fred, 42)

Das bedeutet, daß der in dem obigen Beispiel beschriebene energetische Weg zwischen dem kleinen Jungen und seinem Vetter zuerst strukturiert wird, um den Schmerz und das Chaos der oralen Vergewaltigung in den Griff zu bekommen. Um jenseits der Vergewaltigung zu gelangen, muß der Erwachsene auf das energetische Muster achten, das in der Chaos-Theorie als Trajektor und als Intensitätspunkt, d. h. Bifurkationspunkt, bezeichnet wird. An diesem Intensitätspunkt ist die Energie am höchsten; darum weise ich auf die Lücke in der Erinnerung hin und zeige sie auf. An diesem Punkt wird das Muster erfahren, verstanden und verarbeitet. Die aufgestaute Energie wird dann entladen, und das Muster ist freigesetzt.

Therapeut: Lassen Sie jetzt den Film weiterlaufen, und gehen Sie zum nächsten Segment über.

Patient: Also, der Vetter lacht und befiehlt dem kleinen Jungen, an seinem Penis zu saugen.

Therapeut: Okay. Brechen Sie hier ab. Was *meint* der kleine Junge,
welche Gedanken hat sein Vetter wohl?

Patient: Er denkt, er habe die absolute Macht.

Therapeut: Welche Gedanken erschafft der kleine Junge als Reaktion darauf?

Patient: Er denkt, er sei klein und unzulänglich.

Therapeut: Okay. Erschaffen Sie ein Schleife von dem Vetter, der
denkt, er habe die absolute Macht, zu dem kleinen
Jungen, der denkt, er sei klein und unzulänglich.

Patient: Okay.

Therapeut: Lassen Sie jetzt die Energieschleife alles tun, was sie
tut – beobachten Sie einfach.

Patient: Okay.

Therapeut: Was geschieht?

Patient: Sie dreht sich schnell, dann verschwindet sie.

Therapeut: Was *meint* der kleine Junge jetzt, welche Gefühle sein
Vetter empfindet?

Patient: Mächtig.

Therapeut: Welche Gefühle erschafft der kleine Junge als Reaktion auf das Gefühl der Macht seines Vetters?

Patient: Er fühlt sich machtlos und gedemütigt.

Therapeut: Okay. Erschaffen Sie eine Energieschleife von dem
Vetter, der sich mächtig fühlt, zu dem kleinen Jungen,
der sich machtlos und gedemütigt fühlt.

Patient: Okay.

Therapeut: Was geschieht?

Patient: Sie verschwindet.

Therapeut: Okay. Welche Phantasien hat der Vetter nach Ansicht
des kleinen Jungen jetzt?

Patient: Er wird ihn töten und seinen Penis abschneiden und
ihn um seinen Hals hängen und damit angeben.

Therapeut: Welche Phantasien erschafft der kleine Junge als Reaktion darauf?

Patient: Völlige Demütigung ... schlimmer als der Tod.

Therapeut: Lassen Sie in einer Energieschleife den Vetter diese
Phantasien haben und den kleinen Jungen seine Phantasien als Reaktion darauf.

Patient: Okay.

Therapeut: Was geschieht?

Patient: Es geht einfach immer weiter.

Therapeut: Was empfinden Sie dabei?

Patient: Ich fühle mich immer distanzierter.

Therapeut: Okay. Lassen Sie den Film weiterlaufen, und gehen Sie zum nächsten Segment über. Beschreiben Sie, was Sie sehen.

Patient: Tja, sein Vetter steht nach einer Weile auf, greift sich den kleinen Jungen und sagt ihm, er werde ihn grün und blau prügeln, wenn er es jemandem erzählt.

Therapeut: Welche Gedanken hat der Vetter dabei nach Ansicht des kleinen Jungen?

Patient: Er sei der Coolste und der Größte.

Therapeut: Welche Gedanken erschafft der kleine Junge als Reaktion darauf?

Patient: Er ist ein schwaches, machtloses Stück Scheiße.

Therapeut: Okay. Erschaffen Sie eine Energieschleife von dem Vetter, der seine Gedanken denkt, zu dem kleinen Jungen, der denkt, er sei ein Stück Scheiße.

Patient: Okay.

Therapeut: Beobachten Sie jetzt die Energieschleife, und erzählen Sie mir, was geschieht.

Patient: Sie wird erst schneller, dann langsamer, dann verschwindet sie.

Therapeut: Okay. Was meint der kleine Junge, welche Gefühle sein Vetter jetzt hat?

Patient: Absolut mächtig.

Therapeut: Und welche Gefühle erschafft der kleine Junge als Reaktion darauf?

Patient: Völlige Zerstörung, als ob sein ganzer Körper in sich zusammenbrechen würde.

Therapeut: Erschaffen Sie erneut eine Energieschleife von den Gefühlen des Vetters zu den Gefühlen des kleinen Jungen und dem in sich zusammengebrochenen Körper, und erzählen Sie mir, was geschieht.

Patient: Sie dreht sich und dreht sich.

Therapeut: Was empfinden Sie dabei?
Patient: Ich fühle mich immer distanzierter.

THERAPEUTISCHE ANMERKUNG
Man kann gar nicht genug betonen, daß der Körper der Eckstein dessen ist, wie wir in der Welt stehen. Aus diesem Grund trägt der in sich zusammengefallene Brustkasten die *Körpererinnerung* an das Trauma und muß miteingeschlossen werden. Sogar Freud sagte, das Ego sei körperzentriert. Ich will das verdeutlichen: Wenn ein Patient von sich selbst die Vorstellung hat, ein schwacher Mensch zu sein, kann sich das in einem eingefallenen Brustkasten widerspiegeln. Gleichgültig, wieviel therapiert wird, er läuft immer noch mit einem eingefallenen Brustkasten herum. Das erschafft ein unbewußtes Körperbild einer »erschöpften Person« und eine Verstärkung der Identität des schwachen Menschen. Deshalb müssen Körper und Geist als *eine Einheit* gesehen werden. Obwohl ich meine therapeutische Praxis als Reichianer und bioenergetischer Therapeut begann, verfolge ich diese Art der Therapie nicht mehr. Aus diesem Grund *schicke* ich meine Patienten fast immer zu Therapeuten, die Körperarbeit machen, d. h. Reichianer, Bioenergetiker, Rolfer, Feldenkraiser usw., um den ganzen Menschen zu integrieren.

Therapeut: Was *meint* der kleine Junge, welche Phantasien sein Vetter hat?
Patient: Er sei der Größte.
Therapeut: Und welche Phantasien erschafft der kleine Junge als Reaktion darauf?
Patient: Er sei ein Sklave.
Therapeut: Wie sieht sein Körper aus?
Patient: In sich zusammengefallen.
Therapeut: Okay. Erschaffen Sie eine Energieschleife, in der der Vetter sich vorstellt, er sei der Größte, und der kleine Junge, er habe einen in sich zusammengefallenen Körper und sei ein Sklave.
Patient: Okay.
Therapeut: Was geschieht?

Patient: Sie verschwindet einfach.
Therapeut: Wie geht es Ihnen?
Patient: Ich bin ruhiger und stiller.

THERAPEUTISCHE ANMERKUNG
Ich möchte den Lesern nicht die Vorstellung vermitteln, all dies sei in wenigen Stunden geschehen. Der in sich zusammengefallene Brustkasten und das Zurückziehen in sein Becken erfordern Körperarbeit, d. h. Rolfing, Bioenergetik, Feldenkrais o. ä. Ich wiederhole: Ohne Körpertherapie kann es in der Psychotherapie *niemals* eine volle Integration geben. Der Körper trägt nicht nur die Erinnerungen in Form von Haltung und Atem, er zeigt auch, wie der Mensch sich in der Welt bewegt. Außerdem muß der Betroffene wieder lernen bzw. neu lernen, wie er seinen traumatisierten Körper erneut in Besitz nehmen kann, aber auch seinen nichttraumatisierten Körper, denn er mußte seinen Körper während dieser Art von Trauma zurücklassen. Kurz gesagt, ohne Körperarbeit keine vollständige Psychotherapie; der Körper spiegelt wider, wie der Mensch sich selbst in der Welt verkörpert.

Therapeut: Sehen Sie sich jetzt den Film von Anfang bis Ende an, und achten Sie auf den leeren Raum im Geist, in dem der Film schwebt.
Patient: Okay.
Therapeut: Lassen Sie jetzt den Film diagonal laufen, von oben links nach unten rechts.
Patient: Okay.
Therapeut: Lassen Sie jetzt den Film diagonal nach unten laufen, von oben rechts nach unten links.
Patient: Okay.
Therapeut: Jetzt diagonal von unten rechts nach oben links.
Patient: Okay.
Therapeut: Jetzt lassen Sie den Film diagonal von unten links nach oben rechts laufen.
Patient: Okay.
Therapeut: Jetzt machen Sie ihn zu einem Jojo.
Patient: Okay.

Therapeut: Jetzt entscheiden Sie, daß es die wichtigste Situation in Ihrem Leben war.

Patient: Okay.

Therapeut: Treffen Sie jetzt die Entscheidung, daß es einfach eine Situation war, die geschehen ist.

Patient: Okay.

Therapeut: Wie geht es Ihnen?

Patient: Viel freier, reiner, erleichterter.

Therapeut: Ist es in Ordnung, wenn wir hier aufhören?

Patient: Ja.

THERAPEUTISCHE ANMERKUNG

Dieser letzte Abschnitt wurde auf diese Art und Weise durchgeführt, um dem Patienten die Einsicht zu vermitteln, daß er (der Beobachter) vor der Erinnerung und während der Erinnerung in seinem Geist existiert und derselbe Beobachter auch noch existieren wird, wenn die Erinnerung vergangen ist. Ich sagte einmal zu einer Patientin, nachdem die Erinnerung vergangen war: »Tja, ich vermute, Sie sind nicht Ihr Geist.« Sie wirkte verblüfft und nonverbal verwirrt. Ich meinte: »Sie sind immer noch hier, obwohl ihre Geschichte es nicht ist, daher sind Sie nicht Ihre Geschichte.«

Beobachter halten den Film unwissentlich in ihrem Geist und verschmelzen mit dem Trauma. Indem man einem Beobachter die Möglichkeit an die Hand gibt, eine Erfahrung zu machen und seine Aufmerksamkeitsfixierung zu entfernen, verliert der Film seine Macht über den Beobachter, und die Aufmerksamkeitsfixierung des Beobachters lockert sich. Auf diese Weise wird das Trauma zu einer Geschichte, die der Beobachter aufnehmen oder ablegen kann.

Entwurf für posttraumatische Streßstörungen

1. Teil: Die Geschichte durchgehen

1. Schritt: Lassen Sie den Patienten den Film von Anfang bis Ende ablaufen.

2. Schritt: Achten Sie auf die Intensitätspunkte, und brechen Sie die Erinnerung hinter einem Intensitätspunkt.

3. Schritt: Lassen Sie den Patienten in der dritten Person sprechen. Fragen Sie ihn, welche Gedanken, Gefühle und Phantasien er während jedes einzelnen Segments erschafft.

2. Teil: Die Schleife

1. Schritt: Lassen Sie den Patienten den Film noch einmal durchlaufen, und fragen Sie, was der Täter *seiner Meinung nach* denkt, fühlt und phantasiert.

2. Schritt: Fragen Sie den Patienten bei jedem Segment, was er als Reaktion auf die imaginären Gedanken, Gefühle und Phantasien des Täters geschaffen hat.

3. Schritt: Lassen Sie den Patienten absichtlich eine Schleife (Trajektor) von sich zum Täter und zurück zu sich erschaffen.

4. Schritt: Lassen Sie ihn die Schleife als Energie sehen, bis sich die Schleife langsam auflöst.

3. Teil: Loslassen

1. Schritt: Lassen Sie den Film in viele Richtungen laufen: rückwärts, vorwärts, diagonal in alle möglichen Richtungen.

2. Schritt: Lassen Sie den Patienten beschließen, daß es wichtig war.

3. Schritt: Lassen Sie ihn beschließen, daß es eine Erfahrung war.

4. Schritt: Lassen Sie ihn mit der Erinnerung tun, was immer er tun will.

Schlußfolgerung

Diese kurze Abhandlung über posttraumatische Streßstörungen wirkt simpel. Bitte halten Sie es nicht für so einfach. Das ist ein Beispielfall von Sitzungen, die sechs bis acht Stunden dauerten.

Bei der Arbeit mit einem Patienten mit PTSS kommen viele Faktoren ins Spiel. Es ist jedoch eine schöne Ergänzung, gleichgültig, welches System auch immer Sie derzeit einsetzen, um diese Störungen zu behandeln. Man sollte noch anmerken, daß ein Erinnerungssegment mitunter erst nach langer Zeit verarbeitet wird. Ich habe einmal einen Veteranen aus dem Vietnamkrieg getroffen, der mir erzählte, es habe ihn drei Jahre Therapie gekostet, um ein sechsminütiges Segment aufzuarbeiten.

KAPITEL 22

Aufmerksamkeitsfixierung
Strategie NEUN

Ich bin o. k., wenn ich dein Spiel spiele.
Du bist o. k., wenn du mich dein Spiel spielen läßt.

Sie spielen ein Spiel
Sie spielen das Spiel, kein Spiel zu spielen
Wenn ich ihnen sage, daß sie ein Spiel spielen,
werden sie mich bestrafen
Ich muß ihr Spiel spielen, daß ich nicht sehe,
daß ich das Spiel sehe.
R. D. Laing

Die Person in diesem Gedicht von R. D. Laing verfällt ins Unbewußte und vergißt, daß sie ein Spiel spielt, ganz zu schweigen davon, daß sie vergißt, daß sie nur spielt, daß sie das Spiel nicht spielt oder sieht. Das ist ihre Trance der Amnesie und der negativen Halluzination, ganz zu schweigen von der Altersregression und der posthypnotischen Suggestion.

Bei dieser speziellen Strategie der Aufmerksamkeitsfixierung ist der traumatische Schmerz über den Wechsel von der Essenz zur Persönlichkeit so groß, daß sich eine *unbewußte Faulheit entwickelt*. In *Die Alltägliche Trance* beschreibe ich Trancezustände, die psychologisch auftreten. Hier führt der Aufbau von Identitäten um die Essenz die Trancezustände dazu, sich gegen den Schmerz des Verlustes der Essenz zu wehren. Diese Bewußtlosigkeit nimmt die Form psychischer Faulheit und eines Widerstands an, nach »innen« zu schauen. Aus diesem Grund ist der zugrundeliegende Zustand die Faulheit, und die Haupttrance heißt bei Naranjo *psycho-spirituelle Trägheit und die Veranlagung zu übertrie-*

bener Anpassung. Tatsächlich entsteht diese Strategie der Aufmerksamkeitsfixierung, weil die Beobachter-Persönlichkeit-Dyade in sich selbst nichts sieht, und anstatt dem nachzugeben, wird sie diesbezüglich unbewußt. Das führt zu Faulheit oder Trägheit. Außerdem produziert es die grundlegende Neigung, sich selbst für andere aufzugeben. Die NEUN, ein wahres Chamäleon, hat das Gefühl, als ob in ihr nichts wäre. Anstatt das anzuerkennen, schaut die NEUN nach außen und sucht dort ihre Existenz. Sie wird von Palmer *der Vermittler* und von Riso *der Friedliebende* genannt. Man muß verstehen, daß die unbewußte Faulheit der NEUN und das Treiben mit dem Strom für sie eine Möglichkeit darstellt, sich selbst und andere von der Leere abzulenken. Das höchste Ziel der NEUN ist die *Liebe*, aber die Beobachter-Persönlichkeit-Dyade empfindet die Leere der Essenz als *Lieblosigkeit*. Ihr fehlt häufig eine eigene Identität – sie wird daher co-abhängig, nimmt das Leben oder die Position anderer Menschen an. Das dauert jedoch nur so lange, wie diese sich in ihrer Gegenwart befinden. Sobald sich die NEUN in der Anwesenheit eines anderen Menschen befindet, nimmt sie dessen Identität an, verschmilzt mit dessen Gefühlen und Idealen. Das ist wahre Co-Abhängigkeit. Das Gefühl, es sei nichts in ihr, nennt sie lieblos. Das Problem ist, daß die zugrundeliegende Struktur eine implizite Aufforderung ist, umsorgt zu werden. Wenn das nicht erfolgt, taucht *Wut* auf.

Für die NEUN ist alles besser, als das Nichts anzusehen. Sie erschafft häufig ein falsches Innenleben oder eine falsche Spiritualität, um das von ihr wahrgenommene Nichts zu verbergen. Diese oberflächliche Spiritualität raubt ihr eben jenen verfügbaren leeren Raum, der immer im Hintergrund ihrer Erfahrung lauert. Die NEUN wird wegen dieser Verfügbarkeit des leeren Raumes von vielen für natürlich spirituell gehalten. Wenn ihre oberflächliche Spiritualität angeknackst wird und sie bereit ist, in ihren eigenen leeren Raum einzutreten, der sie zur Essenz führt, stehen ihr die Pforten offen. Sie muß sich allerdings davor hüten, über die Unfähigkeit anderer Menschen, ihre Leere zu füllen, wütend zu werden (siehe Abbildung Nr. 15). Im Grunde wehren sich die meisten von uns in einem solchen Ausmaß gegen die Leere, daß wir in unseren Beziehungen ein zwanghaftes Verhalten an den Tag legen.

Aufmerksamkeitsfixierung – Strategie NEUN
ÜBERMÄSSIGES VERSTEHEN
Nach Liebe überall dort suchen, wo sie nicht zu finden ist

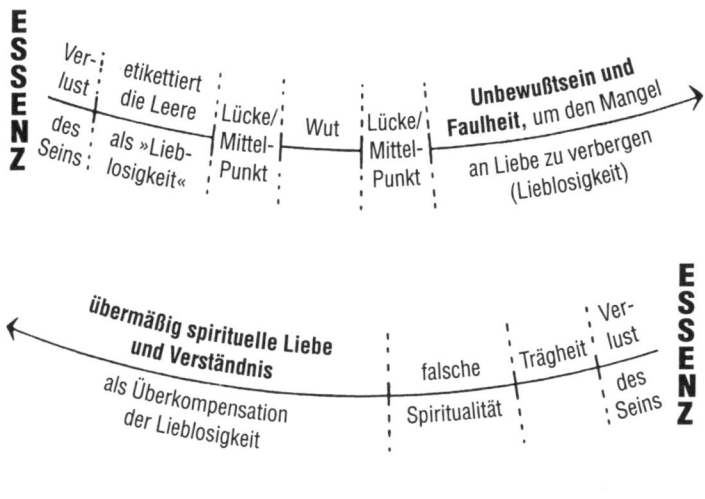

ABBILDUNG 15

Wir sagen eigentlich zueinander: »Fülle meine Leere.« Wenn das geschieht, gibt es Frieden, wenn es nicht geschieht, Scheidung. Anders ausgedrückt, wir alle versuchen, unsere Leere zu füllen, indem wir uns außerhalb von uns selbst auf die Suche machen. Diese gewohnheitsmäßige Erwartung, andere würden unsere Leere füllen, kann nur zu Frustration führen. Warum? – Weil jeder von uns in sein eigenes Nichts eintreten und dessen Wert erkennen muß. Es muß einfach schiefgehen, wenn wir vor unserer eigenen Leere davonlaufen und von anderen erwarten, sie zu füllen, da die Leere unsere wahre essentielle Natur ist.

Diese Strategie der Aufmerksamkeitsfixierung neigt dazu, unbewußt zu werden und automatisch die Identität anderer Menschen anzunehmen, und entwickelt daher in dem Versuch, das Nichts zu vermeiden, eine oberflächliche Spiritualität. Die NEUN kann leicht zum Nichts der Essenz geführt werden, aber Vorsicht ist angeraten, damit oberflächliches Nichts, erschaffenes Nichts bzw. Symbole für das Nichts nicht fälschlicherweise für die Weite ihrer eigenen Essenz gehalten werden.

Identitäten	*zugrundeliegender Zustand*	*überkompensierende Identitäten*
Unbewußtsein kein Selbst	etikettiert das Nichts als Lieblosigkeit	überwachsam überbewußt liebenswert sein
Lieblosigkeit	Wut	angepaßtes falsches Selbst übermäßig spirituell

Die Therapie

1. Schritt: Schreiben Sie die Identitäten auf, die sich gegen Ihre Leere wehren.

2. Schritt: Achten Sie darauf, an welcher Stelle in Ihrem Körper die Leere existiert.

3. Schritt: Treten Sie in die Leere, und spüren Sie sie.

4. Schritt: Achten Sie darauf, daß der Identität die Leere wie der Tod erscheint. Von innen ist die Leere jedoch still, ruhig, friedlich und gelassen.

5. Schritt: Fragen Sie jede Identität aus dem Innern der Leere: »Was willst du wirklich? Was wünscht du dir mehr als alles andere auf der Welt?«

6. Schritt: Wie auch immer die Identität reagiert, spüren Sie diese Erfahrung in der geräumigen Leere.

7. Schritt: Drehen Sie als nächstes die Identitäten herum, und lassen Sie sie wieder in die Leere, d.h. in die Essenz, zurückkehren.

Variation

8. Schritt: Sehen Sie die Identitäten im Vordergrund. Halten Sie sich im Hintergrund, und achten Sie darauf, wie die Identitäten in der Leere schweben.

9. Schritt: Erfahren und spüren Sie die essentielle Eigenschaft aus dem Hintergrund.

10. Schritt: Erkennen Sie, daß die Identitäten und die Leere aus derselben Substanz bestehen.

Beispielfall

Barbara, 35 Jahre alt, steht nach 15 Jahre Ehe vor der Scheidung. Jahrelang hat sie sich selbst aufgegeben in dem Versuch, »für ihn zu sorgen«. Man könnte sagen, sie ist als Verteidigung gegen ihr eigenes Nichts mit seinen Wünschen und Bedürfnissen verschmolzen.

Auch das ist ein Fall, bei dem die Wiederaufnahme der Identitäten nicht in einer einzigen Sitzung vollzogen werden konnte. Vielmehr müssen zuerst die Trancezustände und Identitäten, die ihr Trauma verbergen, auseinandergenommen und geprüft werden. Um das zu zeigen, gehe ich erst auf die Theorie und dann auf den Fall ein, damit die Leser die Richtung, in die ich ziele, erkennen können.

Traumata und Trancezustände

Sowohl in *Die alltägliche Trance* als auch in *Die dunkle Seite des inneren Kindes* ist das Trauma der Eckstein der Entwicklung einer defensiven Trance. Es muß betont werden, daß während eines Traumas eine Trance geschaffen wird, die dem Individuum hilft, sich gegen das Wissen, Fühlen oder Erinnern an das, was geschah, zu wehren. Dadurch verspannt sich die Muskulatur, der Atem wird angehalten und die überschüssige Energie aufgestaut.

Das ist wichtig, denn Sie müssen Ihre eigenen Trancezustände kennen, wenn Sie das *Tao des Chaos* leben wollen. Eine Identität

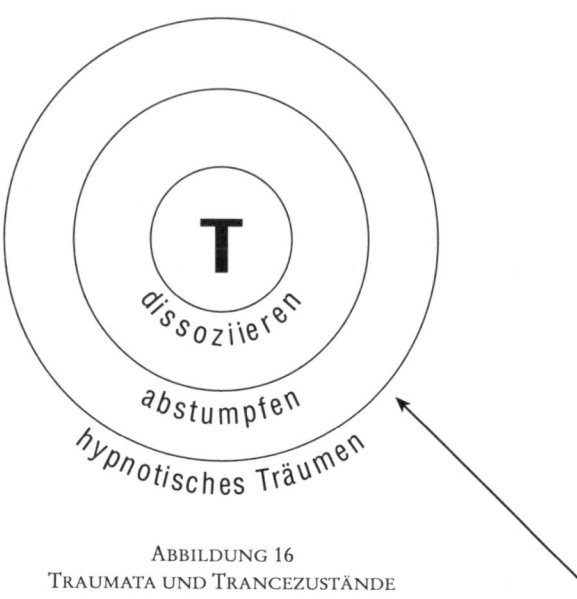

ABBILDUNG 16
TRAUMATA UND TRANCEZUSTÄNDE

kann nur dann wieder in die Essenz aufgenommen werden, wenn die Wahrheit des Traumas bekannt ist. Ich wiederhole: Die Essenz kann keine Lügen, Verzerrungen und verdrängten Erinnerungen oder Identitäten aufnehmen.

Beim *Tao des Chaos* geht es um das Zulassen. Ich möchte einmal illustrieren, was um ein Trauma herum geschieht.

Wie Sie sehen ist T das Trauma, und die Verteidigungen der Trance umgeben das Trauma. Wenn Sie mit sich selbst oder jemand anderem arbeiten, werden sich Ihnen die Defensivtrancezustände wie eine Mauer entgegenstellen, sobald Sie zum Kern des Traumas vorstoßen wollen.

So kann beispielsweise ein kleines Mädchen, das im Alter von fünf Jahren mißbraucht worden ist, als erstes *dissoziieren*; zweitens stumpft es ab und drittens stellen sich hypnotische Träume ein, um das Trauma zu überleben.

»Das Entlernen ist bei jedem Menschen anders, weil das, was wir zuerst entlernen, das ist, was wir zuletzt gelernt haben ...

*Daher geht man in einzelnen Schritten vor – das zuletzt Ge-
lernte wird zuerst entlernt. Auf diese Weise können Sie sicher
vorgehen.«* (von Meier, 43)

Auf diese Weise durchläuft das Mädchen die Trancezustände frei
nach dem Motto: Die Letzten werden die Ersten sein. Anders
ausgedrückt, die zuletzt erschaffene Trance wird die erste Trance
sein, die erfahren wird, wenn wir uns in das Trauma begeben. In
der oben genannte Situation müssen wir zuerst das *hypnotische
Träumen* durchlaufen, das wie ein Traum scheint, dann die Wahr-
nehmungsverzerrung (das Abstumpfen) und danach die Dissoziation (über dem Körper schweben). Diese Trancezustände müssen
als selbsterschaffene Verteidigungsmechanismen erfahren und verarbeitet werden, um in das wirkliche Ereignis einzutreten. Das
Ereignis selbst muß »geprüft« und verarbeitet werden, bevor die
Identitäten wieder in die Essenz aufgenommen werden können.

Die Verarbeitung der Trancezustände erfordert die Bereitschaft,
die automatische Trance wissentlich, bewußt und absichtlich zu
erschaffen und in ihr zu sein. Um das Trauma zu verarbeiten, ist es
– je nach Schwere – wahrscheinlich notwendig, einen Therapeuten
einzuschalten, der einen durch ernsthafte Beeinträchtigungen hin-
durchführt.

Das *Tao des Chaos* und die Wiederaufnahme der Identitäten
klingen und scheinen leichter, als sie sind; sie erfordern Ehrlichkeit
sich selbst gegenüber. Das *Tao des Chaos* erfordert auch das richtige Verständnis, das Zulassen von Erfahrung ohne den geringsten
Widerstand.

Vor kurzem sprach ich mit einem bekannten Therapeuten der
Erickson-Schule. Er sagte: »Wenn ich mich aufrege, erschaffe ich
alle Ressourcen und Symbole, die ich erschaffen kann.« Ich dachte:
»Was ist falsch daran, sich aufzuregen und es einfach zuzulassen?«
Das ist das *Tao des Chaos*: keine Urteile, keine Bewertung, keine
Bedeutung, kein Widerstand – einfach die Erfahrung *zulassen*,
ohne die Absicht oder das Ziel, eine ungewollte Erfahrung loszu-
werden.

Ressourcen als Dissoziatoren

Wenn ich eine Ressource erschaffe, wie beispielsweise ein Symbol, um ein Gefühl der Aufregung in den Griff zu bekommen, so wehre ich mich gegen dieses Gefühl der Aufregung. Dies ist eine subtile Form der Dissoziation, da es den Menschen aus der Erfahrung der Gegenwart herausnimmt. Außerdem – das ist der wichtigste Punkt – erschaffen *Sie* das Symbol, daher haben *Sie*, nicht das Symbol, die Macht. Indem Sie ein Symbol oder ein Bild erschaffen, um eine Aufregung in den Griff zu bekommen, ermächtigen Sie das Symbol bzw. das Bild, und nicht *sich selbst* – denjenigen, der das Symbol bzw. das Bild überhaupt erst geschaffen hat. Während eines Workshops arbeitete ich mit einer Frau, die mißbraucht worden war. Nachdem ich ihre Geschichte auseinandergenommen hatte, fiel sie durch die überschüssige Energie in einen sehr stillen, inneren Zustand. Vor ihren geschlossenen Augen entstand das Bild ihres spirituellen Lehrers. Dieser Lehrer sei so gesegnet, meinte sie. Ich sagte, sie solle auf die Form des Lehrers achten und dann auf den leeren Raum, in dem der Lehrer schwebte. Daraufhin bat ich sie, die Leere und den Lehrer als dieselbe Substanz zu sehen. Die Leere und der Lehrer (Symbol) verschwanden, und sie fühlte sich glücklich. Anders ausgedrückt, sie neigte dazu, ihr Glück auf einen Lehrer zu projizieren, anstatt ihr eigenes Glück »in Besitz zu nehmen«. Um diesen normalen dissoziierten hypnotischen Ansatz, Symbole zu erschaffen, schätzen zu können, müssen wir verstehen, daß die Wurzeln der Hypnosemethode, die sich symbolischer Darstellungen bedient, in der Schmerzkontrolle liegen. Erickson war ein Meister der Schmerzkontrolle. Symbole als *erster Schritt* und als *temporäres* Mittel, um durch diese Symbole Dissoziation hervorzurufen, sind eine *Möglichkeit* und eine Methode, die ich in *Die alltägliche Trance* verwende. Wie die Landkarte nicht das Land ist, *ist das Symbol nicht der Schöpfer des Symbols*. Wenn Sie entdecken wollen, wer Sie sind, können symbolische Darstellungen, die als *vorübergehende Dissoziatoren* eingesetzt werden, als erster Schritt im Umgang mit dem Trauma dienen. Letztendlich jedoch muß das Trauma *direkt* angegangen werden, will man es ganz verarbeiten und vervollständigen, damit es nicht länger die Aufmerksamkeit des Beobachters gefangenhält. Der Gebrauch symbolischer De-Sensibilisierer, die eine Gegentrance zum Trauma erschaffen, hält das Trauma an Ort und Stelle und fügt den bereits erschaffenen Trancezuständen eine weitere Schicht der Dissoziation hinzu. Therapeuten müssen wissen, daß Trancezustände verschwinden müssen und keine neuen Trancezustände gebraucht werden durch Symbole, mit denen weitere Dissoziationen von der traumatischen Erfahrung geschaffen wurden. Aus diesem Grund ist das »Reframing« eine Form des Widerstands. Warum? – Weil durch die Reframing-Erfahrungen den Gefühlen darüber, was wirklich da ist, aus dem Weg gegangen wird. Ich habe beispielsweise jahrelang den Erickson-Ansatz der Hypnose und Psychotherapie bei Personen, die unter Inzest-Erfahrungen litten, angewendet. Die Patienten fühlten sich am Ende der Sitzung stets besser, und das dauerte auch einige Tag lang an. Warum? – Hypnose ist zur *Schmerzkontrolle* geeignet, nicht zur Verarbeitung eines Traumas und zur Entdeckung, wer Sie sind. Folgerichtig fühlten sich die Patienten nach der Sitzung »besser«, weil sie *nichts fühlten* und *dissoziierten*. Wir alle müssen eines verstehen: Wenn wir in den Quantenansatz eintreten, liegt der Schwerpunkt auf der Erkenntnis, *wer wir sind*. Der Zweck liegt nicht darin, daß wir uns sofort besser fühlen, denn das werden wir wahrscheinlich nicht, obwohl es letztendlich der Fall sein wird. Für den Augenblick kann gesagt werden, daß der klinische Einsatz der Hypnose bei Inzest-Überlebenden ein *temporärer* Schritt zur Bewältigung ist. Es ist kein langfristiger Heilungsansatz, weil dem Trauma Trancezustände hinzugefügt werden, so daß der Patient *das Trauma nicht fühlen* kann. Das Trauma wird jedoch seinen häßlichen Kopf so lange entweder direkt oder auf sublimierte Weise herausstrecken, bis man sich dem Trauma stellt. Warum? – Weil die aufgestaute Überschußenergie an der Aufmerksamkeit des Beobachters zerrt und sie fixiert. Nur wenn man mit dem Trauma arbeitet wird die überschüssige Energie des Beobachters freigesetzt, so daß der Beobachter nicht länger das Trauma als *Fenster* anwendet, durch das er die Wirklichkeit der Gegenwart sieht.

Psychische Gesundheit

Der erste Schritt zur psychischen Gesundheit im *Tao des Chaos* kann wie folgt formuliert werden: *die Bereitschaft, alles zu erfahren*. Das bedeutet nicht: »Toll, ich will, daß man mir ins Gesicht schlägt.« Es bedeutet jedoch, daß ich bereit bin, alles zu erfahren, was in meiner inneren subjektiven Welt mit mir vorgeht. Diese Bereitschaft ist das *Tao des Chaos*.

Beispielfall

Therapeut: Wie geht es Ihnen nach der Scheidung?

Patientin: Ich habe das Gefühl, meine Identität verloren zu haben, seit Ted und ich uns getrennt haben. Was soll ich jetzt tun? Früher habe ich mich immer dem gefügt, was Ted wollte, und jetzt weiß ich #nicht, wer ich bin, aber ich versuche, das zu ignorieren und einfach mit meinem Leben fortzufahren.

THERAPEUTISCHE ANMERKUNG

Eine plötzliche Scheidung nach vielen Jahren Ehe ist ein schwerer Schock und trägt Trauer in sich. Trauer ist ein biologischer Prozeß, keine psychologischer. In diesem Sinn müssen Trauer und Schock erst behandelt werden, bevor sie in ihrem Leben weitere Entscheidungen treffen kann.

Therapeut: Wie fühlen Sie sich in diesem Moment?

Patientin: Verwirrt.

Therapeut: An welcher Stelle Ihres Körpers spüren Sie die Verwirrung?

Patientin: In meinem Gesicht.

Therapeut: Erschaffen Sie die Verwirrung in Ihrem Gesicht.

Patientin: Ich kann sie nicht erschaffen, sie ist schon da.

Therapeut: Gut, machen Sie eine Kopie der Verwirrung.

Patientin: Okay.

Therapeut: Machen Sie noch drei Kopien von der Verwirrung.

Patientin: Okay.
Therapeut: Lassen Sie jetzt die Kopien los.
Patientin: Okay.
Therapeut: Achten Sie jetzt auf die Form der Verwirrung.
Patientin: Okay.
Therapeut: Verschmelzen Sie jetzt hundertprozentig mit der Verwirrung.
Patientin: Okay.
Therapeut: Entscheiden Sie jetzt ganz bewußt, daß die Verwirrung da sein soll.
Patientin: Okay.
Therapeut: Verschmelzen Sie jetzt mit der Verwirrung als Energie.*
Patientin: Okay.
Therapeut: Wie geht es Ihnen?
Patientin: Klarer.

THERAPEUTISCHE ANMERKUNG

Hier begegnen wir der ersten Trance der Verwirrung. Sie hat sich gegen die Verwirrung gewehrt, indem sie versucht, »klar zu sehen«. Daher bitte ich sie, die Trance *ganz bewußt* zu erschaffen – etwas, was sie bislang schon *völlig unbewußt* getan hat.

Therapeut: Wie fühlen Sie sich in diesem Augenblick?
Patientin: Taub.
Therapeut: An welcher Stelle Ihres Körpers spüren Sie diese Taubheit?
Patientin: In meinem Herzen.
Therapeut: Wie sind Form und Größe der Taubheit beschaffen?
Patientin: Wie ein runder Kokon.
Therapeut: Machen Sie mehrere Kopien von diesem Kokon.
Patientin: Okay.
Therapeut: Lassen Sie jetzt die Kopien los, und verschmelzen Sie mit der Taubheit des Kokons.

---

* Weitere Einzelheiten zu Bewußtseinszuständen und Emotionen als Energie finden sich in Kapitel 4 meines Buches *Quantenbewußtsein*.

Patientin: Okay.

Therapeut: Können Sie die Taubheit des Kokons als sich langsam
bewegende Energie erfahren?

Patientin: Okay.

THERAPEUTISCHE ANMERKUNG

Ich möchte nochmals betonen: Die Trancezustände von Verwirrung und Taubheit schützten Barbara vor der Erfahrung ihrer biologischen Trauer. Außerdem werden die Trancezustände durch
eine kognitive Verzerrung an Ort und Stelle gehalten, d.h. die
Trauer der Scheidung *darf nicht* zugelassen werden.

Therapeut: Wie fühlen Sie sich in diesem Augenblick?

Patientin: (fängt an zu schluchzen) Von Schmerz und Trauer
überwältigt.

Therapeut: Spüren Sie die Trauer.

Patientin: Das tue ich.

(Mehrere Minuten vergehen.)

Therapeut: Was geschieht gerade?

Patientin: Ich habe das Gefühl, ein Loch in meinem Herzen zu
haben.

Therapeut: Schälen Sie das Loch ab. Was finden Sie vor?

Patientin: Ich habe das Gefühl, gleich einzuschlafen.

Therapeut: Erschaffen Sie das Gefühl des Schlafes als eine Energie, die sich sehr langsam bewegt, und verschmelzen
Sie mit dieser Energie.

Patientin: Okay.

THERAPEUTISCHE ANMERKUNG

Hier haben wir eine Schicht des Unbewußtseins (Schlaf), die vor
der Pforte zur Essenz steht und eine Aufmerksamkeitsfixierung
NEUN darstellt.

Therapeut: Wie fühlen Sie sich in diesem Augenblick?

Patientin: Entspannt, aber voll da.

Therapeut: Schälen Sie die entspannte Schicht ab, und sagen Sie
mir, was Sie vorfinden.

Patientin: Einen leeren Raum.

Therapeut: Begeben Sie sich in diesen leeren Raum, und erzählen Sie mir, wie Sie sich fühlen.

Patientin: Friedlich, still, als ob ich zu Hause angekommen wäre.

Therapeut: Bewegen Sie sich jetzt nach vorn, und spüren Sie die Trauer.

(Wieder schluchzt Sie einige Minuten lang.)

Therapeut: Begeben Sie sich jetzt in die Leere zurück.

Patientin: Das ist besser.

Therapeut: Begeben Sie sich jetzt wieder in die Trauer.

Patientin: Okay.

Therapeut: Gehen Sie nun wieder zurück in die Leere.

Patientin: Okay.

Therapeut: Wie geht es Ihnen?

Patientin: Besser, aber ich weiß immer noch nicht, was ich tun werde.

Therapeut: Ich möchte, daß Sie diese Woche als Hausaufgabe üben, sich von der Leere zur Trauer zu bewegen und von der Trauer zu dem leeren Raum, bis Sie sich gut fühlen und bereit sind, die Trauer zu erfahren.

Patientin: Ich werde es versuchen, aber ich habe Angst davor, von meinen Gefühlen überwältigt zu werden.

Therapeut: Üben Sie diese Woche, nur ein wenig Trauer zu fühlen, und wenn die Trauer zu groß wird, gehen Sie in den leeren Raum zurück.

Patientin: Das schaffe ich.

THERAPEUTISCHE ANMERKUNG

Das ist ein guter Moment, um die Sitzung zu beenden. Trauer ist biologisch und daher braucht sie Zeit, um sich selbst herauszuarbeiten. Aus diesem Grund reiche ich der Patientin einen Appetithappen an Trauer und eine volle Mahlzeit der Essenz. Als Therapieanfängerin war es bei ihr wichtig, sie wissen zu lassen, daß es jenseits des Chaos der Trauer Essenz und Ordnung gibt. Auf diese Weise kann sie ganz allmählich ihre biologische Trauer zulassen und gleichzeitig damit beginnen, eine Beziehung zu ihrem essentiellen Selbst aufzubauen, das sie angeblich nicht kennt.

Schlußfolgerung

Zum Abschluß dieser Fixierung und dieses Abschnittes möchte ich wiederholen, daß wir nicht nur ein Charaktertypus oder eine Aufmerksamkeitsfixierung sind. Das Universum befindet sich ständig in Bewegung. Daher bestehen wir aus einer Kombination mehrerer Charaktertpyen und Aufmerksamkeitsfixierungen. Außerdem bewegen wir uns in einem ganz bestimmten Muster von einer Fixierung zur anderen. Daher sollten Sie Ihre Fixierungen erkennen und verarbeiten und dann zur nächsten übergehen. Machen Sie sich klar, daß es wahrscheinlich ein *Ich* gibt, das man erst nach langer Zeit erkennt. In diesem Wissen und der Vertrautheit damit baut sich Bewußtsein auf, und Freiheit entsteht, indem man die Auswirkungen der Fixierung und das Trauma des Verlusts erforscht. Das führt letztendlich dazu, daß sich die Ketten der Persönlichkeit oder – in Begriffen des Yoga – der »Knoten im Herzen« löst.

KAPITEL 23

Die Trance des Beobachters beenden

Fortgeschrittenes Aufmerksamkeitstraining

> *»Aufmerksamkeit: Die Konzentration*
> *des Geistes auf ein Objekt.«*
> (The American College Dictionary, 44)

Aufmerksamkeit* wird dort konzentriert, wo der Beobachter/die Persönlichkeit die Aufmerksamkeit/Spannung überfixiert, was zu einer Überkompensation der Schwächen bzw. zu einem Gefühl des Mangels führt. Aus diesem Grund spürt man in bestimmten Bereichen, in denen ein *Mangel* wahrgenommen wird, Spannung.

Im letzten Kapitel haben wir die Beobachter-Persönlichkeit-Dyade untersucht und wie sie ihre Aufmerksamkeit fixiert und bestimmte Strategien einsetzt, um sich gegen das Trauma des Verlusts des Seins und die Wahrnehmung der inneren Leere als *Mangel* an etwas zu wehren. Dann haben wir uns die Identitäten oder Identitätsgruppen der Beobachter-Persönlichkeit-Dyade angesehen. Wir haben erforscht, wie jede Identität sich auf der Suche nach sich selbst oder der Essenz nach vorn oder nach außen orientiert. Wir mußten entdecken, daß die Beobachter-Persönlichkeit-Dyade leider »überall dort nach sich selbst sucht, wo sie sich nicht finden wird.«

Um die Identitäten besser schätzen und auseinandernehmen zu können, ist es wichtig, tiefer in das Gebiet der Aufmerksamkeit

---

* Im Original macht Stephen Wolinsky an dieser Stelle aus dem englischen Wort *attention* (Aufmerksamkeit) das Wort *a-tension* (*a* = eine, tension = Spannung). A. d. Ü.

und ihre Funktionsweise einzutauchen. In meinem Buch *Die all-tägliche Trance* sprach ich von einer Trance, die von einer Fixierung oder einem Schrumpfen der Aufmerksamkeit geschaffen wird. Sobald die Aufmerksamkeit geschrumpft ist und sich auf einen Gegenstand, auf eine Person oder auf ein Ereignis fixiert, fällt der Beobachter in eine Trance, die alle anderen Ressourcen abblockt. In meinem Buch *Die dunkle Seite des inneren Kindes* beschreibe ich den Beobachter, der die Aufmerksamkeit auf das Kind fixiert und den erschaffenen Zustand des Kindes als *Fenster* benutzt, durch das er die Welt sieht. Wir müssen eines verstehen: Obwohl wir der Ansicht sind, die äußere Wirklichkeit zu sehen, begrenzt die fixierte Aufmerksamkeit des Beobachters unsere Sicht der Wirklichkeit, und daher sehen wir nur das, was unsere subjektiven Trancezustände erlauben. Leider wird diese Aufmerksamkeitsfixierung zur Gewohnheit, die Aufmerksamkeit des Beobachters bleibt »fixiert«, und wir sehen gewohnheitsmäßig nur auf eine bestimmte Weise, haben nur eine Sicht der Welt und auch nur eine Sicht von uns selbst.

Die Aufmerksamkeit wird daher zur wichtigsten Quelle des Interesses, denn durch das Medium der Aufmerksamkeit begrenzt ein Beobachter sein Bewußtsein und erschafft seine subjektive Erfahrung.

Im letzten Kapitel haben wir die fixierte Aufmerksamkeit des Beobachters verlagert, indem wir den Beobachter aufforderten, mit seiner Gewohnheit, nach außen zu sehen, zu brechen und zur Essenz zurückzukehren, sich an der Essenz zu orientieren und die Aufmerksamkeitsfixierung *nach innen* zu richten. Diese Verlagerung des Beobachters nach innen – um die Welt aus der Essenz zu sehen, anstatt durch eine offensichtliche Aufmerksamkeitsfixierung nach außen durch den Persönlichkeitstypus – ist die Therapie. Der nächste Schritt besteht darin, noch weiter über die enneagrammatische Beobachter-Persönlichkeit-Dyade hinauszugelangen, indem wir zuerst mit dem Loslassen des Beobachters arbeiten und danach untersuchen, wie der Beobachter seine Aufmerksamkeit nutzbar macht.

Der Beobachter ist eine Trance

Wir haben gesehen, daß der Beobachter seine Aufmerksamkeit mit einer bestimmten Fixierungsstrategie fixiert, um den Schmerz des Seinsverlusts zu vermeiden. Wie schon zuvor erwähnt, ist der Beobachter zweifelsohne eine *höhere Funktion* der Persönlichkeit. Der Beobachter ist jedoch Persönlichkeit, nicht Essenz. Der Beobachter beobachtet das Errichten eines Objekts durch den Akt des Beobachtens. Essenz ist Beobachtung ohne Objekt oder G. I. Gurdjieffs »objektives Bewußtsein«. Um jenseits des Beobachters zu gelangen und objektives Bewußtsein zu erfahren, müssen wir erkennen, daß der Beobachter eine Trance ist bzw. eine *eingefrorene* Haltung im Bewußtsein, die sich in unterschiedlichem Ausmaß während des Wachstums und der Entwicklung der Persönlichkeit entwickelt hat. Dies scheint ein Widerspruch zu sein. Der Beobachter ist eine Identität, und doch wollen wir in das objektive Bewußtsein eintreten; gibt es im objektiven Bewußtsein keinen Beobachter? Nein, ein Beobachter beobachtet, und es gibt ein Subjekt-Objekt (Beobachter-Beobachtetes). Im objektiven Bewußtsein, jenseits des Beobachters, werden der Beobachter und das Beobachtete als Einheit gesehen. An dieser Schnittstelle verschwindet die Dyade aus Beobachter und Beobachtetem. Hier gibt es Beobachtung ohne Objekt. Der gewöhnliche Beobachter ist eine Trance, weil er eingefroren und bewegungslos ist und aus getrennten Fixierungen besteht. Wie in meinem Buch *Quantenbewußtsein* erwähnt, gibt es eine unendliche Zahl von Beobachtern, jeder mit anderen erschaffenen Beobachtungen.

Sowohl psychologische wie spirituelle Systeme sind entwickelt worden, um als Schritt ins Bewußtsein Zugang zu dieser Eigenschaft des Beobachters zu schaffen. Um jedoch jenseits der Persönlichkeit zu gelangen und die Essenz zu einer *Station* zu machen, müssen wir den Beobachter als Fixierung, als Hilfsmittel oder als Kondensation undifferenzierten Bewußtseins entblößen. Anders ausgedrückt: Wenn sich undifferenziertes Bewußtsein verdichtet, wird es zu Selbstbewußtsein und zum Subjekt-Objekt-Beobachter, der zwar eine »höhere Funktion« der auftauchenden Persönlichkeit ist, aber dennoch in der Dualität verharrt und daher Persönlichkeit ist. Eine Anmerkung: Der letzte Zustand im *Raja-Yoga* (übersetzt als das »Königs-Yoga«), bei dem Yoga als Vereinigung definiert wird, ist *samadhi*. *samadhi* bedeutet »kein Ich« – daher kein Beobachter bzw. kein Beobachtetes, nur reines Bewußtsein ohne Objekt.

Um das zu erlangen, werden wir den Beobachter als Trance erkennen, die fixiert und zu dem wird, was sie beobachtet. Als nächstes werden wir die Beobachtertrance abbauen, damit die Beobachtung ohne Objekt bzw. das objektive Bewußtsein, das unsere Natur ist, ganz natürlich auftauchen kann.

Charakteristika von Aufmerksamkeit und Beobachtung

Wir wollen zu Anfang einen Blick auf die Funktionsweise der Aufmerksamkeit werfen. Der bekannte Sufi-Meister Idries Shah sagt:

> *»Es ist überaus wichtig, daß das Individuum erkennt:*
> 1. *Sein Aufmerksamkeitsfaktor funktioniert in praktisch allen Transaktionen.*
> 2. *Die offensichtliche Motivation von Transaktionen kann eine andere sein als die wirkliche. Oft wird sie durch das Bedürfnis oder das Verlangen nach Aufmerksamkeitsaktivitäten (geben, empfangen, austauschen) generiert.*
> 3. *Die Aufmerksamkeitsaktivität muß – wie alle anderen Forderungen nach Nahrung, Wärme usw., wenn man sie unter* willensstarke *Kontrolle stellt – zu einem größeren Spielraum für das menschliche Wesen führen, das dann* nicht *den zufälligen Quellen der Aufmerksamkeit ausgeliefert wäre.«*

(Shah, 45)

Hier will Idries Shah sagen, daß der Beobachter und die Identitäten drei primäre interaktive Strategien verfolgen. Erstens können sie einer Person, einem Gegenstand oder einem Ereignis Aufmerksamkeit widmen. Zweitens können sie von einer Person, einem Gegenstand oder einem Ereignis Aufmerksamkeit empfangen. Und drittens können sie mit einer Person, einem Gegenstand oder einem Ereignis Aufmerksamkeit austauschen.

> *»Verwirrung entsteht durch die Tatsache, daß das Objekt der Aufmerksamkeit eine Person, ein Kult, ein Gegenstand, ein Gedanke, ein Interesse usw. sein kann. Da der Konzentrationspunkt der Aufmerksamkeit so verschieden sein kann, haben die Menschen noch nicht den gemeinsamen Faktor entdeckt – das Verlangen nach Aufmerksamkeit.«* (Shah, 46)

Hier legt Shah fest, daß das Verlangen des Beobachters nach Aufmerksamkeit die zugrundeliegende Motivation für die Interaktionen des Beobachters ist – sowohl innerlich mit Gedanken und Emotionen als auch nach außen mit Menschen, Gegenständen oder Ereignissen.

Wenn wir uns in die Lage versetzen können, den zugrundeliegenden Modus operandi eines Beobachters zu erkennen und wie der Beobachter die Aufmerksamkeit anwendet, so erlaubt uns das, unsere Identifikation mit den alten, gewohnheitsmäßig fixierten Mustern des Beobachters zu zerlegen und hinter uns zu lassen. Wenn ich beispielsweise als Beobachter meine Aufmerksamkeit immer einem dysfunktionalen Elternteil geschenkt und mich selbst darüber aufgegeben habe, wird dieses gewohnheitsmäßige Muster des Beobachters, anderen Aufmerksamkeit zu schenken und die eigenen Wünsche zu mißachten, zu einem automatischen Aufmerksamkeitsmuster. Der Beobachter erschafft eine alters-regressive Identität, die die Aufmerksamkeitsfixierung in der Gegenwart ständig durch *Trance*-ferenz mit Autoritätsfiguren wiederholt.

Daher besteht der erste Schritt im fortgeschrittenen Aufmerksamkeitstraining darin, das Aufmerksamkeitsmuster abzubauen, damit der Beobachter nicht ständig durch dasselbe Fenster der Wirklichkeit blickt.

Fortgeschrittenes Aufmerksamkeitstraining
Teil 1

Übung 47

1. Schritt: Achten Sie auf einen Gedanken.
2. Schritt: Schenkt der Beobachter dem Gedanken Aufmerksamkeit, erhält er Aufmerksamkeit von dem Gedanken, oder tauscht er mit einem Gedanken Aufmerksamkeit aus?

Übung 48

1. Schritt: Achten Sie auf eine Emotion.
2. Schritt: Schenkt der Beobachter der Emotion Aufmerksamkeit, erhält er Aufmerksamkeit von der Emotion, oder tauscht er mit einer Emotion Aufmerksamkeit aus?

Übung 49

1. Schritt: Achten Sie auf einen Gegenstand.
2. Schritt: Schenkt der Beobachter dem Gegenstand Aufmerksamkeit, erhält er Aufmerksamkeit von dem Gegenstand, oder tauscht er mit einem Gegenstand Aufmerksamkeit aus?

Übung 50

1. Schritt: Achten Sie auf eine Person.
2. Schritt: Schenkt der Beobachter der Person Aufmerksamkeit, erhält er Aufmerksamkeit von der Person, oder tauscht er mit einer Person Aufmerksamkeit aus?

Achten Sie bei jeder Übung darauf, ob es ein Geben, ein Erhalten oder einen Austausch von Aufmerksamkeit gibt.

Fortgeschrittenes Aufmerksamkeitstraining
Teil 2

Der erste Schritt ermöglicht uns die Einsicht, wie der Beobachter die Aufmerksamkeit in Beziehung zur Beobachtung einsetzt, d. h. zum Gedanken, zum Gefühl, zum Ereignis oder zu einer anderen Person.

Wir bemerken, daß nicht nur wir als Beobachter einem Gedanken, einem Gegenstand oder einer Person Aufmerksamkeit schenken, sondern der Gedanke oder das innere Bild ebenso nach Aufmerksamkeit verlangt.

Idries Shah hat es wie folgt ausgedrückt:

»Die Menschen fordern Aufmerksamkeit. Die richtige Art der Aufmerksamkeit zu angemessener Zeit führt zum Erhalt eines blühenden Individuums. Das Ignorieren des Bedürfnisses nach Aufmerksamkeit führt zu allzuviel oder allzuwenig Einlaß von Aufmerksamkeit.

Auch die Ignoranz des Aufmerksamkeitsfaktors führt zu Verwechslung des Aufmersamkeitsbedürfnisses mit etwas anderem. Dieses andere ist das soziale, psychologische bzw. jedes Ritual, das die Menschen für den wesentlichen Grund menschlicher Kontakte halten. In Wirklichkeit ist es nur ein Bestandteil des menschlichen Kontakts und Austauschs.

Es ist ein grundlegender Irrtum zu denken, daß nur ein menschliches Wesen an einer Aufmerksamkeitssituation beteiligt sein kann. Einige der wichtigsten Aufmerksamkeitssituationen betreffen wirkliche oder imaginäre Quellen der Aufmerksamkeit, die nicht menschlich sind.« (Shah, 47)

Hier deutet Shah an, daß es innere Bilder, Gedanken oder Emotionen gibt, die lebendige Energie sind und Aufmerksamkeit verlangen. Wenn sich der Beobachter beispielsweise auf ein Trauma konzentriert und die Energie nicht freigesetzt wird, erschafft er wahrscheinlich eine Trance wie Dissoziation oder negative Halluzination, bei der er das Trauma »nicht sieht«. Die Gedanken, Emotionen, Bilder und die überschüssige Energie, die im Trauma festgehalten werden, suchen die Aufmerksamkeit eines Beobachters. Aus diesem Grund sollten Sie mit den folgenden Übungen experimentieren.

Übung 51

1. Schritt: Achten Sie auf ein Bild.
2. Schritt: Schenkt das Bild dem Beobachter Aufmerksamkeit, erhält es Aufmerksamkeit vom Beobachter, oder tauscht es mit dem Beobachter Aufmerksamkeit aus?

Achten Sie bei jeder Übung darauf, ob Aufmerksamkeit gegeben, erhalten oder ausgetauscht wird.

Übung 52

1. Schritt: Achten Sie auf einen Gedanken, der Ihnen durch den
2. Schritt: Kopf geht.
Schenkt der Gedanke dem Beobachter Aufmerksamkeit, erhält er Aufmerksamkeit vom Beobachter, oder tauscht er mit dem Beobachter Aufmerksamkeit aus?

Übung 53

1. Schritt: Achten Sie auf eine Emotion, die Sie verspüren.
2. Schritt: Schenkt die Emotion dem Beobachter Aufmerksamkeit, erhält sie Aufmerksamkeit vom Beobachter, oder tauscht sie mit dem Beobachter Aufmerksamkeit aus?

Übung 54

1. Schritt: Achten Sie auf einen Gegenstand in Ihrer Umgebung.
2. Schritt: Schenkt der Gegenstand dem Beobachter Aufmerksamkeit, erhält er Aufmerksamkeit vom Beobachter, oder tauscht er mit dem Beobachter Aufmerksamkeit aus?

Übung 55

1. Schritt: Achten Sie auf eine Person.
2. Schritt: Schenkt die Person dem Beobachter Aufmerksamkeit, erhält sie Aufmerksamkeit vom Beobachter, oder tauscht sie mit dem Beobachter Aufmerksamkeit aus?

Übung 56

1. Schritt: Achten Sie auf ein inneres Bild.
2. Schritt: Schenkt das Bild dem Beobachter Aufmerksamkeit, erhält es Aufmerksamkeit vom Beobachter, oder tauscht es mit dem Beobachter Aufmerksamkeit aus?

Fortgeschrittenes Aufmerksamkeitstraining
Teil 3

DER WISSENDE ASPEKT DES BEOBACHTERS.
In meinem Buch *Quantenbewußtsein* habe ich betont, daß der Beobachter auch einen kreativen Aspekt besitzt. Der Beobachter erschafft das, was er beobachtet. Der Beobachter hat darüber hinaus einen *wissenden* Aspekt – das bedeutet, der Beobachter weiß, was er erschaffen hat. Wenn beispielsweise ein Beobachter den Gedanken »Ich mag mich« erschafft, dann kennt der Beobachter den Gedanken »Ich mag mich« auch und weiß, was er darstellt und bedeutet. Auf diese Weise ist der Beobachter auch ein Wissender, oder besser gesagt der Beobachter besitzt das Wissen um das, was er erschafft.

Der Wissende ist das Wissen auf der Ebene der Essenz in meinem Buch *Quantenbewußtsein*. Auf diese Weise erforschen wir, daß der Beobachter/Wissende das ist, was wir wissen. Einfacher gesagt, der Beobachter und das Beobachtete sind eine Einheit und bestehen aus derselben Substanz. Das ist ein großer Quantensprung des Verständnisses, weil die Erfahrung nur auftreten kann, wenn der Beobachter/Wissende der Erfahrung und das Beobachtete/Gewußte als unterschiedlich gesehen werden.

Normalerweise machen wir die Erfahrung von einem Beobachter, der Dinge beobachtet oder bezeugt, die man beobachten kann, wie »Ich liebe mich« oder »Ich hasse mich« oder Bilder aus der Vergangenheit, die kommen und gehen. Es scheint, als ob es nur einen Beobachter/Wissenden gibt. Mit jedem Wissen, d. h mit jedem »Ich liebe mich« oder »Ich hasse mich« gibt es jedoch andere und neue Beobachter/Wissende, die als Einheit mit jedem Beobachteten/Gewußten auftauchen und verschwinden.

Der Wissende / Beobachter

Um den Wissenden/Beobachter und seinen Einfluß auf unsere Aufmerksamkeit und unsere Erfahrungen zu verstehen, wollen wir uns eine Mauer mit zehn verschiedenen Bullaugen (wie die Bullaugen eines Schiffes) vorstellen. In jedem Bullauge befindet sich ein anderer Wissender/Beobachter, der eine andere Version der Wirklichkeit sieht. Lassen Sie uns annehmen, Sie haben eine Beziehung, und Ihr Partner kommt zehn Minuten zu spät zum Mittagessen. Wenn Sie durch das erste Bullauge schauen, sieht der Beobachter einen rücksichtslosen Menschen, der Sie warten ließ. Wenn Sie durch das zweite Bullauge sehen, sieht der Beobachter einen Partner, der grundsätzlich zu allen Verabredungen zu spät kommt. Der Beobachter hinter dem dritten Bullauge hat Angst, daß etwas passiert sein könnte oder es einen Unfall gab. Wenn Sie durch das vierte Bullauge schauen, sieht der Beobachter einen Partner, der wahrscheinlich noch schnell eine Besorgung erledigte, die Sie nicht übernehmen wollten, und daher fühlen Sie sich erleichtert. In jedem Bullauge gibt es eine andere »Sicht« und daher eine andere Wahrnehmung der Wirklichkeit.

Es wird immer deutlicher, daß jedes Bullauge einen anderen Beobachter/Wissenden hat, der eine begrenzte Erfahrung der Wirklichkeit bietet. Es hat den Anschein, als ob es nur einen einzigen Wissenden/Beobachter gibt, der durch all die verschiedenen Bullaugen blickt. Die *hintergründige* Tatsache ist jedoch, daß jedes

Bullauge einen *anderen Wissenden/Beobachter* hat. Einfacher gesagt, es scheint einen einzigen Wissenden/Beobachter zu geben, den Sie wahrscheinlich »Ich« nennen und der um all diese verschiedenen Bullaugen weiß. Tatsache ist, daß es *unterschiedliche Wissende/Beobachter für jedes Bullauge* gibt. Jeder Wissende/Beobachter kann nur das beobachten und wissen, was in seinem ganz bestimmten *Wissen* (Wahrnehmung von Wirklichkeit und Erfahrung) liegt. Die Illusion eines einzigen Wissenden/Beobachters ist ein großes Problem im Bereich des Chaos. Die Menschen wehren sich dagegen, keinen stabilen, örtlich festgelegten, unveränderlichen Wissenden/Beobachter zu haben; dieser Widerstand führt zu einem Trauma. In der Psychotherapie gehen wir beispielsweise davon aus, daß verschiedene Teile von uns selbst mit unterschiedlichen Wahrnehmungen und Erfahrungen ausgestattet sind. Offensichtlich will der Teil des kleinen Mädchens/des kleinen Jungen in uns andere Dinge als der erwachsene Teil unseres Selbst. Der Versuch der Psychotherapie, alle Teile zu einem vereinten Ganzen zu integrieren, ist eine Grundannahme, die Traumata verursacht. Jeder Teil von uns selbst hat einen anderen Wissenden/Beobachter dieses Teiles und daher ein begrenztes Wissen. Das bedeutet, daß der Wissende/Beobachter von »Ich mag mich« nur das Wissen kennt, das da heißt »Ich mag mich.« Ein anderer Wissender/Beobachter kennt und beobachtet »Ich mag mich nicht«. Mit den Beschränkungen des Wissenden/des Wissens (»Ich mag mich«) gibt es kein Wissen um »Ich mag mich nicht«. Ebenso kennt der Wissende, der über das Wissen »Ich mag mich nicht« verfügt, nur das »Ich mag mich nicht«-Wissen, nicht das »Ich mag mich«-Wissen.

Darum kann der Wissende des »Ich mag mich« nichts wissen von dem Wissen um »Ich mag mich nicht«, und der Wissende von »Ich mag mich nicht« kennt das »Ich mag mich« nicht. Aus diesem Grund ist das Wissen von »Ich mag mich« schon eine Stunde später nicht länger verfügbar, wenn plötzlich ein Wissender von »Ich mag mich nicht« auftaucht. Einfacher gesagt, jeder Wissende hat ein ganz bestimmtes und begrenztes Wissen. Um weiterzugelangen muß man jenseits des Beobachters und des Wissenden gelangen – zu dem reinen Wissen ohne Objekt.

Wir wollen noch einmal auf unsere Bullaugen-Metapher zurückkommen. Es scheint, als ob es nur *einen* Wissenden gibt, der jedes Bullauge öffnet, durch das Bullauge hindurchsieht und eine bestimmte Wirklichkeit sieht und erfährt. Tatsächlich *gibt es zahlreiche Wissende, die auftauchen und verschwinden und alle ein anderes Wissen und andere Kenntnisse besitzen.* Jeder Wissende hat ein anderes Wissen und daher andere Gedanken, Gefühle, Emotionen, Erinnerungen und Assoziationen. Lassen Sie uns beispielsweise annehmen, Sie befänden sich in einer Mutter-Identität. Diese Identität und der Beobachter dieser Mutter-Identität haben bestimmte Erinnerungen, Assoziationen und Fertigkeiten. Einfacher gesagt, der Beobachter und die Beobachtung sind eine Einheit und tauchen gemeinsam auf und gemeinsam ab.

Warum Chaos?

Wenn wir uns einbilden, daß es nur einen einzigen *organisierenden Wissenden oder Beobachter* gibt, der durch die Bullaugen der Realität sieht, wehren wir uns gegen das Chaos des Verschwindens. Tatsächlich tauchen zahlreiche Wissende mit ihrem Wissen auf und verschwinden wieder – als Einheit. Diese Wissenden mit ihrem Wissen scheinen aufzutauchen und zu verschwinden ebenso wie das, was Sie *Ich* nennen, auftaucht und verschwindet.

Bewußtsein

Was vermittelt uns die Illusion eines einzigen beständigen Wissenden? Das Bewußtsein. Das Bewußtsein ist diese subtile Substanz, die uns sagt, was Wirklichkeit ist und was nicht – nicht zu verwechseln mit dem undifferenzierten Bewußtsein, das Leere bzw. Fülle ist. Dies ist das differenzierte Bewußtsein. Vor Jahren habe ich während meines Aufenthalts in Indien mit meinem Lehrer Nisargadatta Maharaj gearbeitet. Eines Tages kamen ein Psychiater und seine Frau vorbei und stellten ihm eine überaus lange Frage über gute Taten, schlechte Taten, frühere Leben, zukünftige Leben usw. Er antwortete: »Wer hat Ihnen gesagt, daß Sie existieren?« Als von den beiden Fragestellern keine Antwort kam, meinte er:

»Das Bewußtsein sagt Ihnen, daß Sie existieren, und Sie glauben es. Wenn Sie das verstehen, ist es genug.«

Damit wollte er zum Ausdruck bringen, daß jeder Wissende und das Wissen, das er hat, dasselbe Bewußtsein sind, das um sich selbst weiß. Das Bewußtsein sagt Ihnen, daß es ein Subjekt gibt, das wir den Wissenden nennen, und ein Objekt, das wir das Wissen nennen. Einfacher gesagt, ein stabiler Subjekt-Beobachter, der sieht, daß »der rücksichtslose Partner zu spät kommt«. Das Bewußtsein vermittelt die Illusion, daß der um den »rücksichtslosen Partner« Wissende und das Wissen, genannt »rücksichtsloser Partner«, verschieden sind. Tatsächlich *ist das Bewußtsein sowohl der Wissende als auch das Wissen. Ein Trauma tritt auf, wenn der Wissende sich gegen sein eigenes Verschwinden wehrt,* indem er (der Wissende) sich einbildet, daß er und das Wissen aus verschiedenen Substanzen bestehen – und nicht dasselbe Bewußtsein sind. Anders ausgedrückt, wenn der Wissende versteht, daß er und das Wissen dasselbe Bewußtsein sind, dann verschwinden der Wissende und das Wissen (die Identität), weil es nur einen Wissenden und eine Identität geben kann, solange es eine Subjekt-Objekt-Beziehung oder Gegensätze gibt.

Fortgeschrittenes Aufmerksamkeitstraining
Teil 4

Übung 57

Innere Welt

1. Schritt: Achten Sie auf einen Gedanken.
2. Schritt: Achten Sie auf den Beobachter des Gedankens.
3. Schritt: Schenkt der Beobachter dem Gedanken Aufmerksamkeit, erhält er Aufmerksamkeit von dem Gedanken, oder tauscht er mit dem Gedanken Aufmerksamkeit aus?
4. Schritt: Erkennen Sie, daß der Beobachter und der Gedanke aus demselben Bewußtsein bestehen.

Übung 58

1. Schritt: Achten Sie auf eine Erinnerung.
2. Schritt: Achten Sie auf den Beobachter der Erinnerung.
3. Schritt: Schenkt der Beobachter der Erinnerung Aufmerksamkeit, erhält er Aufmerksamkeit von der Erinnerung, oder tauscht er mit der Erinnerung Aufmerksamkeit aus?
4. Schritt: Erkennen Sie, daß der Beobachter und die Erinnerung aus demselben Bewußtsein bestehen.

Übung 59

1. Schritt: Achten Sie auf eine Emotion.
2. Schritt: Achten Sie auf den Beobachter der Emotion.
3. Schritt: Schenkt der Beobachter der Emotion Aufmerksamkeit, erhält er Aufmerksamkeit von der Emotion, oder tauscht er mit der Emotion Aufmerksamkeit aus?
4. Schritt: Erkennen Sie, daß der Beobachter und die Emotion aus demselben Bewußtsein bestehen.

Übung 60

1. Schritt: Achten Sie auf ein inneres Bild.
2. Schritt: Achten Sie auf den Beobachter des inneren Bildes.
3. Schritt: Schenkt der Beobachter dem inneren Bild Aufmerksamkeit, erhält er Aufmerksamkeit von dem inneren Bild, oder tauscht er mit dem inneren Bild Aufmerksamkeit aus?
4. Schritt: Erkennen Sie, daß der Beobachter und das innere Bild aus demselben Bewußtsein bestehen.

Übung 61

1. Schritt: Achten Sie auf eine Person.
2. Schritt: Achten Sie auf den Beobachter der Person.

3. Schritt: Schenkt der Beobachter der Person Aufmerksamkeit, erhält er Aufmerksamkeit von der Person, oder tauscht er mit der Person Aufmerksamkeit aus?

4. Schritt: Erkennen Sie, daß der Beobachter und die Person aus demselben Bewußtsein bestehen.

Übung 62

1. Schritt: Achten Sie auf einen Gedanken.

2. Schritt: Achten Sie auf den Beobachter des Gedankens.

3. Schritt: Schenkt der Gedanke dem Beobachter Aufmerksamkeit, nimmt er Aufmerksamkeit von dem Beobachter, oder tauscht er mit dem Beobachter Aufmerksamkeit aus?

4. Schritt: Erkennen Sie, daß der Beobachter des Gedankens und der Gedanke aus demselben Bewußtsein bestehen.

Übung 63

1. Schritt: Achten Sie auf eine Emotion.

2. Schritt: Achten Sie auf den Beobachter der Emotion.

3. Schritt: Schenkt die Emotion dem Beobachter Aufmerksamkeit, nimmt sie Aufmerksamkeit von dem Beobachter, oder tauscht sie mit dem Beobachter Aufmerksamkeit aus?

4. Schritt: Erkennen Sie, daß der Beobachter der Emotion und die Emotion aus demselben Bewußtsein bestehen.

Übung 64

1. Schritt: Achten Sie auf ein inneres Bild.

2. Schritt: Achten Sie auf den Beobachter des inneren Bildes.

3. Schritt: Schenkt das innere Bild dem Beobachter Aufmerksamkeit, nimmt es Aufmerksamkeit von dem Beobachter, oder tauscht es mit dem Beobachter Aufmerksamkeit aus?

4. Schritt: Erkennen Sie, daß der Beobachter des inneren Bildes und das innere Bild aus demselben Bewußtsein bestehen.

Übung 65

1. Schritt: Achten Sie auf eine Person.
2. Schritt: Achten Sie auf den Beobachter der Person.
3. Schritt: Schenkt die Person dem Beobachter Aufmerksamkeit, nimmt sie Aufmerksamkeit von dem Beobachter, oder tauscht sie mit dem Beobachter Aufmerksamkeit aus?
4. Schritt: Erkennen Sie, daß der Beobachter der Person und die Person selbst aus demselben Bewußtsein bestehen.

Übung 66

1. Schritt: Achten Sie auf einen Gegenstand.
2. Schritt: Achten Sie auf den Beobachter des Gegenstands.
3. Schritt: Schenkt der Gegenstand dem Beobachter Aufmerksamkeit, nimmt er Aufmerksamkeit von dem Beobachter, oder tauscht er mit dem Beobachter Aufmerksamkeit aus?
4. Schritt: Erkennen Sie, daß der Beobachter des Gegenstands und der Gegenstand aus demselben Bewußtsein bestehen.

Fortgeschrittenes Aufmerksamkeitstraining
Teil 5

REINES WISSEN

Was bleibt uns nun? – Reines Wissen ohne Objekt, Bewußtsein ohne Objekt, kein individuelles Bewußtsein und daher kein Subjekt und kein Objekt. Reines Wissen ist pures Sein, dennoch ist das Paradox des reinen Wissens, daß Sie es niemals erkennen können.

Warum? – Weil es im reinen Wissen kein Subjekt-Objekt-Bewußtsein gibt, daher können Sie reines Wissen einfach nur SEIN.

Alle Bewußtseinszustände existieren nur, weil das Bewußtsein das sagt. In Wirklichkeit sind der Bewußtseinszustand und der Wissende um den Bewußtseinszustand dasselbe Bewußtsein. Jemand hat Nisargadatta Maharaj einmal gefragt: »Sind Sie im *samadhi*?« (ein Nicht-Ich-Zustand des Bewußtseins). Er erwiderte: »Nein, *samadhi* ist ein Zustand. Ich bin in keinem Zustand.« Reines Wissen ist kein Zustand, und man kann das reine Wissen nicht erkennen, weil es keinen Wissenden gibt. Wenn es keinen Wissenden gibt, gibt es auch keinen Zustand. Daher gibt es nur das reine Wissen ohne Subjekt und ohne Objekt.

Gleichgültig, welche Erfahrung Sie durchmachen, fragen Sie sich: »Welcher Wissende oder Beobachter beobachtet das?« Achten Sie darauf, was geschieht.

Übung 67

1. Schritt: Achten Sie auf den inneren Bewußtseinszustand, in dem Sie sich befinden, z.B. Verwirrung, Wut, Gleichgültigkeit usw.
2. Schritt: Fragen Sie sich selbst: »Welcher Wissende weiß um diesen Zustand?«
3. Schritt: Achten Sie darauf, was geschieht, wenn Sie den Wissenden suchen und die Frage stellen: »Wer ist der Wissende?«

Übung 68

1. Schritt: Achten Sie auf die Wahrnehmung eines Gegenstands, d.h. einen Stuhl, ein Bett, eine Couch usw.
2. Schritt: Fragen Sie sich selbst: »Welcher Wissende weiß um diesen Gegenstand?«
3. Schritt: Achten Sie darauf, was geschieht, wenn Sie den Wissenden suchen.

Übung 69

1. Schritt: Achten Sie auf ein inneres Bild, einen Eindruck oder eine Erinnerung.
2. Schritt: Fragen Sie sich selbst: »Welcher Wissende weiß um diesen Eindruck?«
3. Schritt: Achten Sie darauf, was geschieht, wenn Sie den Wissenden suchen.

Übung 70

1. Schritt: Achten Sie auf einen Gedanken.
2. Schritt: Fragen Sie sich selbst: »Welcher Wissende weiß um diesen Gedanken?«
3. Schritt: Achten Sie darauf, was geschieht, wenn Sie den Wissenden suchen.

Übung 71

1. Schritt: Achten Sie auf ein Gefühl.
2. Schritt: Fragen Sie sich selbst: »Welcher Wissende weiß um dieses Gefühl?«
3. Schritt: Achten Sie darauf, was geschieht, wenn Sie den Wissenden suchen.

Übung 72

1. Schritt: Achten Sie auf Ihre Wahrnehmung der Welt.
2. Schritt: Fragen Sie sich selbst: »Welcher Wissende weiß um diese Wahrnehmung?«
3. Schritt: Achten Sie darauf, was mit der Wahrnehmung geschieht, wenn Sie den Wissenden suchen.

Für den weiteren Verlauf müssen wir uns die Aufmerksamkeit näher betrachten, die der Beobachter einer Vorstellung, einer Emotion, einer Erinnerung, einem Gegenstand oder einer Person schenkt.

Rückblick

1. Die Identität gibt, empfängt oder tauscht Aufmerksamkeit aus mit Gedanken, Emotionen, Erinnerungen, Gegenständen, Menschen usw.
2. Jede Identität besitzt unterschiedliche Erinnerungen, Assoziationen, Reaktionen, Wahrnehmungen usw.
3. Es gibt viele Wissende/Beobachter.
4. Jeder Wissende hat eine Identität, die eine Einheit aus Wissendem und Identität ist.
5. Jede Wissender-Identität-Einheit taucht gemeinsam auf und gemeinsam ab.
6. Der Wissende und die Identität bestehen aus derselben Substanz.

Fortgeschrittenes Aufmerksamkeitstraining
Teil 6

Aufmerksamkeit und die
Wissender-Identität-Einheit

Es ist oft schwierig, eine eng verbundene Wissender-Identität-Einheit loszulassen. Warum? – Weil der Wissende gibt, empfängt oder Aufmerksamkeit austauscht mit dem Gedanken, der Emotion, der Erinnerung, dem Gegenstand oder der Person. Dieser Austausch von Aufmerksamkeit ist der Leim, der sie zusammenhält und ihnen den Anschein verleiht, sie würden aus unterschiedlichen Substanzen bestehen. Daher muß die Spannung zwischen ihnen erfahren und anerkannt werden, um über die Wissender-Identität-Einheit hinauszugelangen.

Übung 73

Innere Welt

1. Schritt: Achten Sie auf einen Gedanken.
2. Schritt: Achten Sie auf den Beobachter, der den Gedanken beobachtet.
3. Schritt: Fragen Sie den Beobachter: »Schenkst du (der Beobachter) dem Gedanken Aufmerksamkeit, empfängst du Aufmerksamkeit von dem Gedanken, oder tauschst du mit dem Gedanken Aufmerksamkeit aus? *Warten Sie auf die Antwort des Beobachters.*
4. Schritt: Erkennen Sie jetzt, daß der Beobachter und der Gedanke aus derselben Substanz bestehen.
5. Schritt: Achten Sie darauf, was geschieht.

Übung 74

1. Schritt: Achten Sie auf eine Emotion.
2. Schritt: Achten Sie auf den Beobachter, der die Emotion beobachtet.
3. Schritt: Fragen Sie den Beobachter: »Schenkst du (der Beobachter) der Emotion Aufmerksamkeit, empfängst du Aufmerksamkeit von der Emotion, oder tauschst du mit der Emotion Aufmerksamkeit aus? *Warten Sie auf die Antwort des Beobachters.*
4. Schritt: Erkennen Sie jetzt, daß der Beobachter und die Emotion aus derselben Substanz bestehen.
5. Schritt: Achten Sie darauf, was geschieht.

Übung 75

1. Schritt: Achten Sie auf eine Erinnerung.
2. Schritt: Achten Sie auf den Beobachter, der die Erinnerung beobachtet.

3. Schritt: Fragen Sie den Beobachter: »Schenkst du (der Beobachter) der Erinnerung Aufmerksamkeit, empfängst du
Aufmerksamkeit von der Erinnerung, oder tauschst du
mit der Erinnerung Aufmerksamkeit aus? *Warten Sie
auf die Antwort des Beobachters.*

4. Schritt: Erkennen Sie jetzt, daß der Beobachter und die Erinnerung aus derselben Substanz bestehen.

5. Schritt: Achten Sie darauf, was geschieht.

Übung 76

1. Schritt: Achten Sie auf einen Gegenstand.

2. Schritt: Achten Sie auf den Beobachter, der den Gegenstand beobachtet.

3. Schritt: Fragen Sie den Beobachter: »Schenkst du (der Beobachter) dem Gegenstand Aufmerksamkeit, empfängst du
Aufmerksamkeit von dem Gegenstand, oder tauschst
du mit dem Gegenstand Aufmerksamkeit aus? *Warten
Sie auf die Antwort des Beobachters.*

4. Schritt: Erkennen Sie jetzt, daß der Beobachter und der Gegenstand aus derselben Substanz bestehen.

5. Schritt: Achten Sie darauf, was geschieht.

Übung 77

1. Schritt: Achten Sie auf eine Person.

2. Schritt: Achten Sie auf den Beobachter, der die Person beobachtet.

3. Schritt: Fragen Sie den Beobachter: »Schenkst du (der Beobachter) der Person Aufmerksamkeit, empfängst du Aufmerksamkeit von der Person, oder tauschst du mit der
Person Aufmerksamkeit aus? *Warten Sie auf die Antwort des Beobachters.*

4. Schritt: Erkennen Sie jetzt, daß der Beobachter und die Person
aus derselben Substanz bestehen.

5. Schritt: Achten Sie darauf, was geschieht.

Schlußfolgerung

Wenn Ihnen dies klarer wird und Sie sich in einem bestimmten Zustand vorfinden, stellen Sie die Frage: *Welcher Beobachter beobachtet das?* Das kann Sie sehr schnell über die Dyade aus Beobachter und Beobachtetem hinaus und in das objektive Bewußtsein führen.

Diese Übungen sind dafür ausgelegt, Sie von der Beobachter-Identität-Einheit zu befreien, damit Sie *Bewußtsein ohne Objekt* erlangen können.

Warum das über die Aufmerksamkeitsfixierung hinausreicht? Die Aufmerksamkeitsfixierung ist eine Strategie, die der Beobachter anwendet, um die Aufmerksamkeit zu fixieren und ist daher ein Widerstand gegen den Verlust der Essenz. Der Beobachter *ist* der Wissende und Teil der Persönlichkeit und hält den Typus der Beobachter-Persönlichkeit-Dyade durch den Gebrauch der Aufmerksamkeit an Ort und Stelle. Da wir uns des Beobachters bewußt sein können, kann man sagen, daß der Beobachter eine »höhere« Funktion der Persönlichkeit darstellt und dennoch aus derselben Substanz besteht wie die Persönlichkeit. Sobald der Beobachter bzw. das Beobachtete verschwindet, bleibt uns G. I. Gurdjieffs »objektives Bewußtseins« oder das Bewußtsein ohne Objekt. Das wurde von Ramana Maharshi auch das »Ich-Ich« genannt.

Letztendlich hat jeder Wissende ein anderes Wissen. Ein Trauma entsteht, weil wir uns gegen die Erfahrung wehren, daß es nicht einen einzigen stabilen Wissenden gibt, sondern vielmehr viele Wissende, die in Bewegung sind, d.h. auftauchen und verschwinden. Wenn wir das Auftauchen und Verschwinden ganz natürlich zulassen ohne die Annahme, daß wir eine fest definierte Lokalität besitzen und immer hier sind (die Illusion der Zeit), gibt es keine innere Erfahrung eines Traumas. Wenn wir uns wehren und darauf bestehen, daß wir uns an einem bestimmten Ort befinden und dieser einzige, stabile, organisierende Wissende sind, werden wir ein TRAUMA erleben. In dem zustandslosen Zustand des objektiven Bewußtseins stellt sich niemals die Frage von Chaos und Ordnung.

Dieses Verständnis vom Auftauchen und Verschwinden verschiedener Wissender und unterschiedlichen Wissens als eine Einheit, die beide aus Bewußtsein bestehen, tritt möglicherweise nicht über Nacht auf. Wenn wir diese Dyade aus Wissendem und Wissen bzw. aus Beobachter und Beobachtetem, die das Wissen um die Lokation enthält, aufgeben und die Aufmerksamkeit zwischen der Dyade aus Beobachter und Beobachtetem zusammen mit dem Wissenden, der um das Wissen der Dauer (Zeit) weiß, auseinandernehmen, so heißt das, das *Tao des Chaos* zu meistern.

Im Januar 1979 besuchte ich Nisargadatta Maharaj. Er sprach über Geburt und Tod, und ich sah Bilder aus der Vergangenheit, als ich noch Patient in der Therapie war, sah Geburt und Tod. Er sagte zu mir: »Wer ist wohl der *Wissende* um das Wissen deiner Geburt?« Ich dachte so für mich: »Wer ist der Wissende um das Wissen meiner Geburt?« und kratzte mich am Kopf. Im Laufe dieses Tages kehrte ich zu ihm zurück und sagte: »Ich besitze einen Wissenden um das Wissen meiner Geburt, also gibt es einen Wissenden, während ich geboren wurde, und einen Wissenden, der da sein wird, wenn ich sterbe. Es gibt viele verschiedene Wissende.« Er nickte und meinte: »Natürlich.« Erst viele Jahre später erkannte ich, daß jeder Wissende über ein anderes Wissen verfügt; einer weiß um meine Geburt, einer weiß um meinen Tod. Jeder Wissende taucht auf und verschwindet wieder, und ich befinde mich jenseits jeder Dyade von Wissendem und Gewußtem bzw. Beobachter und Beobachtetem. Dieser Widerstand gegen das Loslassen der Dyade von Wissendem und Gewußtem, die man »Ich« nennt, friert das Chaos ein. Aus diesem Grund dauert es seine Zeit, den zustandslosen Zustand des nichtseienden Seins zu integrieren, der vor dem Bewußtsein um Unterschiede »existiert« und der das *Tao des Chaos* ist.

Epilog

Das Yin und Yang des Chaos

Wenn wir auf unserer Reise durch die Welt des Chaos zurückblicken, stellen Yin und Yang die perfekte Metapher dar. In meinem Buch *Quantenbewußtsein* sprachen wir über Form als verdichtete Leere und über Leere als ausgedünnte Form. Bei dem Symbol von Yin und Yang scheint es – aufgrund des Mangels an sichtbarer Bewegung in der Abbildung –, als ob die Leere unbeweglich wäre, begrenzt und getrennt von der Form, die solide und fest wirkt. Das ist nicht die wahre Bedeutung von Yin und Yang.

Bei Yang, dem aktiven oder festen Prinzip, und Yin, dem passiven, leeren Prinzip, handelt es sich nicht um zwei begrenzte, fest definierte Prinzipien. Vielmehr verdichtet sich die Leere des Yin und formt die Festigkeit des Yang, und das feste Yang dünnt aus und wird zur Leere des Yin. Das läßt sich leicht zeigen, wenn Sie Ihre Augen schließen und einen durch den leeren Raum ziehenden Gedanken einfangen. Es scheint, als ob der Gedanke (Yang) im leeren Raum des Yin aufgetaucht ist. Wenn der Gedanke vorübergezogen ist, bleibt Yin oder der leere Raum zurück. Aufgrund des Wesens des *verkörperten Geistes* scheinen sie getrennt, als ob das Yin (die Leere) getrennt wäre vom Yang (dem Gedanken) und das Yang (der Gedanke) getrennt vom Yin (der Leere). Nichts könnte weiter von der Wahrheit entfernt sein. In Wirklichkeit wird die Leere des Yin zu dem Gedanken, nämlich zu Yang, und der Gedanke, der Yang ist, wird zur Leere des Yin.

Wenn man diese Vorgänge beobachtet, scheinen sie getrennt und begrenzt, wo doch in Wirklichkeit Yin zu Yang und Yang zu Yin wird; oder die Leere wird zur Form und die Form wird zur

Leere. In der Yoga-Tradition würde man sagen: Shiva, der Yin ist, wird zu Shakti, die Yang ist. Wie Sie nicht einfach die Sonne von ihren Strahlen trennen können, so können Sie auch Yin nicht von Yang trennen.

Im Land der Physik würde David Bohm sagen, das Explizite von Energie, Raum, Masse und Zeit (Yang) faltet sich ein und wird zum Impliziten (Yin) und das Implizite (Yin) entfaltet sich und wird zum Expliziten von Energie, Raum, Masse und Zeit (Yang). Yin und Yang der impliziten und der expliziten Ordnung befinden sich ständig in *Bewegung*, in einem herrlichen Schwingen oder, wie es im Sanskrit heißt, im *spanda* – dem göttlichen Pulsieren.

Wo paßt das Chaos letztendlich hinein? Chaos ist die *Beschreibung der Bewegungen* von Yang, das zu Yin wird, und von Yin, das zu Yang wird. In der Quantensprache würde man sagen, *Chaos ist die Beschreibung des Vorgangs*, bei dem das Explizite zur Ordnung, die Yin ist, zu gelangen scheint. Chaos ist der Vorgang, bei dem Yin zu Yang wird.

Was wie Chaos wirkt, ist überhaupt kein Chaos. Chaos ist die dynamische Natur und Bewegung vom Chaos (Yang) zur Ordnung (Yin) und von der Ordnung (Yin) zum Chaos (Yang).

Mit Unterbrechungen kann man sagen, daß das Yang des Chaos zum Yin der Ordnung wird und das Yin der Ordnung zum Yang des Chaos. Und während wir in dem, was uns subjektiv als Chaos scheint, weiter die Ordnung sehen, und das Chaos in der Ordnung, wird uns klar, daß Chaos und Ordnung untrennbar sind – wie das Yin ja auch nicht vom Yang getrennt sein kann. Auf diese Weise bleiben wir mit der »ungebrochenen Ganzheit« des verstorbenen David Bohm jenseits des zustandslosen Zustands, der ungeordneten Ordnung des nichtchaotischen Chaos, das Quantenbewußtsein ist.

In Liebe,
Ihr Bruder,
Stephen

Postskriptum

Eine Zusammenfassung des *Tao des Chaos*

1. Alle psychologischen Systeme sind aus dem Widerstand gegen das Chaos geboren oder aus dem Versuch, das Chaos zu ordnen.
2. Einschließen – zulassen – erweitern.
3. Zulassen, daß das Chaos sich selbst ordnet.
4. Die Bewegung der Leere entdecken, die zu Form wird, und die Bewegung der Form, die zu Leere wird, indem man sich in das Chaos begibt.
5. Zum eigenen energetischen Generator auf der Ebene der Essenz werden.
6. Alles in Frage stellen. Die zugrundeliegende Annahme, Lüge und Selbst-Täuschung sehen und sie dann aufgeben.
7. Die Illusion der Lokation aufgeben.
8. Die mechanistische Sichtweise aufgeben, daß die Welt irgendwie zusammengehalten werde und daß irgend jemand oder irgend etwas die Kontrolle habe.
9. Bereit zu sein, das Nicht-Wissen, die Verwirrung, die Überwältigung und das Außer-Kontrolle-sein zu erfahren.
10. Gefühle ausdrücken ist nicht gleich Gefühle fühlen. Gefühle fühlen ist Gefühle fühlen.
11. Leben ohne Absicht.
12. Erkennen, daß alles aus derselben Substanz besteht.
13. Die wachsende innere Leere in Ihrem Körper als Ihre *Essenz* oder Ihr *Wahres Selbst* erfahren.
14. Obwohl Sie Ihre innere Leere als getrennt von der inneren Leere aller anderen erfahren, zu wissen – ES GIBT NUR EINE LEERE.
15. Zu wissen, daß Ihre innere Leere eine Pforte ist zu der großen Leere der zugrundeliegenden Einheit, dem Quantenbewußtsein.

IV

Bewußtseinsströme

KAPITEL 24

Mitgefühl, Urteil und Selbsttäuschung

Mitgefühl wurde sowohl in psychologischen als auch in spirituellen Disziplinen jahrelang hochgeschätzt. Mitgefühl kann man als ein empathisches Verstehen des Anliegens eines anderen definieren. Mitgefühl ist nicht abschätzig. Es ist kein intellektueller Vorgang, und es ist auch keine erschaffene Reaktion. Allzuhäufig wird Mitgefühl dazu, »mitfühlend auszusehen« und »mitfühlende Dinge zu sagen« oder zu »einer hilfreichen Umarmung des Mitgefühls«. Das ist *nicht* Mitgefühl, sondern die Vorstellung eines Menschen, wie Mitgefühl auszusehen oder zu klingen habe, wie ein mitfühlender Mensch zu handeln habe. Mitgefühl ist eine fühlende Sinnesempfindung, die im Körper stattfindet und ein Gefühl der Menschlichkeit und der Verbundenheit hervorbringt. Wenn ich z.B. »Mitgefühl spüre«, so ist es ein gegenwärtiges *Körper*gefühl, das Gefühl einer Präsenz, einer gegenwärtigen Beziehung von einem Wesen zum anderen, ein Gefühl der Verbundenheit.

In »spirituellen« Kreisen wird der Körper als ein *Hindernis* angesehen. In psychologischen Kreisen wird der Körper häufig zugunsten des Geistes vernachlässigt. Körpertherapien wie Feldenkrais, Rolfing, Bioenergetik betonen den Körper und die Erfahrung, im eigenen Körper geerdet zu sein – genauer gesagt, den eigenen Körper zu verkörpern. Den eigenen Körper zu verkörpern ist ein großer Schritt. Der nächste Schritt jedoch liegt jenseits des Geerdetseins im eigenen Körper und ist spirituell im wahren Sinn des Wortes. Spirituell ist, wie ich in meinem Buch *Die dunkle Seite des inneren Kindes* erläutert habe, das Erkennen der zugrunde liegenden Einheit. *Das schließt den Körper mit ein.* Das letztendliche Verstehen in den spirituellen Disziplinen ist *Tat Tvam Asi*. DAS BIN ICH. Das *beinhaltet* den Körper als DAS. Da alles aus einer

302

unzertrennbaren Substanz besteht, besteht auch der Körper aus dieser unzertrennbaren Substanz.*

Der Quantensprung besteht darin, vom Geerdetsein und der Verkörperung des eigenen Körpers zu der zugrunde liegenden Einheit mit dem Körper zu gelangen. Auf diese Weise wird der Körper als DIE eine unzertrennbare Substanz erfahren.

Ich selbst dissoziierte als Kind aufgrund sexuellen Mißbrauchs. Ich dachte, ich sei »spirituell«, wenn ich meinen Körper verließ. Außerdem verstärkte ich diese Dysfunktion, indem ich mich mit bestimmten Yoga-Traditionen befaßte, die verkündeten: *Du bist nicht dein Körper*. Nach Jahren der Körpertherapie, d. h. Rolfing, Feldenkrais, Reichianische Therapie, Bioenergetik usw. war ich in meinem Körper geerdet. Der nächste Schritt, der allerdings nicht geplant war, bestand darin, daß ich plötzlich erkannte: Mein Körper besteht aus derselben Substanz wie die Luft, die Couch, die Erde und alles. Das ist *Tat Tvam Asi*; alles wurde in dieser Erfahrung *miteingeschlossen* und als dieselbe Substanz erkannt. Das ist die Wurzel des Mitgefühls.

Mitgefühl ist ein Gefühl der Einheit mit der Einsicht, was immer »einem anderen« geschehen ist, könnte auch »mir« geschehen sein. Das bringt uns zu dem alten Spruch: »Nur durch die Gnade Gottes steh' ich hier.« Anders ausgedrückt: »Nur aus der Gnade der *Leere* steh' ich hier.« Dieses gefühlte Wissen, daß alles, was geschehen ist, zwar nicht Ihnen geschehen ist, aber sehr wohl Ihnen hätte geschehen können – oder einfacher gesagt: *Scheiße geschieht* – das ist Mitgefühl. Die meisten psychologischen und spirituellen Traditionen fordern Mitgefühl oder halten es für eine Eigenschaft des Bewußtseins, nach der man streben, die man kultivieren und entwickeln muß. Mitgefühl ist jedoch die Wurzel des Ich, des Körpers und aller Dinge – die sämtlich aus derselben undifferenzierten Substanz bestehen.

Man könnte einmal untersuchen, was dem Mitgefühl im Wege

---

* Die Themen »Verkörperung«, »Trancezustände des Körpers« und das »Wahre Selbst« in bezug auf den Körper werden Inhalt meines nächsten Buches *The Way of the Human. The Way of the Enneagram* (Der Weg des Menschen. Der Weg des Enneagramms.) sein.

steht, da Mitgefühl ein Synonym für Verbundenheit ist. Verbundenheit ist immer da, dennoch bleibt sie unbemerkt aufgrund von psychologischen und emotionalen Verteidigungsmechanismen und Trancezuständen, die uns davon abhalten, dieses Mitgefühl/ diese Verbundenheit zu erfahren. Mitgefühl kann nicht kultiviert werden wie man z. B. lernen kann, zuzuhören, verständnisvoll zu sein oder einander zu schätzen. Mitgefühl ist in unserem Körper und ist der Urgrund unseres Wesens. Mitgefühl ist, wer wir bereits sind. Mitgefühl ist eine Eigenschaft der Essenz. Wenn wir erschaffen und lernen, »wie man mitfühlend ist, mitfühlend aussieht, mitfühlend handelt und mitfühlende Dinge sagt«, fühlen wir uns von der Person getrennt, der gegenüber wir mitfühlend sind. Mit anderen Worten, bei dem Versuch, »mitfühlend zu handeln«, geht es uns darum, vor anderen gut dazustehen, und unterschwellig haben wir das Gefühl, besser zu sein als die anderen.

Das geschieht oft, weil wir der Ansicht sind, die Menschen würden ihre innerpsychischen Probleme oder körperlichen Krankheiten selbst erschaffen. In Wirklichkeit hätten sie jedem geschehen können: »Nur durch die Gnade der Leere steh' ich hier.« Lassen Sie uns nun die Methoden erforschen, die uns davon abhalten, das im Körper gefühlte Mitgefühl der *Essenz* unseres *Wahren Selbst* zu erkennen.

Urteile

Die meisten psychologischen und spirituellen Schulen gehen davon aus, daß das Urteil über einen anderen oder über sich selbst etwas ist, das man loswerden muß, oder doch sicherlich etwas, das man sich abgewöhnen sollte. Ich hatte im College eine Freundin, die mit mir Schluß machte. In meinem Schmerz rief ich sie dennoch ständig an; ich wollte sie zurückhaben. Sie sagte: »Du solltest weniger urteilen und mehr verstehen.« Diese hochmütige Feststellung war zwar ein nettes Klischee, aber selbst ein Urteil. Schließlich *sollte* ich besser sein, als ich war, indem ich sie weniger dafür *verurteilte*, daß sie mich verlassen hatte, und ihre Seite besser *verstand*. Das Problem bestand darin, daß ich litt und sie zurückhaben wollte. Jahre später begann ich zu verstehen, daß Gefühle, Emotionen oder Gedanken immer von den Menschen als gut, schlecht oder gleichgültig beurteilt werden. Wenn ich mich beispielsweise ärgerte, hielt ich mich selbst für schlecht, wenn ich mich fürsorglich fühlte, beurteilte ich mich als gut. Ich bemerkte an mir selbst und an anderen, daß das Beurteilen ein Weg war, sich gegen die Erfahrung der Dinge zu wehren.

Im oben geschilderten Fall verurteilte ich meine Freundin und konzentrierte meine Aufmerksamkeit nach außen, anstatt zu bemerken, daß ich nicht bereit war, mich meinen inneren Erfahrungen zu stellen, also die Aufmerksamkeit nach innen zu konzentrieren. Es wurde mir klar, daß ich mich gegen die Erfahrung meines eigenen Leids und Schmerzes wehrte, indem ich sie verurteilte. Einfacher gesagt, indem ich meine Aufmerksamkeit auf die mir von ihr zugefügte Ungerechtigkeit konzentrierte, wehrte ich mich gegen das *Gefühl* meines Schmerzes. Warum ich nicht einfach den Schmerz fühlte? – Weil es *schmerzvoll* war und ich mich *verletzlich* gefühlt hätte, wenn ich das Gefühl zugelassen hätte.

Verletzlichkeit ist ein zweischneidiges Schwert: Wir suchen sie in unseren Beziehungen als wichtiges Mittel, uns verbunden zu fühlen, und gleichzeitig fliehen wir davor, indem wir unsere Aufmerksamkeit nach außen richten und beurteilen. Versuchen Sie es einmal mit der folgenden Übung: Wann immer Sie sich versucht sehen, sich selbst oder einen anderen zu verurteilen, stellen Sie sich die Frage: »Gegen welche Erfahrung wehre ich mich dadurch, daß ich verurteile?« Wenn Sie die Antwort haben, seien Sie bereit, diese Erfahrung auch zu durchleben. Sie werden überrascht feststellen, daß Verletzlichkeit ein Muß ist, wenn Sie sich verbunden fühlen und die mitfühlenden Aspekte der Essenz spüren wollen – die Menschlichkeit macht den Menschen aus –, eben *The Way of the Human* (Der Weg des Menschen).

Selbsttäuschung

Eines der wichtigsten Bestandteile des Mangels an Mitgefühl in unserer Gesellschaft ist die Selbsttäuschung. Sich selbst über die eigenen Motive anzulügen, die eigenen Taten durch Rationalisierungen zu rechtfertigen und vorzugeben, daß wir besser seien, als wir es tatsächlich sind – das sind die Symptome der Selbsttäuschung. Wenn wir uns selbst täuschen, indem wir uns über das, was wir getan haben, über unsere wirklichen Motive oder Absichten, anlügen, machen wir andere zum Objekt. Das bedeutet, wenn wir uns über eine Eigenschaft, die wir in uns tragen, wie zum Beispiel das Stehlen, selbst anlügen, werden wir jeden Dieb scharf kritisieren. In dem Maß, wie wir andere kritisieren, leugnen wir in uns selbst dieselbe Eigenschaft. Der alte Spruch: »Wir kritisieren an anderen das, was wir in uns selbst sehen« bleibt wahr, wenn wir verstehen und zulassen, daß unsere Wahre Natur des Mitgefühls auftaucht. Ich war zum Beispiel vor kurzem sehr wütend und kritisch gegenüber Berufskollegen, die den größenwahnsinnigen Anspruch stellten, ihre Methode könnte und würde *alles* heilen. Ich begann, meine Kollegen zum Objekt zu machen und das Urteil »schlecht« über sie zu fällen. Ganz sicher waren sie nicht so gut wie ich. Als ich meine Aufmerksamkeit umdrehte und mir meine eigenen Lügen ansah, d. h. meine Behauptungen und Erfolgsgeschichten oder wie ich andere über meine Erfolge in der Therapie angelogen hatte, konnte ich einsehen, daß auch ich Größenwahn praktizierte. Meine Selbsttäuschung lag darin, daß ich vor mir selbst nicht zugab, Dinge getan oder doch zumindest über Dinge nachgedacht zu haben, die dem ähnelten, worüber ich mich bei anderen beklagte. Wenn Sie sich selbst täuschen, müssen Sie diejenigen, die Sie kritisieren, zum Objekt machen und entmenschlichen. Diese Objektifizierung und Entmenschlichung, die von Selbsttäuschung hervorgerufen wird, zwingt uns, unsere Menschlichkeit, unser Menschsein und daher unsere Verbundenheit mit unserem Körper, die die Wurzel des Mitgefühls ist, zu verlieren. Mit anderen Worten, wenn Sie sich dagegen wehren, etwas zu erfahren, wenn Sie eine ungewollte Eigenschaft in sich selbst leugnen, werden Sie wahrscheinlich andere zum Objekt machen, sie entmenschlichen, in sich selbst dieselbe Eigenschaft, die sie haben, leugnen und die Verbundenheit mit ihrem eigenen Körper, der das Hilfsmittel des Mitgefühls ist, verlieren. Häufig mache ich folgende Übung: Ich sitze mit Menschen zusammen und *sehe* sie einfach als menschliche Wesen, ohne sie zu Objekten zu machen. Vielmehr versuche ich zu sehen, daß der Mensch neben mir – so wie er da vor mir sitzt – eine Person mit einem ganzen Universum an Gedanken, Gefühlen, Empfindungen, Phantasien, zerbrochenen Träumen usw. ist. Diese Erfahrung erlaubt mir, *nicht zu objektifizieren*, sondern mich zu verbinden und auf eine völlig andere und tiefere Art und Weise seine und meine Menschlichkeit zu schätzen.

Lügen und Selbsthaß

Jedesmal, wenn wir uns selbst oder einen anderen anlügen, zeigen wir Selbsthaß. Wenn ich mir über meine mangelnden Fähigkeiten selbst etwas vorlüge, leugne ich meine Unfähigkeit. Wenn ich Ihnen über meine Persönlichkeit etwas vorlüge, sage ich auf einer bestimmten Ebene, daß ich den, der ich bin, hasse. Ich will Sie durch meine Lüge davon überzeugen, daß ich gar nicht so bin, wie es den Anschein hat.

Die einfache Alternative dazu, einen anderen anzulügen, ist die Frage an sich selbst: »Wogegen wehre ich mich, oder was hasse ich an mir selbst so sehr, daß ich deshalb diese Lüge erzähle?« Wenn ich mir der Identität, die sich selbst haßt, weil sie so ist, wie sie ist, bewußt werde, kann ich erkennen, wie ich überkompensiere, indem ich ein akzeptables Bild zeichne. Wenn ich mich beispielsweise als selbstsüchtig sehe und das leugne, verurteile ich es als schlecht oder falsch. Ich werde dann wahrscheinlich anderen gegenüber das Bild der Großzügigkeit präsentieren als Möglichkeit, den Selbsthaß zu kompensieren und mich zu verteidigen. Um dieses Urteil zu zerlegen, müssen wir uns zuerst unseren Lügen, Selbsttäuschungen, Überkompensationen und unserer Kritik an anderen stellen.

Urteil = Neid

Häufig stellen wir fest, daß wir andere kritisieren, wenn wir in Wirklichkeit neidisch auf sie sind. Vor kurzem erzählte mir eine meiner Patientinnen, daß sie in ihrer Jugend gegenüber wohlhabenden Geschäftsleuten höchst kritisch eingestellt war. Jahre später, als Anwältin, wurde sie genauso wie die wohlhabenden Geschäftsleute, denen sie so kritisch gegenüberstand und die sie verurteilt hat. Ich erkannte, daß ihre Vorurteile gegenüber dieser Gruppe wohlhabender Geschäftsleute ihre Methode war, ihren Neid zu verbergen. Mit anderen Worten, sie war kritisch, weil sie das haben wollte, was die anderen hatten. Ich fragte sie: »Gegen welche Erkenntnis über sich selbst wehren Sie sich durch Ihre Kritik?« Schließlich ließ sie den Neid hinter sich und gelangte zu der Erfahrung: Da diese Menschen etwas hatten, was sie wollte, aber nicht besaß, fühlte sie ihren eigenen Mangel – als ob sie weniger wäre, weil sie das nicht hatte, was andere besaßen. Als ich das weiterverfolgte, sagte sie, sie verurteile andere, damit sie ihre eigene Leere nicht zu fühlen brauchte, die sie für einen inneren Mangel hielt.

Ja, ja – wieder dieser Widerstand gegen die Leere!!!

Den Mythos auflösen

Wenn uns selbst oder unseren Freunden etwas »Schlechtes« oder Unangenehmes zustößt, neigen wir dazu, wütend und verurteilend zu werden und unsere Verbindung zu verlieren. Es scheint, wir alle hegen den *Mythos*, daß wir so etwas *niemals* tun würden oder tun könnten. Dieser selbsttäuschende Mythos entfremdet uns von unserem Quantenselbst und daher von unserer *Menschlichkeit* und unserem Mitgefühl. Vor kurzem entdeckte ich »meine Lüge« über meine Geschäftspraktiken, über die ich mir sieben Jahre lang etwas vorgemacht hatte. Meine Unfähigkeit, mich selbst zu »sehen«, war eingebunden in meine Rationalisierungen von mir selbst. Mit anderen Worten, mein selbsterschaffenes Abbild ließ mich nicht glauben, ich könnte unethisch gehandelt haben. Konsequenterweise wurde ich wütend auf einen Mangel an Ethik bei allen anderen, die ich daraufhin verurteilte und objektifizierte. Das Ergebnis dieser Selbsttäuschung – d. h. das *ich* mangelnder Ethik fähig war und daher andere anklagte – führte zu Wut und

Entfremdung. Ein kleiner Preis, um mein Bild am Laufen und meine Lüge aufrechtzuerhalten. Sobald mir meine Lüge klar wurde, fühlte ich überwältigende Verletzlichkeit, Verbundenheit und Mitgefühl für alle anderen. Warum? – Aus zwei Gründen. Erstens braucht es Energie, wenn man lügt, und zweitens trat meine essentielle Verbundenheit mit der Menschheit zutage, da ich mir nicht länger selbst etwas vormachte und dadurch Grenzen schuf, um mein Selbstbild vor der Verletzlichkeit meiner *Menschlichkeit* zu schützen. Ich bin ein Mensch und das sind alle anderen auch. Wenn ich mich selbst täuschen konnte, war mir das auch bei anderen möglich. Ich war nicht besser, schlechter oder anders als alle anderen. *Ich fühlte mich verletzlich, mitfühlend, verbunden und menschlich.*

Der Mythos »Ich würde so etwas ... [füllen Sie die Pünktchen aus] nie tun« ist in Wirklichkeit mehr als ein Mythos – es ist eine *Lüge*.

Urteil und Grenzen

Ein weiterer Grund, warum wir andere verurteilen, ist der, daß es die einzige Möglichkeit zu sein scheint, ein getrenntes individuelles Selbst zu bewahren. Wir beurteilen andere oder uns selbst nicht nur deswegen als schlecht oder gleichgültig, weil wir nicht wie andere sein oder nicht zugeben wollen, daß wir wie andere sind, sondern weil es die einzige Möglichkeit ist, anders zu sein. Wir verurteilen andere, um getrennt zu bleiben und somit unsere Grenzen aufrechtzuerhalten.

Ich bin wirklich kein Anhänger von Rassismus oder Sexismus. Ich glaube, daß die Menschen alles, was anders ist als sie selbst, für schlecht halten, um ihre Individualität zu bewahren. Diskriminierung aufgrund von Rasse, Geschlecht oder Religionszugehörigkeit ist nur das Symptom einer tiefen Furcht. Kurz gesagt, wir verurteilen andere, weil in uns die tiefe Überzeugung herrscht, wenn wir das nicht täten, würden wir verschmelzen, verschwinden und niemals wieder auftauchen. Das ist keine neue Sicht von Rassismus oder Sexismus, sondern etwas, was ich *Differentismus* nenne:

Das Überleben des individuellen Ich hängt davon ab, sich *als etwas Besonderes* zu fühlen oder einfach *anders* als andere. Wenn wir Menschen begegnen, die anders sind, bekommen wir es daher mit der Angst zu tun – als ob unser Überleben bedroht wäre. Leider wandeln diskriminierende Menschen ihre Furcht zu äußerer Wut und suchen das, wovor sie sich fürchten, zu zerstören. Die Nazis waren neidisch auf die wohlhabenden Juden in Deutschland und fürchteten sich vor ihnen. Anstatt ihre Furcht und ihren Neid anzuerkennen, der ihr eigenes Gefühl von Mangel und Furcht auslöste (eine Konzentration nach innen), wandelten sie ihren inneren Mangel und ihre Furcht in Wut. Diese Bewegung – die Verwandlung nicht anerkannten Mangels und nicht anerkannter Furcht zu äußerer Wut, zu Zorn und Schuldzuweisung – ist der Kern von Diskriminierungen aufgrund von Rasse, Geschlecht oder Religion.

Eine Psychologie der Ähnlichkeiten

Die Quantenpsychologie ist eine Psychologie der Ähnlichkeiten. Sie betont, daß wir alle gleich sind, alle dieselbe Leere teilen, alle Emanationen derselben Leere sind und aus derselben Substanz bestehen. Die Psychologie der Ähnlichkeiten fordert uns zu der Einsicht auf, daß wir aus Energie, Raum, Masse und Zeit bestehen, aus demselben Bewußtsein entstanden sind und dieselbe Mutter und denselben Vater haben – die Leere.

Mitgefühl – Der Grund der Essenz: Selbsttäuschung loslassen

Mein nächster Schritt bestand in der Erforschung dessen, wie ich meine eigene Lüge und Selbsttäuschung loslassen und damit verletzlicher sein konnte. Das erforderte die Bereitschaft, zu meinem *Körper und zur Essenz zurückzukehren: dem Ursprung des Mitgefühls*, dem im Körper gefühlten Sinn für wechselseitige Verbundenheit. Ich begann, meine Konzentration von außen nach innen zu lenken. Zu diesem Zweck achtete ich darauf, wann ich den Taten anderer verurteilend und kritisch gegenüberstand. Dann nahm ich diese nach außen gerichtete Energie und machte sie nutzbar. Ich suchte in mir nach der Eigenschaft, die ich bei anderen kritisierte. Ich stellte mir die Frage: »Habe ich das in mir, oder habe ich jemals etwas Ähnliches getan und es nicht wahrgenommen?« In den meisten Fällen traf dies zu, und ich war bereit, meine Lüge zusammen mit meiner Erfahrung von Schmerz, Schuld oder was immer in Verbindung mit dieser Eigenschaft stand, anzuerkennen. Zu meiner Überraschung fühlte ich mich anderen verbunden und mitfühlend, als ich entdeckte, daß es diese Eigenschaft auch in mir gab bzw. daß die Möglichkeit hierfür bestand.

Ich erlebte eine der stärksten Erfahrungen von Menschsein und Menschlichkeit, die ich jemals hatte, als ich das erste Mal zu den »Anonymen Inzestüberlebenden« ging. Dort teilte ich meine Inzestgeschichte mit allen Anwesenden. Die Energie, die es erforderte, den Inzest zu leugnen, wurde ebenso entfernt wie die Energie, die erforderlich war, um die Bilder eines nicht stattgefundenen Inzests aufrechtzuerhalten. All diese Energie, die darauf gerichtet war, mich selbst und andere anzulügen, war verschwunden, und plötzlich fühlte ich »wahres Menschsein und wahre Spiritualität« – der zugrundeliegende Körper spürte Verbundenheit mit der gesamten Menschheit.

Dieser Ansatz – die *defensive* Energie, die sich nach außen richtet, *verurteilt* und objektifiziert, um die innere Lüge zu verteidigen, nutzbar zu machen – wurde für mich zu einer Möglichkeit, tiefer in mich selbst einzudringen und die köstliche Verletzlichkeit von mitfühlender Menschlichkeit zu spüren. Zu meiner Überraschung hatte meine College-Freundin 22 Jahre zuvor recht gehabt: »Urteile weniger und verstehe mehr.« Ich würde es so formulieren: Setzen Sie die äußere Verteidigungshaltung des Verurteilens – mit der Sie sich dem Wissen um ihre Lüge und dem Erleben der Erfahrung, gegen die Sie sich wehren, widersetzen – ein, und erkennen Sie, daß in Ihnen dieselben Eigenschaften ruhen, die Sie bei anderen verurteilen. R. D. Laing drückte es folgendermaßen aus:

»Alle in allen
Jeder Mann (jede Frau) in allen Männern (Frauen)
Alle Männer (Frauen) in jedem Mann (jeder Frau)

Alles Sein in jedem Wesen
jedes Wesen in allem Sein

Alles in jedem
Jeder in allem«

(Laing, 48)

Über Gefühle

(Ausdrücken – unterdrücken – fühlen)

Seit dem Beginn des »Human Potential Movement« in den letzten 30 Jahren haben Gefühle in der Psychotherapie eine wichtige Rolle gespielt. Seit den 60er Jahren haben sich die Menschen von einer Seite des Kontinuums, »unterdrücken« genannt, zur anderen Seite des Kontinuums namens »ausdrücken« bewegt. Zwischen diesen beiden Extremen gab es die Bereitschaft, Gefühle anzuerkennen und Gefühle zu haben.

Heute ist es für uns an der Zeit, uns auf eine andere Ebene zu begeben – auf die Ebene, auf der Gefühle weder verdrängt noch ausdrückt werden. Auf dieser Ebene *werden Gefühle gefühlt*. Wird Wut verdrängt, würden viele Therapien zum Beispiel darauf abzielen, *wie* die verdrängte Energie der Wut ausgedrückt und somit zum Gefühl werden könnte. Werden Gefühle ausgedrückt, so hält das, wie viele Menschen bestätigen können, die Erfahrung am Leben, und sie wird immer wieder neu durchlebt. Mit anderen Worten, ständiges Ausdrücken von Gefühlen führt nur zu weiteren Erfahrungen derselben Art. – In den expressiven Therapien allerdings (die ich übrigens als einen Schritt gegen die Verdrängung empfehle) gibt es die Überzeugung: Wenn Sie Ihre Gefühle irgendwie ausdrücken, dann haben sie sich erledigt, und Sie können zum nächsten Tagesordnungspunkt übergehen.

Die meisten von uns haben den Trugschluß dieser wenig in Frage gestellten These der Psychotherapie erkannt. Gefühle auszudrücken ist zwar ein Schritt zur Freiheit, bringt jedoch weiteres Ausdrücken hervor. Außerdem ist das Ausdrücken von Gefühlen im Zweifelsfall nichts anderes als eine geschickte Methode, um sich gegen Gefühle zu wehren. Mit anderen Worten, um zu vermeiden, nach innen gerichtete Gefühle zu fühlen, wende ich sie nach außen und drücke sie aus. Gefühle auszudrücken bedeutet also nicht notwendigerweise, daß man Gefühle fühlt. Gefühle auszudrücken ist häufig ein Weg, das Fühlen von Gefühlen zu *vermeiden*. Einfacher gesagt: *Gefühle ausdrücken heißt Gefühle ausdrücken – Gefühle fühlen heißt Gefühle fühlen*. Sich durch das Ausdrücken von Gefühlen zu bewegen ist der Anfang – *Gefühle zu fühlen ist die Vollendung*.

Gefühle fühlen

Lassen Sie mich zu Anfang sagen, daß Sie bereit sein müssen, Gefühle anzuerkennen und auszudrücken, und Sie müssen bereit sein, Gefühle zu haben, bevor Sie Gefühle fühlen können. *Wie man Gefühle fühlt* – ohne Urteil, Bewertung oder Bedeutung –, wird ausführlich in Kapitel 4 meines Buches *Quantenbewußtsein* beschrieben. Durch Workshops im ganzen Land wurde jedoch offensichtlich, daß dieser Punkt weitaus wichtiger ist, als ich mir das zuvor klargemacht hatte. Wir müssen zuerst durch Verdrängung und Ausdruck hindurch. Aber um bereit zu sein, Ihre Gefühle 100prozentig zu fühlen, müssen Sie mit den 100 Prozent verschmelzen und sie 100prozentig als Energie sehen.

Was sind denn nun die Bestandteile, die es uns ermöglichen, jenseits des Unterdrücken-ausdrücken-Kontinuums zum Fühlen der *Gefühle* zu gelangen?

1. Die Bereitschaft anzuerkennen, daß es Gefühle gibt.
2. Die Bereitschaft, Gefühle zu haben.
3. Die Bereitschaft, sie zu intensivieren.
4. Die Fähigkeit, sich von Urteilen, Bewertungen oder Bedeutungszuweisungen der Gefühle oder was sie von Ihnen als Person sagen zu lösen.

5. Die Bereitschaft, das Gefühl 100prozentig zu SEIN.
6. Die Bereitschaft, darauf zu achten, an welcher Stelle Ihres Körpers sich die Gefühle befinden.
7. Die Bereitschaft, Gefühle zu ent-etikettieren und sie als Energie zu sehen.
8. Die Bereitschaft, Gefühle als Energie zu fühlen – *ohne die Absicht, das Gefühl loszuwerden*. Es ist absolut notwendig, keine Absicht zu haben! Wenn Sie mit Gefühlen arbeiten in dem Versuch, sie durch Verdrängung oder Ausdruck loszuwerden, *wehren* Sie sich gegen das Gefühl und erschaffen es daher erneut.
9. Die Bereitschaft, das Gefühl nicht zu haben. Freiheit ist die Freiheit, Gefühle in freier Entscheidung zu haben oder nicht zu haben. Der letzte Schritt besteht darin, sich zu fragen: »Bin ich frei, das Gefühl zu haben? Bin ich frei, das Gefühl nicht zu haben?« Wenn Sie frei sind, das Gefühl nicht zu haben bzw. das Gefühl zu haben, sind Sie dem Kontinuum von Unterdrücken und Ausdrücken entkommen.

Die Nichtlösungs-Lösung

Fühlen Sie Ihre Gefühle als Energie. Tun Sie es einfach, ohne es mit einem Ziel oder einem Zweck zu tun. Das ist die Nichtlösungs-Lösung.

Leben ohne Absicht

Ohne Absicht oder Ziel zu leben, zu tun und zu sein, einfach zu tun und zu sein ist die absichtslose Absicht. Das macht es erforderlich, Gefühle als Energie zu fühlen, ohne durch Gedanken, Geschichten oder Erklärungen abgelenkt zu werden. Besser gesagt, sehen Sie die Gedanken, Geschichten, Eindrücke und Assoziationen als Energie.

Die Bereitschaft, Gefühle als Energie zu fühlen und ohne Absicht zu leben, ist das *Tao des Chaos*.

KAPITEL 25

Feldenkrais:
Das Gehirn und das Ordnen des Chaos

Carl Ginsburg

Internationaler Feldenkrais-Trainer,
Herausgeber der Zeitschrift *Master Moves*
und Autor von *Medicine Journey's: Ten Stories*

Ich besuchte einen Freund. Er bat mich, einen Blick auf einen Druck zu werfen, der an der Wand seines Arbeitszimmers hing. Mein erster Eindruck war der eines abstrakten Gemäldes, denn vor meinen Augen schien ein einziges Durcheinander aus verschiedenen Schattierungen und subtilen Farbveränderungen zu herrschen. Bei näherer Betrachtung erkannte ich allmählich, daß der Druck aus winzigen Quadraten bestand, die entweder verschieden schattiert, schwarz oder weiß waren. Zuerst schien ihre Anordnung absolut zufällig. Erneut zeigte eine nähere Betrachtung eine Art von Wiederholung des Musters, aber es war nicht exakt und schien *nichts* darzustellen, das ich erkennen konnte. Mein Freund bat mich, beim Anblick des Drucks mein eigenes Spiegelbild im Glasrahmen des Drucks zu betrachten, so schwach es auch war. Zuerst konnte ich immer noch nichts sehen. Dann – urplötzlich und wie aus heiterem Himmel – entdeckte ich eine dreidimensionale Szene mit einem Canyon, einem zerklüfteten Felsen im Vordergrund und dem Bild eines vogelähnlichen Wesens, das über dem Canyon kreiste. Ebenso plötzlich, mit einer ganz normalen Bewegung meiner Augen, kehrte der Druck zu dem zurück, was ich ursprünglich gesehen hatte: eine verwirrende Ansammlung von Schattierungen und subtilen Farbveränderungen. Ich versuchte daraufhin, das dreidimensionale Bild zurückzubekommen. Das war nicht leicht. Vielleicht strengte ich mich auch zu sehr an. Als es jedoch wieder auftauchte, tat es das mit derselben Plötzlichkeit wie zuvor und verschwand auch auf dieselbe Weise. Mir wurde klar, daß der Druck am Computer erstellt worden war und daß das Muster der Quadrate auf eine Art und Weise wechselte, die das Potential hatte, mein Gehirn so zu strukturieren, daß vor meinen Augen eine dreidimensionale Szene entstand. Mit Sicherheit konnte niemand, der den Druck einer genauen Prüfung unterzog, die dargestellte Szene erkennen.

An dieser Stelle bemerkte ich zwei Charakteristika. Zum einen sah ich entweder die dreidimensionale Szene oder aber den flachen abstrakten Druck aus Schattierungen. Es gab kein Zwischenstadium, und ich konnte auch nicht beides gleichzeitig sehen. Wenn ich versuchte, das abstrakte Bild wahrzunehmen, während ich die dreidimensionale Szene sah, brachte das sofort das abstrakte Bild zurück. Es gab keine Möglichkeit, die Szene zu analysieren oder sie zu suchen. Sie tauchte entweder auf oder nicht. Mit anderen Worten, ich erkannte keinen Prozeß der Inferenz, der die Szene hervorbrachte. Sie stand meiner Erfahrung entweder zur Verfügung oder nicht.

Ich wurde an ein Experiment erinnert, das John Lilly einige Jahre zuvor entwickelt hat. Sie benötigen dazu ein altes Tonbandgerät. Nehmen Sie ein Wort auf (Lilly schlug das Wort »nachdenken« vor). Kopieren Sie das aufgenommene Wort mehrmals, und spulen Sie dann das Band zurück, damit Sie es immer wieder abhören können. Sie werden eine seltsame Erfahrung machen. In den ersten Minuten hören Sie das Wort, das Sie aufgenommen haben, aber dann hören Sie andere Wörter. Als ich dieses Experiment durchführte, hörte ich zu unterschiedlichen Zeiten fünf verschiedene Wörter so deutlich, wie ich das Original »nachdenken« gehört hatte. Wieder hörte ich entweder ein Wort oder ein anderes. Der Wechsel geschah stets unmittelbar. Es gab keine direkte Beziehung zwischen den Klängen dieser verschiedenen Wörter zum Original »nachdenken«. John Lilly schreibt in seinem Buch *The Center of the Cyclone*, daß in einem Experiment mit 300 Versuchspersonen 300 verschiedene Wörter aus dem Wörterbuch und 2000 Wörter, die einfach Klänge darstellten, zustandekamen.

Diese Erfahrungen deuten stark auf eine merkwürdige These hin. Im Gegensatz zu der Vorstellung, daß unser Gehirn Daten der äußeren Welt registriert, *erzeugt unser Gehirn die Strukturen,* die wir für die Dinge der Welt halten. Ich sage nicht, daß Realität bloß im Verstand erschaffen wird. Ich versuche, die Vorstellung zu verdeutlichen, daß es keine vorgegebenen gestaltlosen Sinnesdaten gibt, die Sinn machen. Wenn wir all dem einen Sinn geben wollen, müssen wir das, was ursprünglich nichts als ein chaotisches Durcheinander ist, strukturieren.

Wir müssen uns die Frage stellen: Was sind diese Dinge, die wir zu sehen, zu hören oder zu spüren glauben? Der Neurologe Oliver Sacks erzählt in seinem Artikel im *New Yorker* (»To See and Not See«, 10. Mai 1993) die faszinierende Geschichte des 50jährigen Virgil, der sein Augenlicht durch eine Operation wiedererlangte, nachdem er es in früher Kindheit verloren hatte. Dieses »Wunder«, bei dem ihm sein Augenlicht wiedergegeben wurde, gestaltete sich nicht so, wie man es erwartet hätte. Virgil war zwar in der Lage, Farben und Bewegungen zu sehen, konnte jedoch keine Gegenstände oder Formen erkennen. Er konnte seine Augen nicht auf einen bestimmten Punkt fixieren; seine Augenbewegungen waren rein zufällig. Um Sacks zu zitieren: »Manchmal schienen Oberflächen oder Gegenstände undeutlich sichtbar zu werden und sich über ihm zu befinden, wenn sie noch ein ganzes Stück weit weg waren; manchmal verwirrte ihn sein eigener Schatten – die ganze Vorstellung von Schatten, Dingen, die das Licht abfingen, war rätselhaft für ihn –, und er hielt in seiner Bewegung inne, stolperte oder versuchte, darüber hinwegzusteigen. Jeder Schritt stellte eine besondere Gefahr dar, denn er konnte nur Verwirrendes ausmachen, eine flache Oberfläche aus Parallelen und einander kreuzenden Linien. Er konnte sie nicht als feste Gegenstände, die im dreidimensionalen Raum hervorstanden, erkennen (obwohl er es wußte). »Es war immens schwierig für ihn, die Katze vom Hund zu unterscheiden, und er mußte beispielsweise die Katze, die er durch Berührung erkannte, wiederholt anfassen, oder man mußte ihm immer wieder sagen, daß er jetzt die Katze sah. Sacks berichtete, daß sich Virgil fünf Wochen nach der Operation schwerer behindert fühlte als zu der Zeit, als er noch ohne Augenlicht war.

Achten Sie darauf, daß es nicht nur die Struktur des wahrnehmenden Sehens ist, die Virgil fehlt, sondern auch die Fähigkeit, seine Augenbewegungen zu organisieren. Es ist meiner Meinung nach unmöglich, *auf funktionale Weise* zu sehen, d.h. Gegenstände und den Raum wahrzunehmen, *ohne die eigenen Bewegungen zu organisieren – Wahrnehmungs- und Bewegungsfähigkeit entstehen gleichzeitig.* Ohne die Fähigkeit des Nervensystems, solche Strukturen zu erschaffen, steht man auf jeden Fall wieder einmal dem *Chaos* gegenüber.

Ich versuchte mir vorzustellen, wie es an Virgils Stelle wäre, und ich fand in meinen ersten Erfahrungen in Frankreich eine Parallele. Obwohl ich in der Schule Französischunterricht hatte, über einen gewissen Wortschatz verfügte, Französisch lesen und viele Wörter und Sätze verstehen konnte, war ich absolut überfordert, als man mich zum ersten Mal auf Französisch ansprach. Schlimmer noch, ich konnte keine einzelnen Wörter verstehen; ich konnte nicht erkennen, wo ein Wort aufhörte und das andere begann. Ich konnte auch keine unterschiedlichen Klänge wahrnehmen, wie den Unterschied zwischen *dessous* und *dessus* – eine einfach Aufgabe für jemanden, dessen Muttersprache Französisch ist. Ich konnte diese Klangunterschiede auch nicht selbst erzeugen, wenn ich diese beiden Wörter aussprach. Als ich mit der Zeit besser hören konnte, merkte ich, wie ich mich anstrengte und die Fähigkeit dann wieder verlor. Ich entdeckte, daß Französisch anders als Englisch gesprochen wird – ohne Betonung auf bestimmten Silben. Ich mußte mich anders organisieren, um Französisch zu hören und zu sprechen, als ich das im Englischen tat. Und das Hören traf zufällig mit der zunehmenden Fähigkeit, zu sprechen und mit Menschen zu kommunizieren, zusammen. Ich verbessere mich immer noch ein wenig, allerdings langsam, da diese Fertigkeiten vor dem Erwachsenwerden viel leichter zu organisieren sind.

Aus diesen Beispielen können Sie ersehen, daß Ihnen nichts ursprünglich von der Welt gegeben ist. Was in meiner Erfahrung ein Wort, ein Gegenstand, ein Ding ist, *existiert für mich unabhängig von meiner Wahrnehmung davon nicht.* Meine Wahrnehmung erfordert eine aktive Interaktion mit der Welt, einschließlich anderer

Menschen. In bezug auf die Sprache leben wir in einer Gemeinschaft von Wahrnehmenden – wie Menschen, die Französisch oder Englisch sprechen –, aber das Nervensystem jedes Menschen muß Französisch oder Englisch erst für den Betreffenden organisieren, sowohl als gesprochene wie als verstandene (gehörte) Sprache. Die Organisation geschieht durch Charakteristika des Nervensystems, und die Aktion des Menschen in einer Gemeinschaft von Sprechenden beginnt damit, mit anderen in gegenseitigem Wechsel zu kommunizieren. Ohne diesen aktiven Prozeß, der *Bewegung* in der Welt und Interaktion mit der Welt einschließen muß, gibt es keine Welt als solche, und sowohl das Nervensystem als auch »die Welt« bleiben im *Chaos*.

Ich spreche hier von einer Kreisförmigkeit, einer seltsamen Schleife in dem, was wir »Welt« oder »Wirklichkeit« nennen. Sie ist konstruiert und spezifiziert durch jeden wachsenden Menschen, durch die Interaktion dieses Menschen mit seiner Umwelt. Für alle Wesen bekommt die Umwelt erst dann Struktur, wenn es *Interaktion* gibt, und die Struktur verändert sich, während die Person wächst. Weil diese Vorstellung merkwürdig und ungewöhnlich ist, habe ich sie auf unterschiedliche Weise dargestellt. Der Beweis dafür ist deutlich genug und dennoch schwer zu akzeptieren, denn unsere Konstrukte sind in unserem gewöhnlichen Leben von solcher Dauerhaftigkeit und Stabilität und derart nützlich auf unserem Weg durch die Welt, daß wir uns stark daran binden, sie nach außen projizieren und behaupten, das sei die Welt, das sei die Wirklichkeit. Nur in Achtsamkeit und Offenheit bei der Erforschung unseres Selbst, wie in der *Quantenpsychologie*, können wir die Grenzen entdecken, von denen wir umgeben sind.

Was für die Wahrnehmung gilt, trifft auch auf den grundlegenderen Organisationsprozeß zu – die Organisation unserer Handlungen und unserer Bewegungen. In meiner professionellen Arbeit als *Lehrer der Feldenkraisbewegung* hatte ich die Gelegenheit, mit kleinen Kindern mit Entwicklungsschwierigkeiten, die normalerweise in Zusammenhang mit neurologischen Problemen stehen, zu arbeiten. Diese Kinder bewegen sich entweder *chaotisch* oder mit solch *stereotypen Mustern*, daß sie nicht das tun können, was sie vielleicht selbst gern tun würden. Beispielsweise sind sie nicht in der Lage, sich abzustützen, ihren Kopf zu heben, um sich umzusehen, oder sich herumzurollen, ganz zu schweigen von aufsitzen oder krabbeln. Ich erschaffe bestimmte Umstände für das Kind, von denen ich weiß, daß sie das Potential haben, seinem Nervensystem das zu erlauben, was das *Nervensystem* aller Kinder tun kann, und das heißt, *das Chaos der Bewegungen zu Aktionen zu organisieren*, die den Wunsch des Kindes befriedigen, sich selbst zu lenken. Das Kind wünscht sich, in der Welt zu agieren, und muß das auch tatsächlich tun, um zu überleben. Das ist hier nicht der Ort, um den ganzen Prozeß zu beschreiben, aber ich möchte einen Umstand herausheben, der ganz wesentlich scheint, um eine Umgebung der Sicherheit für das Kind zu schaffen, damit das Kind durch Erfahrung – z. B. durch Berührung usw. – lernt, daß es sich nicht verletzen wird. Man ist Zeuge, wie sich das Kind neu organisiert. Das scheint aus dem Nichts zu kommen. Ich bringe dem Kind keine Bewegungen oder Bewegungskorrekturen bei. Plötzlich erlebt man mit, wie ein Kind, das auf dem Bauch liegt, den Kopf hebt und sich umsehen kann. Natürlich organisiert es zur gleichen Zeit auch Arme und Ellbogen. Eine Vierjährige, mit der ich gearbeitet habe, konnte ihren Kopf nicht einmal richtig heben, wenn sie im Schoß ihrer Mutter saß. Sie schien zuerst völlig teilnahmslos, unkommunikativ und uninteressiert an den Geschehnissen um sie herum. Als sie für sich die notwendige Organisation entdeckte, um ihren Kopf zu heben und sich umzusehen, wurde sie zu einem anderen Menschen. Sie stellte Blickkontakt her und sah die Menschen an. Sie begann, Wörter zu benutzen, lächelte und interagierte mit beiden Elternteilen und mit anderen Menschen um sich herum. Sie wurde lebendig und absichtsvoll.

Soviel wir im Zeitalter der Wissenschaft auch über die Psychologie, das Nervensystem, Kognition und verwandte Themen gelernt haben, wissen wir doch so gut wie nichts über die organisatorischen Fähigkeiten des Nervensystems, Ordnung zu schaffen. Der Biologe und Nobelpreisträger Gerald Edelman schrieb in seinem Buch *Neural Darwinism*, daß die moderne Neurowissenschaft nicht erklären kann, auf welche Weise »neurale Strukturen und Funktionen in Mustererkennungen oder Wahrnehmungskategorisierungen mit Verallgemeinerungen resultieren.« Er behauptet, daß kritische Schwierigkeiten und Widersprüche vermieden oder verdunkelt wurden. Tatsache ist, daß die Wissenschaft auch eine erschaffene Weltsicht beinhaltet, die die Aufmerksamkeit auf Teile und Mechanismen lenkt und weg von der Sicht, daß der *Beobachter* Teil der Daten ist und daß wir den Sinn für das Ganze nutzen müssen, um mit irgendeinem Problem des Lebenssystems zu arbeiten. Dennoch ist die Fähigkeit unseres Nervensystems, Ordnung zu schaffen, in unserem Leben so allgegenwärtig, daß wir sie normalerweise nicht bemerken. Es ist eine schwer faßbare Offensichtlichkeit. Trotzdem hat eine Reihe von Wissenschaftlern in den vergangenen 30 Jahren für eine Revolution in der Biologie, der Neurowissenschaft und der Wissenschaft komplexer Systeme gesorgt, die zumindest eine Ahnung vermittelt, wie die Antwort auf unsere Frage lauten wird. Was wir wissen wollen: *Wie schafft das Nervensystem Ordnung aus dem Chaos?* – Schon allein die Fragestellung führt uns zu einer weiteren merkwürdigen Schleife. Was immer wir als Antwort finden werden, es basiert auf Kognitionen, die wir als Ergebnis eben des Systems erschaffen, das wir erforschen. Aus dieser Einsicht heraus wird jedoch eine Antwort möglich.

Es gibt vier Denkrichtungen, die bei der vorliegenden Frage zusammenlaufen. Von der praktischen Seite kommt der Ansatz von Moshé Feldenkrais, meinem Mentor und Lehrer. Er entwickelte eine Methodologie für menschliches Wachstum und Weiterentwicklung, basierend auf einem kinästhetischen Selbstbewußtsein und einer scharfen Beobachtung, wie Menschen ihre grundlegendsten Fähigkeiten entwickeln – wie die Fähigkeit, sich trotz der Schwerkraft aufzurichten, auf zwei Beinen zu laufen und zu sprechen. Diese Fähigkeiten, so bemerkte er, waren organisiert und daher ohne Anleitung erlernt. Tatsächlich konnte sich eine Anleitung auf den Vorgang gegenteilig auswirken. Man mußte offenbar zu dem Schluß kommen, daß die grundlegenden menschlichen Fähigkeiten durch die Aktivitäten des Betreffenden selbst organisiert werden. *Der direkteste Zugang zum Nervensystem führt daher über Bewußtsein und Bewegung, und das Beste, was wir tun können, ist, die selbstorganisierenden Fähigkeiten des Systems hervorzurufen und zu unterstützen. Es nahm daher nicht Wunder, daß Moshé Feldenkrais die primäre Funktion des Nervensystems darin sah, das Chaos zu organisieren.* Hier haben wir die Beobachtung der Selbstorganisation, aber keine Theorie darüber, wie das möglich ist.

Drei neue wissenschaftliche Revolutionen zeigen uns, daß Selbstordnung nicht nur möglich, sondern unausweichlich ist. Die erste – die den von mir vorgestellten Ansichten am nächsten kommt – stammt aus der Systembiologie und Kybernetik und wurde in der Arbeit der chilenischen Biologen Humberto Maturana und Francisco Varela überzeugend entwickelt. Die zweite basiert auf dem, was weit vom Gleichgewicht entfernten Systemen geschieht, sowie dem thermodynamischen Studium dieser Systeme. Der Nobelpreisträger Ilya Prigogine ist auf diesem Gebiet führend. Der dritte Strom kommt aus dem Studium komplexer Systeme am Rand des Chaos und was geschieht, wenn in diesen Systemen Iterationen auftreten. Hier ist die kollektive Arbeit des Santa-Fe-Instituts an lebenden Systemen an erster Stelle zu nennen.

Wir kommen nun zu der Gemeinsamkeit all dieser Ansätze, nämlich der Entdeckung, daß in einem System, in dem der Output des Systems wieder in das System eingefüttert wird, eine Ordnung bzw. ein Muster auftaucht in Form einer Art quasi-stabilen Struktur. Das wiederholte Zurückfüttern in ein System nennt man *in der Chaos-Theorie* »Iteration«. Hinsichtlich des Nervensystems spricht Gerald Edelman von »wiedereintretenden Signalen« (reentrant signalling). Maturana und Varela nennen diesen Vorgang »Rekursion«. Diese Entdeckung der *aus dem Chaos auftauchenden Ordnung* ist jedoch für die Wissenschaft, die zuvor nur lineare Ereignisketten oder gleichgewichtsnahe bzw. im Gleichgewicht befindliche Systeme erforscht hat, etwas Neues. Früher konnte die Wissenschaft nur mit Systemen umgehen, die total geordnet waren oder auf präzise Weise total zufällig. Komplexe Systeme wurden in Analogie zu bereits Bekanntem behandelt. Das Auftauchen von neuen Eigenschaften eines Systems wurde nicht in Betracht gezogen. Darum nahm man beispielsweise in der Psychologie jahrelang an, daß die Umwelt das Nervensystem organisiert. Der Prozeß der Selbstorganisation wendete das Blatt, und wir können allmählich erkennen, daß das Leben die Umgebung organisiert. Wir können das innerlich so verstehen, daß die Eigenschaften, die wir für unsere äußere Umgebung halten, die Folge von inneren Prozessen unseres Nervensystems sind, die zu Wahrnehmung und Einsicht führen. Lebewesen verändern sich ganz buchstäblich und organisieren ihre äußere Umgebung, indem sie erschaffen, bauen, entwerfen usw. Mit anderen Worten, Wahrnehmung ist nicht irgendeine absichtliche Konstruktion des Nervensystems – sie befähigt den Menschen, in der Welt zu funktionieren.

Maturana und Varela stellen in *Der mittlere Weg der Erkenntnis* die überzeugendste und vollständigste Sicht von Lebewesen aus der Perspektive der Systeme dar. Bereits in einer einzigen Zelle ist das Leben ein Prozeß, bei dem Ordnung geschaffen wird. Eine lebende Zelle trennt sich selbst als Einheit vom Rest des Universums, indem sie eine Membran erschafft. Innerhalb der Membran sind die Vorgänge der Zelle derart, daß das Endprodukt die Zelle selbst ist. Darum taucht in eben jener Essenz des Lebens eine merkwürdige Schleife auf. Obwohl die Zelle Nährstoffe und Energie aufnimmt und Abfälle absondert, kann nichts von der Außenseite die grundlegende Schleife bzw. den zyklischen Organisationsprozeß innerhalb der Zelle beeinflussen oder verändern, solange die Zelle am Leben bleibt. Mit anderen Worten, *die Zelle verschließt sich vor Informationen von außen*. Darwin stellte diese These als erster auf, als er erklärte, daß ein neuer Organismus erlernte Charakteristika nicht vererben kann. Wie kann dann eine lebende Zelle das tun, was wir an ihrem Verhalten feststellen? In Reaktion auf Störungen von außerhalb der Zelle modifiziert die Zelle ihre Struktur, um den Organisationsprozeß und ihre innere Reihe von Beziehungen aufrechtzuerhalten. Laut Maturana existiert das grundlegende Gesetz, daß *ein lebendes System, um am Leben zu bleiben, seine Organisationsprozesse aufrechterhalten muß*.

Die Schönheit dieses Ansatzes liegt darin, daß er sich in allen Aspekten der Lebensorganisation widerspiegelt. Daher ist das Nervensystem ebenso *als geschlossene Schleife organisiert*. Das scheint ein sehr radikaler Schritt zu sein. Wie können wir sagen, daß das Nervensystem keinen Input aufnimmt bzw. Output abgibt? Wir wissen heute, daß jede Sinnesoberfläche durch Feedback des Zentralnervensystems modifiziert wird. Wir wissen, daß eine

Sinnesoberfläche, beispielsweise die Retina des Auges, nicht auf den Reiz selbst reagiert, sondern auf Unterschiede. Ein Bild, das auf der Retina fixiert wird, verschwindet in sehr kurzer Zeit, wie Sie selbst herausfinden können, wenn Sie etwas ansehen, ohne Ihre Augen zu bewegen. Wir wissen, daß Farbensehen keinen direkten Bezug zur Lichtfrequenz hat, die auf die Retina trifft, sondern auf die Beziehung zwischen Farbschattierungen und dem einfallenden Licht. Das Auge ist nicht wie eine Kamera und das Gehirn nicht wie ein Computer, bei denen Input und Output stets zu den Menschen in Bezug stehen, die sie benutzen. Aus dieser Sicht versucht das Nervensystem wie die Zelle, die Organisation aufrechtzuerhalten und wählt für diese Aufrechterhaltung der Funktionsfähigkeit entsprechende strukturelle Veränderungen aus. *Es ist ein plastisches System, dennoch merkt es sich die Geschichte seiner Interaktionen durch die Form seiner Struktur.* Wir nennen das Gedächtnis.

Wir sprechen hier von einem Nervensystem innerhalb seiner selbst. Wir leben jedoch in Interaktion und in Kommunikation mit anderen. Hier kommen wir zur derzeitigen Verwirrung, die bei vielen herrscht, die Denken und Nervensystem untersucht haben. Da wir in unserer Kommunikation Symbole und Darstellungen verwenden, sind wir voreilig davon ausgegangen, daß diese Darstellungen innerhalb des Systems internalisiert werden und daß sie in der Arbeit des Systems wirksam sind, d.h. daß unser Gehirn ein Modell der Wirklichkeit enthält. Wenn wir zu den Beispielen, die zu Beginn dieses Aufsatzes zitiert wurden, zurückkehren, merken wir, daß dieses Modell des Gehirns nicht zu dem paßt, was geschieht, wenn sich eine Wahrnehmung verändert. Die Wahrnehmung wird hervorgerufen durch Interaktion mit einer Umwelt, aber die Wahrnehmung ist *eine Struktur, eine erlernte Organisation*, die eine Vereinbarkeit zwischen uns und der Welt ermöglicht.

Das sind schwierige Themen. Sie fordern das heraus, was wir in der Schule gelernt haben. Wir brauchen diese Grundlagen jedoch, um die komplexeren Dinge zu untersuchen, die durch die Quantenpsychologie in den Brennpunkt der Aufmerksamkeit gerückt sind. Wir bewegen uns hier zwischen zwei gegensätzlichen Weltanschauungen: der des Idealismus und Solipsismus, bei denen unser Geist die Wirklichkeit erschafft, und dem Realismus, bei dem unser Gehirn die Darstellung einer wirklichen, äußeren, materiellen Welt enthält. Es gibt noch einen weiteren Unterschied, dem wir uns stellen müssen – das ist die Vorstellung, daß das, was wir Geist und Psyche nennen, ein einziger Bereich ist, und was wir als Körper bezeichnen ein anderer.

An früherer Stelle in diesem Aufsatz habe ich gesagt, daß die Organisation der Bewegung und die Organisation der Wahrnehmung Ereignisse des Nervensystems sind, die miteinander in Beziehung stehen und gleichzeitig entstehen. Aus der Sicht der Feldenkraisarbeit – bei der ein Schwerpunkt auf der Beobachtung liegt, wie man sich selbst organisiert, um in der Welt zu handeln und zu funktionieren – bemerkt man, daß das, was wir *als mentale Funktionen bezeichnen, von motorischen Funktionen nie getrennt ist.* Sorgfältige Selbstbeobachtung wird beispielsweise zeigen, daß es den Anschein von Anspannung in den Augenmuskeln gibt, wenn man mit geschlossenen Augen vor seinem geistigen Auge einen Gegenstand sieht. Bei emotionalen Ereignissen ist es ähnlich: Es gibt einen wahrgenommenen Zustand des motorischen Systems, der das begleitet, was wir Emotion nennen. Wir können die motorische Einstellung eines Menschen sehen und erkennen und dann raten, was dieser Mensch fühlt. Wir können in uns selbst die Veränderung des Atems fühlen, unseren Spannungszustand, wenn wir von einem Gefühlszustand in den anderen wechseln. Aus dieser Sicht müssen wir einräumen, daß das, *was wir Geist und Körper nennen, nicht zwei miteinander in Bezug stehende Einheiten, sondern eine einzige Einheit sind.* Lassen Sie uns den Begriff »Soma« verwenden, um diese Einheit zu beschreiben. Das paßt gut zu den Vorstellungen von Maturana und Varela, bei denen Organisation in den Prozessen des Körpers Ausdruck findet.

Angesichts der Tatsache, daß unsere Systeme grundsätzlich selbstbezogen sind, daß wir die Fähigkeit zur Selbstbeobachtung besitzen und durch die Sprache mit uns selbst darüber kommunizieren können, müssen wir uns der Achtsamkeit als einem möglichen Weg öffnen, Wissen über uns selbst zu erlangen. Wir können die Strukturen, die wir erschaffen haben, um unser Leben zu leben, erforschen und uns von ihnen trennen. Wir können Wege zu neuen Mustern finden und zu Optionen, die uns die Flexibilität für ein Leben geben, dessen wir bereits fähig sind. Das ist das Konzept der Quantenpsychologie, wie es von Stephen Wolinsky und der Feldenkraisarbeit entwickelt wurde. Die Feldenkraisarbeit betont Bewußtheit, da sie in Bewegung erfahren wird, die Quantenpsychologie betont Bewußtheit von Prozessen, wie sie in der Psyche erfahren werden. Beide Arbeiten sind in ihren grundlegenden Gedanken implizit und explizit somatisch.

Wir sprechen heute von komplexeren Strukturen, die in unseren Interaktionen in der Welt geschaffen werden, um innerlich und äußerlich *das Chaos zu ordnen* und die Stabilität zu erschaffen, die wir für unser Funktionieren benötigen. Bei den Übungen in diesem Buch und denen in Stephen Wolinskys Buch *Quantenbewußtsein* kamen Sie wahrscheinlich in Kontakt mit bestimmten somatischen Organisationsformen und Strukturen, die Identitäten genannt wurden. Ihnen ist vielleicht aufgefallen, daß zu dem Zustand, der in Verbindung mit der Identität stand, bestimmte Körpergefühle und eine bestimmte motorische Einstellung gehören. Nehmen wir an, Sie haben die Identität namens »inneres Kind« erfahren. In Ihren Gefühlen haben Sie sich klein und verletzlich gefühlt, Sie haben Ihren Atem als flach empfunden und einen leichten Kollaps in Ihrem Brustkasten und ein Abrunden der Schultern bemerkt. In diesem Zustand ist es für Sie äußerst schwierig, sich selbst anderen Menschen gegenüber zu behaupten. Gleichzeitig fühlen Sie sich als Opfer und vielleicht verfolgt. Laut unserem Konzept der Selbstorganisation *wurde dieser Zustand ursprünglich errichtet, um angesichts eines bestimmten Problems in unserer Interaktion mit anderen unsere Organisation und unsere inneren Beziehungen aufrechtzuhalten.* Wir können hier von struktureller Paarung sprechen. In einer Familie gehört dazu die Dynamik der Interaktion mit anderen Familienangehörigen. Es kann sein, daß wir durch die Projektion der Einstellung des verletzten Kindes herausfinden, daß sich unsere Eltern uns gegenüber anders verhielten und uns trösteten. Vielleicht war auch eine andere Reaktion insofern befriedigend, daß unser innerer Zustand sich beschützter fühlte. Der Zustand wurde Teil unserer Geschichte.

Die Schönheit der Quantenpsychologie und der Feldenkraisarbeit liegt darin, daß wir Ressourcen haben, um einen solchen
Zustand zuerst zu erfahren und dann zu beobachten – und zwar
auf eine Art und Weise, daß wir eines erkennen können: Die Identität ist nur ein Konstrukt unseres Systems; es stehen uns alternative Konstrukte zur Verfügung, die uns im Leben mühelos besser
dienen. Wir müssen uns nicht mit einer einzigen Identität oder
dem dazugehörigen somatischen Zustand identifizieren. Wir fürchten uns vor dem Chaos. Dennoch ist unser System stets zu un-
unterbrochener Transformation fähig, die sich mit dem verzahnt,
was in der Umwelt geschieht. In gewissem Sinne kommen wir mit
einem Durcheinander an Nervenzellen auf die Welt, die in unbe-
grenzter Zahl wechselseitig miteinander in Verbindung stehen –
eine durch und durch chaotische Situation. Aufgrund der Kapazität des Systems zur Selbstorganisation formt das Nervensystem
in nur wenigen Monaten nützliche Strukturen, die die Aktivitäten
des Systems zu Handlungen kanalisieren. In diesem Sinn ist ein le-
bender Mensch mit seinem Gehirn der bemerkenswerteste Organisator des Chaos im Universum. Als Menschen mit der Fähigkeit
zu Selbstbewußtsein und daraus resultierendem Vertrauen in unsere Willenskraft neigen wir dazu, unserem System nicht zu vertrauen. Wenn wir am Rande des Chaos leben, können wir herausfinden, daß wir alle die Kapazität haben, die wir benötigen, um damit klarzukommen. Aus diesem Grund können wir ein volles und
kreatives Leben führen.

Empfohlene Literatur

Gerald Edelman: *Mental Darwinism*. Basic Books, 1987.
Moshé Feldenkrais: *Die Entdeckung des Selbstverständlichen*. Suhr-
kamp Verlag, Frankfurt/M. 1981.
John Lilly: *The Center of the Cyclone*. Julian Press, 1972.
Humberto Maturana und Francisco Varela: *Der mittlere Weg der
Erkenntnis. Der Brückenschlag zwischen Ich und Welt in der
Kognitionswissenschaft*. Scherz Verlag, München 1992.

Ilya Prigogine und Isabelle Stengers: *Das Paradox der Zeit. Chaos und Quanten.* Piper Verlag, München 1993.

Oliver Sacks: »To See and Not See«, in: *The New Yorker*, 10. Mai 1993.

KAPITEL 26

Rolfing:
Ein kurzer geschichtlicher Rückblick und die gegenwärtige Sicht

Jan H. Sultan

Fortgeschrittener Lehrer,
Seniormitglied des *Rolf Institute of Structural Integration*

Als Ida Rolf in den 30er Jahren ihre Ideen und Techniken formulierte, wie der menschliche Körper durch ihre Methode der Manipulation und Erziehung positiv beeinflußt werden könnte, basierte das vorherrschende wissenschaftliche Paradigma auf der Newtonschen Mechanik als der allgemein anerkannten Beschreibung der Gesetze, die das Verhalten von materiellen Körpern bestimmen.

Wenn man sich für Gesundheit und die Körperfunktionen interessierte, basierten die verwendeten Körperbeschreibungen auf dem Modell von René Descartes, einem französischen Philosophen, der im 17. Jahrhundert schrieb, der menschliche Körper sei »nichts weiter als eine weiche Maschine«, die zufällig und vorübergehend von einer Seele bewohnt sei.

Obwohl Ida Rolf stets auch an Metaphysik interessiert war, die zum Teil ihre Weltsicht prägte, war sie doch ebenso Wissenschaftlerin. Sie erhielt 1920 ihren Doktortitel in Biochemie von der Columbia University. Aufgrund ihres wissenschaftlichen Hintergrundes und ihres Wunsches, ihre Ideen in die vorherrschende Kultur einzubringen, bestand sie darauf, ihren Ansatz, wie sie an den Körper heranging, in der Sprache von Anatomie und Physik zu beschreiben – und das trotz ihrer Einsicht in die tieferen und daher schwerer nachzuweisenden Aspekte ihrer Arbeit.

In ihren Schriften und Reden *betonte sie, daß sie die strukturelle Sichtweise als Grundlage angewendet habe.* Ihre Beschreibungen orientieren sich an Newton, und tatsächlich basierte ihr physikalischer Ansatz auf dem kartesischen Modell des Körpers als eine »weiche« Maschine. Ida Rolf war auch Darwinistin, denn sie glaubte an die Evolution und die mit der Zeit fortschreitende Entwicklung einer Spezies.

Sie wollte die Körperhaltung beeinflussen, um eine bessere Zusammenarbeit mit der Schwerkraft zu erreichen. Also balancierte sie die wichtigsten Gewichtseinheiten des Körpers um die zentralvertikale Linie des Schwerkrafteinflußes herum besser aus, was zu einem besseren Gleichgewicht und besseren Funktionen führte. *Sie glaubte, daß diese aufrechte Haltung der evolutionäre Durchbruch der menschlichen Spezies als Zweifüßer war.* Wenn wir dieses Projekt bewußt angingen, so dachte sie, würden wir menschlicher werden und höhere Funktionsebenen erreichen.

Hier liegt die wahre Begabung von Ida Rolf sowie ihr wichtiger Beitrag zum Verständnis des Körpers. Sie stand auf dem Boden der newtonschen-kartesischen-darwinistischen Modelle ihrer Zeit und sah in Richtung auf die Ganzheit. Ihr fiel auf, daß die Menschen, mit denen sie arbeitete, sich besser fühlten, sobald sie organisierter wurden, und über weniger Einschränkungen in der Bewegung sowie über mehr Energie berichteten. Ida Rolf stellte die These auf, daß die Lebensenergie unbegrenzt und für kreativeren Ausdruck verfügbar würde, wenn der Kampf um das Stehen und das aufrechte Gehen trotz der Schwerkraft einem besseren Gleichgewicht weichen würde. Sie glaubte, daß eine bessere Beziehung zum Schwerkraftfeld es dem Menschen erlauben würde, von diesem Feld getragen und unterstützt, anstatt gebrochen zu werden. Sie unterstrich die Vorstellung, daß *die Verbesserung des Körpers der direkte Weg zu höherem Bewußtsein sei.*

Mit den Jahren erkannte Ida Rolf die Notwendigkeit, daß ein Mensch wie in der Praxis des Yoga für seine Strukturen »die Verantwortung übernehmen muß«. Daraufhin lenkte sie einen bestimmten Teil ihrer therapeutischen Bemühungen in die Erziehung. Sie hob gern hervor, daß die lateinische Wurzel des Wortes »Erziehung« educare lautete, was »herausführen« bedeutet. Sie bestand darauf, daß ihre manuelle Arbeit zum Befreien des Bindegewebes, das an den kompensatorischen Haltungen des einzelnen beteiligt ist, das Auftauchen der Idealstruktur zulassen würde. Wenn diese Form zur Verfügung stand, hatte der Betroffene bestimmte Haltungsanweisungen zu befolgen, um durch diesen Lernprozeß die neue Konfiguration zu stabilisieren.

Ida Rolf beharrte darauf, daß der *Körper* (Mensch) durch die *Schwerkraft* in Beziehung zu seiner Umwelt steht und daß das Medium dieser Beziehung im Körper das *Bindegewebe* sei. Das Bindegewebe wiederum besteht aus Kollagenmolekülen und wurde in sich selbst als System gesehen, das unterstützte, formte und für die Anpassungen an den Streß der Schwerkraft verantwortlich ist. Mit dieser Beobachtung befand sich Ida Rolf plötzlich mitten in der »Ganzheit«: Sie sah die Teile des Körpers und begriff diese Teile im Kontext des gesamten Umfelds. Sie sah, wie Anpassungen an eine örtliche Verletzung oder ein Entwicklungsproblem bald ihren Weg in das Ganze fanden, daß eine Halsverletzung den Knöchel beeinflussen mußte und eine Knöchelverletzung den ganzen Körper aus dem Gleichgewicht werfen konnte. Sie war der Überzeugung, daß der Prozeß der Kompensation stets einen Verlust an Bewegung und einer verfügbaren Länge in der Struktur beinhaltete und daß *die Summe der Anpassungen in jedem individuellen Körper den Alterungsprozeß darstellten*!

Es lohnt sich anzumerken, daß die »moderne Medizin« von heute immer noch in hohem Maße auf newtonschen-kartesischen Vorgaben beruht. Operationen und Medikamente werden zur Heilung von Krankheiten oder Verletzungen eingesetzt, ohne allzu viele Gedanken an den betroffenen Menschen bzw. sein Lebensumfeld.

Die Geschichte des Rolfing nahm Ende der 60er Jahre eine Wende, als Ida Rolf an das *Esalen Institut* kam, um Fritz Perls zu behandeln, der dort als Psychiater tätig war. Perls war in Wien Schüler von Sigmund Freud gewesen und zum Pionier der humanistischen Psychologie geworden. Mit der Zeit hatte er eine einzigartige Form der Psychotherapie entwickelt, die sich um die Idee der »Gestalt« drehte, im Sinne von »vervollständigtes Ganzes«. Einfacher gesagt, Perls Theorie ging davon aus, daß wir un-

vollständige Situationen in uns tragen, die Traumata oder unge-
löste Konflikte widerspiegeln, und daß diese Muster uns davon
abhalten, wirklich in der Gegenwart zu agieren. Er war überzeugt,
daß diese zeitgebundenen Situationen die Wahrnehmung gegen-
wärtiger Erfahrungen färben und sinnlose, neurotische Verhaltensweisen verursachen.

Perls' Therapie war sehr expressiv. Er führte seine Patienten
dazu, Gefühle, von denen sie ganz in Anspruch genommen wurden, auszudrücken, um so mit unbewußtem Material in Kontakt
zu treten und es in die Gegenwart zu tragen. Er ließ seine Patienten
auf Kissen einschlagen, sich dabei in einem Dialog ihre Eltern oder
andere Autoritätsfiguren vorstellen, wobei der Patient sowohl
sich selbst als auch »den anderen« spielte, um Kontakt zu dem zugrundeliegenden zeitgebundenen Zustand zu bekommen.

Ida Rolf kam nach Esalen und arbeitete mit Perls, um ihm Lin-
derung bei seiner schmerzhaften *Angina pectoris* zu verschaffen.
Perls war beeindruckt und inspiriert von Rolfs Methode und Botschaft. Sie waren ein ideales Paar! Perls unvollständige Situationen
und Rolfs Methode, die Struktur durch systematische manuelle
Arbeit freizusetzen, trafen sich. Perls sah in Rolfs Methode das
ideale Werkzeug, um das unbewußte Material im Körper anzugehen, damit es gefühlt, ausgedrückt und in der Gegenwart freigesetzt werden konnte.

Es fand eine Hochzeit zwischen dem Körper und der Psychotherapie statt! Man könnte auch sagen, daß Ida Rolf in dieser Situation die *widerstrebende Braut* verkörperte. Sie freute sich über
das plötzliche Interesse an ihrer Arbeit und initiierte ein Pro-
gramm, um Ärzte auszubilden und der neuer Nachfrage gerecht
zu werden. Gleichzeitig fürchtete sie um ihr Geisteskind und
wollte es davor schützen, durch die Konzentration auf den psychologischen Nutzen ihrer Arbeit und die Ausklammerung der
somatischen Aspekte verschlungen zu werden. Ida Rolf unter-
nahm große Anstrengungen, um hervorzuheben, daß die psychologischen Veränderungen zwar eine nützliche und interessante
Nebenwirkung des Rolfing-Prozesses darstellten, die wirkliche
Arbeit aber darin lag, *den Körper in der Schwerkraft zu organisieren*, wonach bessere mentale Gesundheit zu erwarten war!

Trotz Ida Rolfs Vorbehalten wurde Rolfing durch das Interesse an der »Human-Potential-Bewegung« bekannt, die Ende der 60er Jahre in den Schmelztiegeln des Esalen Instituts geboren wurde.

Vor der Verbindung mit Esalen hatte sich Ida Rolf darauf konzentriert, ihre Vorstellungen und Techniken Osteopathen, Chiropraktikern und einigen wenigen Laien beizubringen, deren Interesse sich auf die Metaphysik richtete. Sie war in erster Linie daran interessiert, mit ihren Vorstellungen die Sichtweise von praktischen Ärzten zu beeinflussen.

Seit Esalen begann sie, einen Kader von Ärzten auszubilden, die das »reine« Rolfing praktizierten, aber mehr an der menschlichen Entwicklung interessiert waren, als an der praktischen Medizin. Ihr Markt wurde von der »Human-Potential-Bewegung« angetrieben.

Die Rolfer machten sich an die Arbeit, und Ida Rolf widmete sich immer mehr ihrer Arbeit an ihrem großem Werk: dem Buch des Rolfing. Von 1970 an bildete sie auch eine Handvoll von Lehrern aus, nachdem das Interesse an ihrem Unterricht ihre Fähigkeit, selbst zu lehren, weit überstieg.

Ida Rolf starb 1979 und hinterließ das Rolf Institute als offizielle Organisation, die die Entwicklung ihrer Arbeit vorantreibt und dafür verantwortlich ist, »anerkannte Rolfer« auszubilden. Die Arbeit hat ihre Identität beibehalten, trotz signifikanter Veränderungen in der Bandbreite ihrer Anwendung. Ida Rolfs ursprüngliche Intention, die »modernen« Überzeugungen der praktischen Medizin zu beeinflussen, wurde weitergetragen und beinhalten nun auch Seminare für Körpertherapeuten, Chiropraktiker und andere manuelle Therapeuten. Das geht Hand in Hand mit der weniger publizierten Seite des Rolfing als einer Schule des Forschens, in der Fragen in Zusammenhang mit der Natur der körperlichen Aspekte des Menschen untersucht werden.

Wir haben die Veränderungen fest verankert und integriert, die die Fortschritte der Wissenschaft unserer Sicht der physikalischen Realität und des Wesens unseres Körpers beigesteuert haben. Denken Sie nur daran, was Einsteins Relativitätstheorie mit der Newtonschen Mechanik gemacht hat oder wie die indische und chinesische Art und Weise, den Körper zu sehen (in Form der vedischen und taoistischen Medizin), unsere Sicht des Körpers verändert hat. Ich möchte den anerkannten Physiker John A. Wheeler zitieren, der in *Spacetime and Gravity* schreibt, daß Einsteins Relativitätstheorie uns sagt, Masse und Schwerkraft seien eins. Jede Masse (Körper) hat ihre eigene Schwerkraft und alle physischen Körper interagieren gemäß der Schwerkraft. *Es gibt kein Schwerkraftfeld, nur Beziehungen.*

Wir haben uns auch mit Descartes abgefunden und wissen nun, daß der Körper viel mehr ist als eine »weiche Maschine«. Wir sehen, daß der Körper der Sitz des Wesens ist und unser Medium, durch das unsere Erfahrungen fließen können. Unsere jahrelange Arbeit mit Menschen hat uns gelehrt, daß die *Form* ein Ausdruck des Ganzen ist und daß wir dem Körper eines Menschen nicht immer eine ordnende Schablone aufzwingen können – gegen seine Bereitschaft, sich in diese Richtung zu bewegen. Wir haben gelernt, daß manchmal die ideale Form den Menschen von den wirklichen Fragen entfernt, denen er sich stellen muß, bevor er sich aufrichten kann, und daß der Versuch »aufrecht zu stehen« für den Menschen unter bestimmten Umständen Unordnung erschafft. Man könnte auch sagen, wir sind flexibler geworden in der Anwendung von Ida Rolfs Vorstellungen und geduldiger mit dem Prozeß, der erforderlich ist, um dorthin zu gelangen.

Bei dem Prozeß, mehr über das Medium des Körpers zu lernen, *haben sich unsere technischen Ansätze seit der direkten und kraftvollen Methode, die Ida Rolfs Ansatz charakterisierte, sehr verändert.* Wir haben diese Techniken zwar nicht vollständig aufgegeben, jedoch eine ganze Bandbreite subtilerer Ansätze angenommen, *die die dem Körper innewohnenden Rhythmen respektieren und die Auf- und Entladungsraten modulieren, die so charakteristisch für Lebenssysteme sind.* Wir bemühen uns, daß diesen energetischen Prozessen Gerechtigkeit widerfährt und sie nicht zugunsten eines bloßen Aufrichtens und Streckens des Körpers überrannt werden. Viele Arten von Traumata hinterlassen ihre Spuren im Körper – nicht als Spannung und Steifheit, sondern als *Resignation und Dissoziation.* Diese Muster müssen durch das Nervensystem *mittels einer sanften »Folge«-Berührung, anstatt einem kraftvollen Druck* moduliert und reintegriert werden. Wenn

Bewußtheit und Verbundenheit wieder etabliert sind, dann ist der freie Fluß der Empfindungen wie in Perls Gestaltbildung wieder möglich.

Unser Trainingsprogramm führt den Rolfer heute zu der Erkenntnis *physischer Strukturen ebenso wie der Rolle des Nervensystems bei der Erhaltung von Form und Funktion.* Die Techniken unterscheiden sich von dem alten Stil vor allem in der Berührung, die *subtil* und *beziehungsreich* ist. Unsere Arbeit beinhaltet Anweisungen, die die Bewußtheit des Patienten zu den inneren Zuständen und Rhythmen führen, die sowohl die gewohnheitsmäßige Haltung als auch die grundlegende Orientierung innerhalb des Körpers und der Welt ausmachen.

Wir haben Ida Rolfs visionären Weg der Forschung nicht verlassen, und wir richten uns auch nicht nach einem dogmatischen Rezept. Wir folgen der Straße des Rolfing, denn sie führt zu dem Geist lebendiger Forschung. Wenn wir jemanden auffordern, seine Form und Bewegungsmuster zu verändern, erhält er die implizite Anweisung, sich selbst anders zu erforschen und zu erfahren. Das ist die Linie der Forschung, der wir folgen: Was bedeutet es, die Welt anders zu erfahren als zuvor? Was ist der Kern dieses transformativen Versuchs? Was ist der beste Weg, durch den Körper zu lernen, diesen Prozeß zu vereinfachen?

In bestimmter Weise kann man den *Rolfing-Prozeß* als einen beschleunigten *Yoga-Kurs* sehen; der Rolfer assistiert dem Patienten dabei, eine bestimmte Menge von im Körper manifestierter Geschichte zu klären, um in Fahrt zu kommen und damit zu beginnen, den Prozeß, den Körper, den Geist und die Seele in der Gegenwart zu verbinden – das ist das höchste Ziel der Forschung.

Wir Rolfer wollen für die Erfahrung des Patienten keine Erklärungen liefern; das halten wir für einen Mißbrauch des Therapieprozesses. Vielmehr dienen wir als Führer für einen Teil der Reise, bei dem es darum geht, mit den Mustern im Körper zu arbeiten, die zeitgebunden sind und die die Fähigkeit begrenzen, im Hier und Jetzt zu leben. Wenn der Körper integrierter wird, steigt der Fluß der Empfindungen und der Bewußtheit, und das bringt den Menschen buchstäblich in seinen Körper zurück und läßt es zu, daß er immer mehr in der Lage ist, sich selbst und die Welt auf eine freundlichere und wirksamere Art und Weise zu erfahren.

Der Autor

Stephen H. Wolinsky begann seine psychologische Tätigkeit 1974 in Los Angeles (Kalifornien). Als Gestalttherapeut, Reichianischer Therapeut und Trainer leitete er Workshops in Südkalifornien. Er wurde auch in klassischer Hypnose, Psychosynthese, Psychodrama und in der Transaktionsanalyse ausgebildet. 1977 reiste er nach Indien, wo er beinahe sechs Jahre lang lebte und Meditationsformen studierte. 1982 ging er nach New Mexico, um seine psychologische Tätigkeit wiederaufzunehmen. Dort begann er, Therapeuten in Ericksons Hypnosetechnik, NLP und Familientherapie auszubilden. Stephen Wolinsky leitete auch Ausbildungen, die sich über Jahre hinzogen, zu den Themen »Die Integration von Hypnose und Psychotherapie« und »Die Integration von Hypnose und Familientherapie«. Er ist Autor von *Die Alltägliche Trance, Quantenbewußtsein* und *Die dunkle Seite des inneren Kindes* (Verlag Alf Lüchow, Freiburg i. Br.). Außerdem war er an der Entwicklung der Quantenseminare™ beteiligt und ist der Begründer der Quantenpsychologie. Zusammen mit Kristi L. Kennen gründete er das erste Institut für Quantenpsychologie®.

Informationen über Seminare des Autors in Deutschland erhalten Sie gegen einen frankierten Rückumschlag vom:
Institut für Angewandte Kinesiologie Freiburg
Zasiusstraße 67
D-79102 Freiburg
Telefon 07 61 - 7 33 08
Fax 07 61 - 70 63 84

Anmerkungen

1 Bohm, David und Peat, David F.: *Science, Order and Creativity*. Bantam 1987.

2 Peat, David F.: *Der Stein des Weisen. Chaos und verborgene Weltordnung.* (Übersetzung: Hainer Kober) Hoffmann & Campe, Hamburg 1992.

3 Ebenda.

4 *The American College Dictionary*. Random House, New York 1963.

5 Briggs, John und Peat, David F.: *Die Entdeckung des Chaos.* (Übersetzung: Carl Carius) Carl Hanser Verlag, München 1990.

6 Gleick, James: *Chaos – die Ordnung des Universums. Vorstoß in die Grenzbereiche der modernen Physik.* (Übersetzung: Peter Prange) Droemer/Knaur, München 1988.

7 Dervish, H. B. M.: *Journey With A Sufi Master*. Octagon Press, London 1982.

8 Peat, David F.: *Der Stein des Weisen. Chaos und verborgene Weltordnung.* (Übersetzung: Hainer Kober) Hoffmann & Campe, Hamburg 1992.

9 *Webster's New Twentieth Century Dictionary Unabridged*. Collins World, New York 1975.

10 Kommentar von F. David Peat in einem Schreiben an den Autor vom 4. Oktober 1993.

11 Bennett, John G.: *How We Do Things*. Claymont Communications, Charles Town 1974.

12 Ebenda.

13 Fung Yu-lan: *Short History of Chinese Philosophy* (Hervorhebungen stammen von der Übersetzerin).

14 Ebenda (Hervorhebungen stammen von der Übersetzerin).

15 Gleick, James: *Chaos – die Ordnung des Universums. Vorstoß in die Grenzbereiche der modernen Physik.* (Übersetzung: Peter Prange) Droemer/Knaur, München 1988.

16 Kommentar von F. David Peat – aus einem persönlichen Schreiben.

17 *Webster's New Twentieth Century Dictionary Unabridged*. Collins World, New York 1975.

18 Gleick, James: *Chaos – die Ordnung des Universums. Vorstoß in die Grenzbereiche der modernen Physik.* (Übersetzung: Peter Prange) Droemer/Knaur, München 1988.

19 Peat, David F.: *Der Stein des Weisen. Chaos und verborgene Weltordnung.* (Übersetzung: Hainer Kober) Hoffmann & Campe, Hamburg 1992.

20 Kommentar von F. David Peat in einem Schreiben an den Autor

21 Briggs, John und Peat, David F.: *Die Entdeckung des Chaos.* (Übersetzung: Carl Carius) Carl Hanser Verlag, München 1990.

22 Ebenda.

23 Ebenda.

24 Ebenda.

25 Ebenda.

26 *Webster's New Twentieth Century Dictionary Unabridged.* Collins World, New York 1975.

27 Peat, David F.: *Der Stein des Weisen. Chaos und verborgene Weltordnung.* (Übersetzung: Hainer Kober) Hoffmann & Campe, Hamburg 1992.

28 Ebenda.

29 *The American College Dictionary.* Random House, New York 1963.

30 Nicoll, Maurice: *Psychological Commentaries of G. I. Gurdjieff and P. D. Ouspensky.*

31 Wolf, Fred: *Parallele Universen. Die Suche nach anderen Welten.* (Übersetzung: Anita Ehlers) Insel Verlag, Frankfurt/M. 1993.

32 *Webster's New Twentieth Century Dictionary Unabridged.* Collins World, New York 1975.

33 Ebenda.

34 Ebenda.

35 Bohm, David und Peat, David F.: *Science, Order and Creativity.* Bantam 1987.

36 *Webster's New Twentieth Century Dictionary Unabridged.* Collins World, New York 1975.

37 Peat, David F.: *Superstrings. The Search for the Theory of Everything.* Contemporary Books, Chicago 1989.

38 McKay, Davis und Fanning: *Thoughts and Feelings. The Act of Cognitive Stress Intervention.* Harbinger, New York 1981.

39 Ebenda.

40 A. Beck, A. Rush, B. Shaw und G. Energy: *Cognitive Therapy of Depression.* Guilford Press, New York 1979.

41 P. D. Ouspensky: *In Search of the Miraculous.* Harcour, Brace & World 1949.

42 Abraham Fred: *Psychological Perspectives.* 1989

43 Professor von Meier: *G. Spencer Transcripts.* Art 269, 19. März 1973.

44 *American College Dictionary.* Random House, New York 1963.

45 Idries Shah: *Learning How to Learn.* Octagon Press, London 1978.

46 Ebenda.

47 Idries Shah: *Reflections. Fables in the Sufi-Tradition.* Penguin Books, Maryland 1971.

48 R. D. Laing: *Knoten.* Rowohlt Verlag, Reinbek 1986.

Literatur

Almaas, A. H.: *The Void.* Samuel Weiser Inc., Maine 1986.

American College Dictionary. Random House, New York 1963.

Bennett, J. G.: *Der Grüne Drache. Das Herz der Sufi-Lehre.* Klassik der Esoterik 1993.

Bentov, Itzhak: *Auf der Spur des wilden Pendels.* Rowohlt Verlag, Reinbek bei Hamburg o. J.

Shuaranama Sutra. Commentary by Venerable Tripitaka Master Hslian Hua. Sino-American Buddhist Association. Buddhist Text Translation Society, 1977.

Bohm, David: *Quantum Theory.* Constable, London 1951.

Bohm, David: *Unfolding Meaning.* Art Paperbacks, London 1985.

Bohm, David: *Wholeness and the Implicate Order.* Art Paperbacks, London 1980.

Bohm, David und Peat, F. David: *Science, Order and Creativity.* Bantam Books, New York 1987.

Briggs, John und Peat, David F.: *Die Entdeckung des Chaos.* (Übersetzung: Carl Carius) Carl Hanser Verlag, München 1990.

Brown, G. Spencer: *Transcripts Professor Von Meier.* Art 269, 19. März 1973.

Capra, Fritjof: *Das Tao der Physik.* Scherz Verlag, München o. J.

Davis, M., Fanning, P. und McKay, M.: *Thoughts and Feelings. The Art of Cognitive Stress Intervention.* New Harbinger Press, Richmond 1981.

Herbert, Nick: *Quantum Reality. Beyond the New Physics.* Anchor Press, New York 1985.

Hoffer, Eric: *The True Believer.* Harper and Row, New York 1951.

Hoffman, Yoel: *The Sound of the One Hand.* Basic Books, New York 1975.

Hua, Tripitaka Master: *The Heart Sutra and Commentary.* Buddhist Text Translation Society, San Francisco 1980.

Isherwood, Christopher und Prabhavanda, Swami: *How to Know God. The Yoga Aphorisms of Patanjali.* New American Library, Kalifornien 1953.

Korzybski, Alfred: Science and Sanity. *An Introduction to Non-Aristotelian Systems and General Semantics.* International Non-Aristotelian Library Publishing Company 1933.

Laing, R. D.: *Knoten.* Rowohlt Verlag, Reinbek bei Hamburg 1986.

Morrison, Philip und Phylis: *Zehn Hoch. Dimensionen zwischen Quarks und Galaxien.* Spektrum Akademischer Verlag, Heidelbeg 1991.

Muktananda, Swami: *Play of Consciousness.* Shree Gurudev Ashram, Ganeshpuri 1974.

Naranjo, Claudio: *Erkenne dich selbst im Enneagramm. Die 9 Typen der Persönlichkeit.* (Übersetzung: Frank Höfer) Kösel Verlag, München 1994.

Naranjo, Claudio: *Enneatype Structures. Self Analysis for the Seeker.* Gateways IDHHB, California 1990.

Nisargadatta Maharaj: *Ich bin. Gespräche.* Context Verlag, Bielefeld 1989.

Palmer, Helen: *Das Enneagramm. Sich selbst und andere verstehen lernen.* (Übersetzung: Rita Höner) Knaur Verlag, München 1991.

Peat, David F.: *Der Stein des Weisen. Chaos und verborgene Weltordnung.* (Übersetzung: Hainer Kober) Hoffmann & Campe, Hamburg 1992.

Peat, David F.: *Synchronizität. Die verborgene Ordnung.* Scherz Verlag, München 1991.

Peat, David F.: *Einstein's Moon. Bell's Theorem and the Curious Quest for Quantum Reality.* Contemporary Books. Chicago 1990.

Peat, David F. und Briggs, John: *Die Entdeckung des Chaos.* (Übersetzung: Carl Carius) Carl Hanser Verlag, München 1990.

Ramana Maharshi: *The Spiritual Teaching of Ramana Maharshi.* Shambhala, Boulder und London 1972.

Reich, Wilhelm: *Die Entdeckung des Orgons. Die Funktion des Orgasmus.* Verlag Kiepenheuer & Witsch, Frankfurt/Main o. J.

Riso, Don Richard: *Die neun Typen der Persönlichkeit und das Enneagramm.* (Übersetzung: Bettina Braun) Knaur Verlag, München 1989.

Riso, Don Richard: *Understand the Enneagramm.* Houghton Mifflin Company, Massachusetts 1988.

Russell, Bertrand: *Das ABC der Relativitätstheorie.* Fischer Verlag, Frankfurt/Main o. J.

Shah, Indries: *Learning How to Learn. Psychology and Spiritually in the Sufi Way.* Octagon Press, London 1978.

Shah, Indries: *The Perfumed Scorpion. The Way to the Way.* Harper & Row, San Francisco 1978.

Singh Jaideva: *Pratyabhijnahrdeyam. The Secret of Self Recognition.* Motilal Banarsidass, Delhi 1963.

Singh Jaideva: *Siva Sutra. The Yoga of Supreme Identity.* Motilal Banarsidass, Delhi 1979.

Singh Jaideva: *Spanda Karikas.* Motilal Banarsidass, Delhi 1980.

Suzuki, Shunryu: *Zen-Geist, Anfänger-Geist. Unterweisungen in Zen-Meditation.* Theseus, München 1990.

Varela, Francisco, Thompson, Evan, und Rosch, Eleanor: *The Embodied Mind. Cognitive Science and Human Experience.* MIT Press, Cambridge 1983.

Venkatesananda, Swami: *The Supreme Yoga* (2 Bände). Chiltern Yoga Trust, Western Australia 1976.

Wilber, Ken: *Das Spektrum des Bewußtseins. Die östliche und die westliche Sicht des menschlichen Reifungsprozesses.* Scherz Verlag, München 1987.

Wilson, Colin: *Gurdjieff. The War Against Sleep.* Aquarian Press, England 1980.

Wolf, Fred: *Parallele Universen. Die Suche nach anderen Welten.* (Übersetzung: Anita Ehlers) Insel Verlag, Frankfurt/M. 1993.

Wolinsky, Stephen: *Die alltägliche Trance. Heilungsansätze in der Quantenpsychologie.* (Übersetzung: Tatjana Kruse) Verlag Alf Lüchow, Freiburg 1993.

Wolinsky, Stephen: *Quantenbewußtsein. Das experimentelle Handbuch der Quantenpsychologie.* (Übersetzung: Tatjana Kruse) Verlag Alf Lüchow, Freiburg 1995.

Wolinsky, Stephen: *Die dunkle Seite des inneren Kindes. Der nächste Schritt.* (Übersetzung: Tatjana Kruse) Verlag Alf Lüchow, Freiburg 1995.

Index